明儒學案

四部備要

子部

中華書局據鄭氏補刻本校刊

桐鄉 陸費逵總勘
杭縣 高時顯 吳汝霖輯校
杭縣 丁輔之監造

姚江黃棃洲先生著

豫章後學 劉秉楨 李真實
熊榮祖 蕭兆柄
徐兆瀾 周聯慶 重刊
熊繩祖 熊育鏞
夏鼎 熊育鑫

文莊歐陽南野先生德

歐陽德字崇一號南野江西泰和人甫冠舉鄉試從學王文成於虔臺不赴春官者二科文成呼爲小秀才登嘉靖二年進士第知六安州遷刑部員外郎改翰林院編修踰年遷南京國子司業南京尚寶司卿轉太僕寺少卿尋出爲南京鴻臚寺卿丁父憂服除起原官疏乞終養不許遷南京太常寺卿尋召爲太常卿掌祭酒事陞禮部左侍郎改吏部兼翰林院學士掌詹事府事母卒廬墓服未闋召拜禮部尚書兼翰林院學士直無逸殿三十三年三月二十一日卒於官年五十九贈太子少保謚文莊先生立朝大節在國本尤偉是時上諱忌儲貳之事蓋中妖人陶仲文二龍不相見之說故自莊敬太子既薨不欲舉行冊立二子並封爲王先生起宗伯卽以爲言不報會

詔二王婚於外府先生言昔太祖以父婚子諸王皆處禁中孝宗以兄婚弟諸王始皆出府今事與太祖同宜如初制行之上不可令二王出居外府先生又言會典醮詞主器則曰承宗分藩則曰承家今其何所適從上不悅曰既云王禮自有典制可遵如若所言則何不竟行冊立也先生卽具冊立東宮儀注以上上大怒二王行禮訖無軒輊穆宗之母康妃死先生上喪禮儀注一依成化中紀淑妃故事紀淑妃者孝宗之母也上亦不以爲然以諸妃禮葬之先生據禮守儀不奪於上之喜怒如此宗藩典禮一裁以義又其小小者爾先生以講學爲事當是時士咸知誦致良知之說而稱南野門人者半天下癸丑甲寅間京師靈濟宮之會先生與徐少湖聶雙江程松溪爲主盟學徒雲集至千人其盛爲數百年所未有羅整菴不契良知之旨謂佛氏有見於心無見於性故以知覺爲性今言吾心之良知卽是天理亦是以知覺爲性矣先生申之曰知覺與良知名同而實異凡知視知聽知言知動皆知覺也而未必其皆善良知者知惻隱知羞惡知恭敬知是非所謂本然之善也本然之善以知爲體不能離知而別有體蓋天性之真明覺自然隨感而通自有條理是以謂之良知理亦謂之天天理者良知之條理良知者天理之靈明知覺不

足以言之也整菴難人之知識不容有二孟子但以不慮而知者名之曰良非謂別有一知也今以知惻隱羞惡恭敬是非爲良知知視聽言動爲知覺殆如楞伽所謂眞識及分別事識者先生申之曰非謂知識有二也惻隱羞惡恭敬是非之知不離乎視聽言動而視聽言動未必皆得其惻隱羞惡之本然者故就視聽言動而言統謂之知覺就其惻隱羞惡而言乃見其所謂良者知覺未可謂之性未可謂之理知之良者乃所謂天之理也猶之道心人心非有二心天命氣質非有二性也整菴難誤認良知爲天理則於天地萬物之理一切置之度外更不復講無以達夫一貫之妙先生申之曰良知必發於視聽思慮視聽思慮必交於天地人物天地人物無窮視聽思慮亦無窮故良知亦無窮離却天地人物亦無所謂良知矣然先生之所謂良知以知是知非之獨知爲據其體無時不發非未感以前別有未發之時所謂未發者蓋卽喜怒哀樂之發而指其有未發者是已發未發與費隱微顯通爲一義當時同門之言良知者雖有淺深詳略之不同而緒山龍溪東廓洛村明水皆守已發未發非有二候致和卽所以致中獨聶雙江以歸寂爲宗工夫在於致中而和卽應之故同門環起難端雙江往復良苦後遇念菴則雙江不自傷其孤

另矣蓋致良知宗旨陽明發於晚年未及與學者深究然觀傳習錄云吾昔居滁時見諸生多務知解無益於得姑教之靜坐一時窺見光景頗取近效久之漸有喜靜厭動流入枯槁之病故邇來只說致良知良知明白隨你去靜處體悟也好隨你去事上磨鍊也好良知本體原是無動無靜的此便是學問頭腦其大意亦可見矣後來學者只知在事上磨鍊勢不得不以知識爲良知陰流密陷於義襲助長之病其害更甚於喜靜厭動蓋不從良知用功只在動靜上用功而又只在動上用功於陽明所言分明倒却一邊矣雙江與先生議論雖未歸一雙江之歸寂何嘗枯槁先生之格物不墮支離發明陽明宗旨始無遺憾兩不相妨也

南野論學書

靜而循其良知也謂之致中中非靜也動而循其良知也謂之致和和非動也蓋良知妙用有常而本體不息不息故常動有常故常靜常動常靜故動而無動靜而無靜答陳盤溪○來教若只說致知而不說勿忘勿助則恐學者只在動處用功夫知忘助者良知也勿忘助者致良知也夫用功即用也用即動也故不動而敬不言而信亦動也雖至澄然無際亦莫非動也動而不動於欲則得其本體之靜

非外動而別有靜也○古人之學只在善利之間後來學者不知分善利於其心而計較揣量於形迹文爲之麤紛紛擾擾泛而無歸故宋儒主靜之論使人反求而得其本心今旣知得良知更不須論動靜矣夫知者心之神明知是知非而不可欺者也君子恆知其是非而不自欺致知也故無感自虛有感自直所謂有爲爲應迹明覺爲自然也是之謂靜若有意於靜其流將有是內非外喜靜厭擾如橫渠所謂累於外物者矣○見聞知識眞妄錯雜者誤認以爲良知而疑其有所未盡不知吾心不學而能不慮而知之本體非見聞知識之可混而見聞知識莫非妙用非有眞妄之可言而眞妄是非輕重厚薄莫不有自然之知也○大良知不學而能不慮而知故雖小人閒居爲不善無所不至者其見君子而厭然亦不可不謂之良知雖常人恕己則昏者其責人則明亦不可不謂之良知苟能不欺其知去其不善者以歸於善勿以所惡於人者施之於人則亦是致知誠意之功卽此一念可以不異於聖人 答劉道夫 ○來教謂動中求靜順應不擾殆有見於動中之靜求不擾於應酬之中而未究夫無動無靜之良知也夫良知無動無靜故時動時靜而不倚於動靜君子之學循其良知故雖疲形餓體而非勞也精思熟慮而非煩也問察

辨說而非聒也清靜虛澹而非寂也何往而不心逸何往而不曰休
故學貴循其良知而動靜兩忘然後爲得答周陸田○記中反覆於
心性之辨謂佛氏有見於心無見於性故以知覺爲性又舉傳習錄
云吾心之良知即所謂天理也此言亦以知覺爲性者某常聞知覺
與良知名同而實異凡知視知聽知言知動皆知覺也而未必其皆
善良知者知惻隱知羞惡知恭敬知是非所謂本然之善也本然之
善以知爲體不能離知而別有體蓋天性之真明覺自然隨感而通
自有條理者也是以謂之良知亦謂之天理天理者良知之條理良
知者天理之靈明知覺不足以言之也辨整菴困知說○謂人之知
識不容有二孟子但以不慮而知者名之曰良非謂別有一知也今
以知惻隱羞惡恭敬是非爲良知知視聽言動爲知覺殆如楞伽所
謂真識及分別事識者某之所聞非謂知識有二也惻隱羞惡恭敬
是非之知不離乎視聽言動而視聽言動未必皆得其惻隱羞惡之
本然者故就視聽言動而言統謂之知覺就其惻隱羞惡而言乃見
其所謂良者知覺未可謂之性未可謂之理知之良者蓋天性之真
明覺自然隨感而通自有條理乃所謂天之理也猶之道心人心非
有二心天命氣質非有二性源頭支流非有二水先儒所謂視聽思

慮動作皆天也人但於其中要識得眞與妄耳良字之義正孟子性善之旨人生而靜以上不容說纔說性時便有知覺運動性非知則無以爲體知非良則無以見性性本善非由外鑠故知本良不待安排曰不慮而知者其良知猶之曰不待安排者其良心擴而充之以達之天下則仁義不可勝用楞伽之眞識宜不得比而同之矣○謂有物必有則故學必先於格物今以良知爲天理乃欲致吾心之良知於事物則道理全是人安排出事物無復有本然之則矣某竊意有耳目則有聰明之德有父子則有慈孝之心所謂良知也天然自有之則也視聽而不以私意蔽其聰明是謂致良知於耳目之間父子而不以私意奪其慈孝是謂致良知於父子之間是乃循其天然之則所謂格物致知也舍此則無所據而不免於安排布置遠人以爲道矣○意與知有辨意者心之意念良知者心之明覺意有妄意有私意有意見所謂幾善惡者也良知不覩不聞莫見莫顯純粹無疵所謂誠無爲者也學者但從意念認取未免善惡混淆浸淫失眞誠知所謂良知而致之毋自欺而求自慊則眞妄公私昭昭不昧何至於誤認意見任意所適也哉答徐少齋○良知上用功則動靜自一若動靜上用功則見良知爲二不能合一矣答問○格致誠正卽

是養孟子言養氣亦只在慊於心上用功慊於心卽是致良知後世所謂養却只守得個虛靜習得個從容與聖賢作用處天懸地隔○良知乃本心之真誠惻怛人爲私意所雜不能念念皆此真誠惻怛故須用致知之功致知云者去其私意之雜使念念皆真誠惻怛而無有虧欠耳孟子言孩提知愛知敬亦是指本心真誠惻怛自然發見者使人達此於天下念念真誠惻怛卽是念念致其良知矣故某嘗言一切應物處事只要是良知蓋一念不是良知卽不是致知矣

答胡仰齋○理一分殊渾融之中燦然者在親疎內外皆具於天地萬物一體之心其有親疎內外之分卽本體之條理天理之流行吾心實未嘗有親疎內外之分也苟分別彼此則同體之心未免有間而其分之殊者皆非其本然之分矣

答王克齋○兄謂近時學者往往言良知本體流行無所用力遂至認氣習爲本性不肯說致知功夫故生弊端鄙意則謂今之認氣習爲本性者正由不知良知之本體不知良知之本體則致知之功未有靠實可據者故欲救其弊須是直指良知本體之自然流行而無用力者使人知所以循之然後爲能實用其力實致其知不然却恐其以良知爲所至之域以致知爲所入之途未免歧而二之不得入門內也知好善惡惡亦是徹上

徹下語循其本體之謂善背其本體之謂惡故好善惡惡亦只是本體工夫本體流行只是好善惡惡答陳明水○學者誠不失其良心則雖種種異說紛紛緒言譬之吳楚閩粵方言各出而所同者義苟失其良心則雖字字句句無二無別於古聖猶之孩童玩戲粧飾老態語笑步趨色色近似去之益遠答馬問菴○覺則無病可去患在於不覺耳常覺則常無病常存無病之心是真能常以去病之心爲心者矣答高公敬○中離懲忿窒慾爲第二義亦是爲志未徹底徒用力於忿慾者而發人心無聲無臭一旦不可得而見豈有二義三義也○來教謂人心自靜自明自能變化自有條理原非可商量者不待著一毫力又謂百姓日用不起一念不作一善何嘗鶻突無道理來又謂今世爲學用功者苟非得見真體要皆助長必不得已不如萬緣放下隨緣順應又謂人志苟真必不至爲惡不勞過爲猜防皆日新之語答王士官○大學言知止止者心之本體亦即是工夫苟非一切止息何緣得定靜安固便將見前酬應百慮認作天機活潑何啻千里寄雙江○大抵學不必過求精微但麁重私意斷除不淨真心未得透露種種妙談皆違心之言事事周密皆拂性之行向後無真實根脚可劄定得安望其有成也寄橫溪弟○好惡與人相

近言羞惡是非之知不容泯滅後世舍獨知而求之虛明湛一却恐茫然無著落矣答朱芝山○自謂寬裕温柔焉知非優游怠忽自謂發強剛毅焉知非躁妄激作忿戾近齋莊瑣細近密察矯似正流似和毫釐不辨離眞逾遠然非實致其精一之功消其功利之萌亦豈容以知見情識而能明辨之寄敖純之○先師謂致知存乎心悟若認知識爲良知正是麄看了未見所謂不學不慮不係於人者然非情無以見性非知識意念則亦無以見良知周子謂誠無爲神發知知神之爲知方知得致知知誠之無爲方知得誠意來書啓教甚明知此卽知未發之中矣格物二字先師以爲致知之實蓋性無體以知爲體知無實事物乃其實地離事物則無知可致亦無所用其致之之功猶之曰形色乃天性之實無形色則無性可盡唯踐形然後可以盡性云爾大抵會得時道器隱顯有無本末一致會未得則滯有淪虛皆足爲病答陳明水○人心生意流行而變化無方所謂意也忽焉而紛紜者意之動忽焉而專一者意之靜靜非無意而動非始有蓋紛紜專一相形而互異所謂易也寂然者言其體之不動於欲感通者言其用之不礙於私體用一原顯微無間非時寂時感而有未感以前別有未發之時蓋雖諸念悉泯而兢業中存卽懼意也

卽發也雖憂患不作而安靜自如卽樂意也卽發也喜怒哀樂之未發謂之中蓋卽喜怒哀樂之發而指其有未發者猶之曰視聽之未發謂之聰明聰明豈與視聽爲對而各一其時乎聖人之情順萬事而無情是常有意是常無意也常有意者變化無方而流行不息故無始常無意者流行變化而未嘗遲留重滯故無所答王堣齋

○夫人神發爲知五性感動而萬事出物也者視聽言動喜怒哀樂之類身之所有知之所出者也視聽喜怒之類有禮有非禮有中節有不中節苟密察其心之不可欺者則莫不自知之故知也者事物之則有條有理無過不及者也物出於知知在於物故致知之功亦惟在於格物而已夫隱顯動靜通貫一理特所從名言之異耳故中也和也中節也其名則三其實一獨知也故是是非非者獨知感應之節爲天下之達道其知則所謂貞靜隱微未發之中天下之大本也就是是非非之知而言其至費而隱無少偏倚故謂之未發之中就知之是是非非而言其至微而顯無少乖戾故謂之中節之和非離乎動用顯見別有眞靜隱微之體不可以知是知非言者也程子謂言和則中在其中言中則涵喜怒哀樂在其中答蘇季明之問謂知卽是已發已發但可謂之和不可謂之中又謂旣有知覺却是動怎生

言靜者蓋爲季明欲求中於喜怒哀樂未發之前則二之矣故反其詞以詰之使驗諸其心未有絕無知覺之時則無時不發無時不發則安得有所謂未發之前而已發又不可謂之中則中之爲道與所謂未發者斷可識矣又安得前乎未發而求其所謂中者也既而季明自悟其旨曰莫是於動上求靜否程子始是其說而猶未深然之恐其端倪微差而毫釐之間猶未免於二之也寄雙江○來教云虛靈是體知覺是用必虛而後靈無欲則靜虛靜虛則明明無事則虛虛則明此是周程正法眼藏何容以所知所覺混能知能覺耶夫知覺一而已欲動而知覺始失其虛靈虛靈有時失而知覺未嘗無似不可混而一然未有無知覺之虛靈苟不虛不靈亦未足以言覺故不可歧而二然此亦爲後儒有此四字而爲之分疏云爾若求其實則知之一字足矣不必言虛與靈而虛靈在其中虛之一字足矣不必言靈言知而靈與知在其中蓋心惟一知知惟一念一念之知徹首徹尾常動常靜本無內外本無彼此○來教以能知覺爲良則格物自是功效以所知覺爲良是宜以格物爲工夫恐未然也夫知以事爲體事以知爲則事不能皆循其知則知不能皆極其至故致知在格物格物在致知然後爲全功後世以格物爲功者既入於揣摩義

襲而不知有致知之物以致知爲功者又近於圓覺真空而不知有格物之知去道愈遠矣○夫心知覺運動而已事者知覺之運動照者運動之知覺無內外動靜而渾然一體者也（答王新甫）○夫身必有心心必有意意必有知知必有事若有無事之時則亦當有無心無意無知之時耶身心意知物未始須與無則格致誠正之功亦不可須與離又焉有未感之前又焉有還不用功之疑耶（答陳履旋）○格物致知後世學者以知識爲知以凡有聲色象貌於天地間者爲物失却大學本旨先師謂知是獨知致知是不欺其獨知物是身心上意之所用之事如視聽言動喜怒哀樂之類詩所謂有物有則孟子萬物皆備於我是也格物是就視聽喜怒諸事愼其獨知而格之循其本然之則以自慊其知（答馮守）○立心之始不見有時之順逆事之煩簡地之險易人之難處易處惟見吾心是非善惡從之如不及去之如探湯者方爲格物苟分別種種順逆難易如彼如此則既有所擇取而順逆難易之心爲之主矣順逆難易之心爲之主則雖有時主宰不亂精神凝定猶不足謂之格物何者從其好惡順逆之心也而況遇逆且難支吾畏葸意興沮撓尚何格物之可言乎（答沈思畏）○良知無方無體變動不居故有昨以爲是而今覺其非有已

以爲是而因人覺其爲非亦有自見未當必考究講求而後停妥皆良知自然如此故致知亦當如此然一念良知徹頭徹尾本無今昨人己內外之分也○道塞乎天地之間所謂陰陽不測之神也神凝而成形神發而爲知知感動而萬事出焉萬事出於知故曰皆備於我而知又萬事之取正焉者故曰有物有則知也者神之所爲也神無方無體其在人爲視聽爲言動爲喜怒哀樂其在天地萬物則發育峻極者卽人之視聽言動喜怒哀樂者也鳶之飛魚之躍以至山川之流峙草木之生生化化者亦卽人之視聽言動喜怒哀樂者也故人之喜怒哀樂視聽言動與天地萬物周流貫徹作則俱作息則俱息而無彼此之間神無方體故也故格吾視聽言動喜怒哀樂之物則範圍天地之化而不過曲成萬物而不遺神無方體故也視聽喜怒之外更有何物蓋古之言視聽喜怒者有見於神通天地萬物而爲言後之言視聽喜怒者有見於形對天地萬物而爲言通則一對則二不可不察也 答項甌東

○源委與體用稍異謂源者委所從出可也謂非委則無以見源源豈待委而後見乎蓋源與委猶二也若夫知之感應變化則體之用感應變化之知則用之體猶水之流流之水水外無流流外無水非若源之委委之源源外無委委外無

源尾首相資而非體用無間者也答雙江○無一刻無性則無一刻無情無一刻非發雖思慮不作閑靜虛融俗語謂之自在則亦樂之發也閑靜虛融不得爲未發則又焉有未發者在閑靜虛融之先乎故未發言其體已發言其用其實一知也○人心常知而知之一動一靜莫非應感雜念不作閑靜虛融者知之靜蓋感於靜境而靜應也思慮變化紛紜交錯者知之動蓋感於動境而動應也動則五官俱用是爲動之物靜則五官俱不用是爲靜之物動靜皆物也閑靜虛融五官不用而此知精明不欺不減於紛紜交錯之時也紛紜交錯五官並用而此知精明不欺無加於閑靜虛融之時也動靜皆知也○良知本虛致知卽是致虛眞實而無一毫邪妄者本虛之體也物物愼其獨知而格之不以邪妄自欺者致虛之功也若有見於虛而求之恐或離卻事物安排一個虛的本體以爲良知本來如是事事物物皆從此中流出習久得效反成障蔽答賀龍岡○凡兩念相牽卽是自欺根本知此不了卒歸於隨逐而已答鄭元健○性無不善故良知無不中正學者能依著見成良知卽無過中失正苟過中失正卽是不曾依著見成良知若謂依著見成良知而未免過中失正是人性本不中正矣有是理乎答董兆時○良知固能知古今事

變然非必知古今事變而後謂之良知生而知之者非能生而知古今事變者也生而無私意不蔽其良知而已然則學知困知亦惟去其私意不蔽其良知而已良知誠不蔽於私則其知古今事變莫非良知苟有私意之蔽則其知古今事變莫非私意體用一原者也

貞襄聶雙江先生豹

聶豹字文蔚號雙江永豐人也正德十二年進士知華亭縣清乾沒一萬八千金以補逋賦修水利興學校識徐存齋於諸生中召入爲御史劾奏大奄及柄臣有能諫名出爲蘇州知府丁內外艱家居十年以薦起知平陽府修關練卒先事以待敵至不敢入世宗聞之顧謂侍臣曰豹何狀乃能爾陞陝西按察司副使爲輔臣夏貴溪所惡罷歸尋復逮之先生方與學人講中庸校突至械繫之先生繫畢復與學人終前說而去既入詔獄而貴溪亦至先生無怨色貴溪大慚踰年得出嘉靖二十九年京師戒嚴存齋爲宗伯因薦先生召爲巡撫薊州右僉都御史轉兵部侍郎協理京營戎政仇鸞請調宣大兵入衛先生不可而止尋陞尚書累以邊功加至太子少傅東南倭亂趙文華請視師朱龍禧請差田賦開市舶輔臣嚴嵩主之先生皆以爲不可降俸二級遂以老疾致仕四十二年十一月四日卒年七十

七隆慶元年贈少保謚貞襄陽明在越先生以御史按閩過武林欲渡江見之人言力阻先生不聽及見而大悅曰君子所爲衆人固不識也猶疑接人太濫上書言之陽明答曰吾之講學非以蘄人之信己也行吾不得已之心耳若畏人之不信必擇人而與之是自喪其心也先生爲之惕然陽明征思田先生問勿忘勿助之功陽明答書此間只說必有事焉不說勿忘勿助專言勿忘勿助是空鍋而爨也陽明既沒先生時官蘇州曰昔之未稱門生者冀再見耳今不可得矣於是設位北面再拜始稱門生以錢緒山爲證刻兩書於石以識之先生之學獄中閑久靜極忽見此心眞體光明瑩徹萬物皆備乃喜曰此未發之中也守是不失天下之理皆從此出矣乃出與來學立靜坐法使之歸寂以通感執體以應用是時同門爲良知之學者以爲未發卽在已發之中蓋發而未嘗發故未發之功却在發上用先天之功却在後天上用其疑先生之說者有三其一謂道不可須臾離也今曰動處無功是離之也其一謂道無分於動靜也今曰工夫只是主靜是二之也其一謂心事合一心體事而無不在今曰感應流行著不得力是脫略事爲類於禪悟也王龍溪黃洛村陳明水鄒東廓劉兩峯各致難端先生一一申之唯羅念菴深相契合謂雙

江所言真是霹靂手段許多英雄瞞昧被他一口道著如康莊大道更無可疑兩峯晚乃信之曰雙江之言是也夫心體流行不息靜而動動而靜未發靜也已發動也發上用功固爲徇動未發用功亦爲徇靜皆陷於一偏而中庸以大本歸之未發者蓋心體卽天體也周天三百六十五度四分度之一而其中爲天樞天無一息不運至其樞紐處實萬古常止要不可不歸之靜故心之主宰雖不可以動靜言而唯靜爲能存之此濂溪以主靜立人極龜山門下以體夫喜怒哀樂未發前氣象爲相傳口訣也先生所以自別於非禪者謂歸寂以通天下之感不似釋氏以感應爲塵煩一切斷除而寂滅之則是看釋氏尚未透夫釋氏以作用爲性其所惡言者體也其曰父母未生前曰先天曰主中主皆指此流行者而言但此流行不著於事爲知覺者也其曰後天曰大用現前曰賓則指流行中之事爲知覺也其實體當處皆在動一邊故曰無所住而生其心正與存心養性相反蓋心體原是流行而流行不失其則者則終古如斯乃所謂靜也寂也儒者存養之力歸於此處始不同夫釋氏耳若區區以感應有無別之彼釋氏又何嘗廢感應耶陽明自江右以後始拈良知其在南中以默坐澄心爲學的收斂爲主發散是不得已有未發之中始

能有中節之和其後學者有喜靜厭動之弊故以致良知救之而曰良知是未發之中則猶之乎前說也先生亦何背乎師門乃當時羣起而難之哉徐學謨識餘錄言楊忠愍劾嚴嵩假冒邊功下部查覆世蕃自草覆稿送部先生即依稿具題按識小編先生勸嵩自辭軍賞而覆疏竟不上但以之歸功張時徹然則依稿具題之誣不辨而自明矣

雙江論學書

謂心無定體其於心體疑失之遠矣炯然在中寂然不動而萬化攸基此定體也與歐陽南野○良知本寂感於物而後有知知其發也不可遂以知發爲良知而忘其發之所自也心主乎內應於外而後有外外其影也不可以其外應者爲心而遂求心於外也故學者求道自其求乎內之寂然者求之使之寂而常定○原泉者江淮河漢之所從出也然非江淮河漢則亦無以見所謂原泉者故濬原者濬其江淮河漢所從出之原非以江淮河漢爲原而濬之也根本者枝葉花實之所從出也培根者培其枝葉花實所從出之根非以枝葉花實爲根而培之也今不致感應變化所從出之知而即感應變化之知而致之是求日月於容光必照之處而遺其懸象著明之大也

○本原之地要不外乎不睹不聞之寂體也不睹不聞之寂體若因感應變化而後有卽感應變化而致之是也實則所以主宰乎感應變化而感應變化乃吾寂體之標末耳相尋於吾者無窮而吾不能一其無窮者而貞之於一則吾寂然之體不幾於憧憧矣乎寂體不勝其憧憧而後忿則奪矣欲則流矣善日以泯過日以長卽使懲之窒之遷之改之已不免義襲於外其於涵養本原之功疑若無與也○所貴乎本體之知吾之動無不善也動有不善而後知之已落二義矣○以獨爲知以知爲知覺遂使聖人洗心密藏一段反本工夫潛引而襲之於外繼使良知念念精明亦只於發處理會得一個善惡而去取之其於未發之中純粹至善之體更無歸復之期○心無定體之說謂心不在內也百體皆心也萬感皆心也亦嘗以是說而求之譬之追風逐電瞬息萬變茫然無所措手徒以亂吾之衷也○體得未發氣象便是識取本來面目敬以持之常存而不失到此地位一些子習氣意見著不得胸次灑然可以概見又何待遇事窮理而後然耶卽反覆推究亦只推究乎此心之存否○聖人過多賢人過少愚人無過蓋過必學而後見也不學者冥行妄作以爲常不復知過

答許玉林

○知者心之體虛靈不昧卽明德也致者充滿其虛靈

之本體江漢濯之秋陽暴之致知卽致中也寂然不動先天而天弗違者也格物者致知之功用物各付物感而遂通天下之故何思何慮後天而奉天時也如好好色惡惡臭之類是也此子之說也格其不正以歸於正乃是先師爲下學反正之漸故爲是不得已之詞所謂不正者亦指夫意之所及者言非本體有所不正也不善體者往往賺入襲取窠臼無故爲伯者立一赤幟此子之所憂也答亢子益○夫無時不寂無時不感者心之體也感惟其時而主之以寂者學問之功也故謂寂感有二時者非也謂工夫無分於寂感而不知歸寂以主夫感者又豈得爲是哉答東廓○疑予說者大略有三其一謂道不可須臾離也今曰動處無功是離之也其一謂道無分於動靜也今曰工夫只是主靜是二之也其一謂心事合一仁體事而無不在今曰感應流行著不得力是脫略事爲類於禪悟也夫禪之異於儒者以感應爲塵煩一切斷除而寂滅之今乃歸寂以通天下之感致虛以立天下之有主靜以該天下之動又何嫌於禪哉○自有人生以來此心常發如目之視也耳之聽也鼻臭口嗅心之思慮營欲也雖禁之而使不發不可得也乃謂發處亦自有功將助而使之發乎抑懼其發之過禁而使之不發也且將抑其過引其不及使之

發而中節乎夫節者心之則也不識不知順帝之則惟養之豫者能之豈能使之發而中乎使之發而中者宋人助長之故智也後世所謂隨事精察而不知其密陷於憧憧卜度之私禁之而使不發者是又逆其生生之機助而使之發者長慾恣情蹈於水火焚溺而不顧又其下者也○良知二字始於孟子孩提之童不學不慮知愛知敬真純湛一由仁義行大人者不失其赤子之心亦以其心之真純湛一即赤子也然則致良知者將於其愛與敬而致之乎抑求其真純湛一之體而致之也若以虛靈本體而言之純粹至善原無惡對若於念慮事爲之著於所謂善惡者而用吾之知縱使知之其與義襲何異故致知者必充滿其虛靈本體之量以立天下之大本使之發無不良是謂貫顯微內外而一之也○虛明者鑑之體也照則虛明之發也知覺猶之照也即知覺而求寂體其與即照而求虛明者何以異盍觀孩提之愛敬平旦之好惡乎明覺自然一念不起誠寂矣然謂之爲寂體則未也今不求寂體於孩提夜氣之先而謂即愛敬好惡而寂之則寂矣然乎不然乎蓋孩提之愛敬純一未發爲之也平旦之好惡夜氣之虛明爲之也 寄王龍溪 ○達夫早年之學病在於求脫化融釋之太速也夫脫化融釋原非工夫字眼乃工夫熟後

景界也而速於求之故遂爲慈湖之說所入以見在爲具足以知覺爲良知以不起意爲工夫樂超頓而鄙艱苦崇虛見而略實功自謂撒手懸崖徧地黃金而於六經四書未嘗有一字當意玩弄精魂謂爲自得如是者十年矣至於盤錯顛沛則茫然無據不能不動朱公之哭也已而恍然自悟考之詩書乃知學有本原心主乎內寂以通感也止以發慮也無所不在而所以存之養之者止其所而不動也動其影也照也發也發有動靜而寂無動靜也於是一以洗心退藏爲主虛寂未發爲要刊落究竟日見天精不屬覩聞此其近時歸根復命煞喫辛苦處亦庶幾乎知微知彰之學乃其自性自度非不肖有所裨益也◯今之爲良知之學者於傳習錄前篇所記眞切處俱略之乃駕空立籠罩語似切近而實渺茫終日逐外而自以爲得手也寄劉兩峯◯良知非大學之明德乎明德足矣何又言乎至善至善者言乎心之體也知止者止於是也知止於是而後能定靜安慮慮非格物乎感而遂通天下之故是也故致知便是知止今必曰格物是致知之功則能慮亦可謂知止之功乎答黃洛村

試以諸公之所以疑於僕者請之有曰喜怒哀樂無未發之時其曰未發特指其不動者言之誠如所論則發而中節一句無乃贅乎大

本達道又當何所分屬乎不曰道之未發而曰喜怒哀樂之未發此又一說也蓋情之中節者爲道道無未發又曰無時無喜怒哀樂安得有未發之時此與無時無感之語相類然則夜氣之所息指何者爲息乎曰晝之所爲非指喜怒哀樂之發者言之乎虛寂二字夫子於咸卦特地提出以立感應之體非以寂與感對而言之也今曰寂本無歸卽感是寂是爲真寂夫寂性也感情也若曰性本無歸卽情是性乃爲真性恐不免語病也性具於心心主乎內艮其止止其所也於止知其所止是謂天下同歸而曰寂本無歸性本無歸將由外鑠我其能免於逐物而襲取乎或又曰性體本寂不應又加一寂字反爲寂體之累此告子勿求之見也操之則存舍之則亡夫子固欲以此困人乎同上

○子思以後無人識中字隨事隨時討求是當謂是爲中而執之何啻千里明道云不覩不聞便是未發之中不聞曰隱不覩曰微隱微曰獨獨也者天地之根人之命也學問只有此處人生只有這件故曰天下之大本也愼獨便是致中中立而和生焉天下之能事畢矣乃曰求之於愼獨之前是誠失之荒唐也答應容菴

○誠意章註其入門下手全在實用其力而禁止其自欺十字夫使好好色惡惡臭亦須實用其力而其中亦有欺之可禁則爲不謬

世顧有見好色而不好而好之不真者乎有聞惡臭而不惡而惡之不真者乎絕無一毫人力動以天也故曰誠者天之道也又曰誠無爲又曰誠者自然而然稍涉人爲便是作好作惡一有所作便是自欺其去自慊遠矣故誠意之功全在致知致知云者充極吾虛靈本體之知而不以一毫意欲自蔽是謂先天之畫未發之中一毫人力不得與一毫人力不與是意而無意也今不養善根而求好色之好不拔惡根而求惡臭之惡可謂苟且徇外而爲人也而可謂之誠乎意者隨感出現因應變遷萬起萬滅其端無窮乃欲一一制之以人力去其欺而反其慊是使初學之士終身不復見定靜安慮境界勞而無功祇自疲以速化耳答緒山○感上求寂和上求中事上求止萬上求一只因格物之誤蔓延至此答鄒西渠○思慮營欲心之變化然無物以主之皆能累心惟主靜則氣定氣定則澄然無事此便是未發本然非一蹴可至須存優游不管紛擾與否常覺此中定靜積久當有效答戴伯常○心要在腔子裏腔子是未發之中○氣有盛衰而靈無老少隨盛衰爲昏明者不學而局於氣也○心豈有出入出入無時者放也學問之道無他求其放心而已矣動而不失其本然之靜心之正也○自世之學者不求濬其萬物一體之原使之

肫肫淵淵生意流通乃懸空杜撰儱侗籠罩之說謂是爲學問大頭腦究其至與墨子兼愛鄉愿媚世又隔幾重公案○所貴乎良知者豈以其無所不知而謂之良哉亦以其知之至誠惻怛莫非天理之著見者而後謂之良也 答董明建

困辨錄

辨中　不睹不聞便是未發之中常存此體便是戒懼去耳目支離之用全虛圓不測之神覩聞何有哉○過與不及皆惡也中也者和也言中卽和也致中而和出焉故曰至其中而已矣又曰中焉止矣○龜山一派每言靜中體認又言平日涵養只此四字便見吾儒真下手處考亭之悔以誤認此心作已發尤明白直指○程子曰有天德便可語王道其要只在謹獨中是天德和是王道故曰苟非至德至道不凝戒慎不覩恐懼不聞修德之功也○性體本自戒懼才頽惰便失性體○或問未發之中爲靜乎蓋靜而常主夫動也戒慎恐懼爲動乎蓋動而常求夫靜也○凡用功似屬乎動而用功之主腦却是靜根○感應神化才涉思議便是憧憧如憧憧則入於私意其云未發之中何啻千里○人自嬰兒以至老死雖有動靜語默之不同然其大體莫非已發氣主之也而立人極者常主乎靜○或問周

子言靜而程子多言敬有以異乎曰均之爲寡欲也周曰無欲故靜程曰主一之謂敬一者無欲也然由敬而入者有所持循久則內外齋莊自無不靜若入頭便主靜惟上根者能之蓋天資明健合下便見本體亦甚省力而其弊也或至厭棄事物賺入別樣蹊徑是在學者顧其天資力量而慎擇所由也近世學者猖狂自恣往往以主靜爲禪學主敬爲迂學哀哉○問情順萬事而無情曰聖人以天地萬物爲一體疾痛痾癢皆切於身一隨其感應自然之機而順應之其曰無情特言其所過者化無所凝滯留礙云爾若枯忍無情斯逆矣謂順應可乎

辨易　至靜之時雖無所知所覺之事而能知能覺者自在是卽純坤不爲無陽之象星家以五行絕處便是胎元亦此意若論復卦則宜以有所知覺者當之蓋已涉於事矣邵子詩曰冬至子之半天心無改移一陽初動處萬物未生時夫天心無改移未發者未嘗發也一陽而動乃平日之好惡太羹之酒淡而和也未發氣象猶可想見靜中養出端倪冷灰中迸出火焰非坤之靜翕歸藏潛而養之則不食之果可復種而生哉知復之由於坤則知善端之萌未有不由於靜養也○寂然不動中涵太虛先天也千變萬化皆由此出可以合

德合明合序合吉凶故曰天弗違觸之而動感而後應後天也何思何慮遂通而順應之故曰奉天時言人力一毫不與也〇一念之微炯然在中百體從令小而辨也〇止於至善寂然不動千變萬化皆由此出井養而不窮也〇易以道義配陰陽故凡言吉凶悔吝皆主理欲存亡淑慝消長處爲言世之所云禍福亦不外是戰戰兢兢臨深履薄曾子之震也震莫大於生死之際起而易簀曰吾得正而斃焉而今而後吾知免夫可謂不失其所主之常不喪匕鬯也

辨心　寡欲之學不善體貼將與克伐怨欲不行同病知意必固我聲臭覩聞皆是欲而後可以識寡欲之學〇一毫矜持把捉便是逆天〇自得者得其本體而自慊也工夫不合本體非助則忘忘助皆非道〇集猶斂集也退藏於密以敦萬化之原由是感而遂通沛然莫之能禦猶草木之有生意也故曰生則惡可已矣襲而取之者義自外至也集義所生者義由中出也自三代而下渾是一個助的學問故曰天下之不助苗長者寡矣與其得助農不若得惰農惰則苗不長而生意猶存若助則機心生而道心忘矣〇鳶飛魚躍渾是率性全無一毫意必程子謂活潑潑地與必有事焉而勿正心勿忘同意〇才離本體便是遠復不遠云者猶云不離乎此也其曰不善恐

於本體尙有未融化處而不免有矜持意未嘗不知明鏡纖塵未嘗復行洪爐點雪少有凝滯而融化不速便已屬行

辨素　素者本吾性所固有而豫養於己者也位之所值雖有富貴貧賤夷狄患難之不同然不以富貴處富貴而素乎富貴不以貧賤處貧賤而素乎貧賤大行不加窮居不損而富貴貧賤夷狄患難處之如一則無入而不自得得者得其素也佛氏云悟人在處一般又云隨所住處常安樂頗得此意

辨過　才覺無過便是包藏禍心故時時見過時時改過便是江漢以濯秋陽以暴夫子只要改過鄉愿只要無過機械變詐之巧蓋其機心過熟久而安之其始也生於一念之無恥其究也習而熟之充然無復廉恥之色放僻邪侈無所不爲無所用其恥也○天地以生物爲心人得之而爲人之心生生不已故感於父子則爲慈孝感於昆弟則爲友恭故凡修道一涉於營欲謀爲而不出於生生自然之機者皆不可以言仁不可以言仁則襲也襲而取之則身與道二不可以言合也

辨仁　先有個必有所主之心曰適先有個必無所主之心曰莫無所主而無所不主無所不主而先無所主曰義不見所欲惡而寂然

不動者中也欲惡不欺其本心者忠也非中也然於中為近欲惡之發不待推而自然中節者和也推欲惡以公於人者恕也非和也然於和為近忠恕是學者求復其本體一段切近工夫

辨神　心之生生不已者易也卽神也未發之中太極也未發無動靜而主乎動靜者未發也非此則心之生道或幾乎息而何動靜之有哉有動靜兩儀而後有仁義禮智之四端有四端而後有健順動止入陷麗說之八德德有動有靜也故健順動止而不失乎本然之則者吉以之生蓋得其本體發而中節也入陷麗說靜而反累於動者凶以之生蓋失其本體發而不中也能說諸心能研諸慮舉而措之天下而大業生焉

辨誠　子莫執中蓋欲擇為我兼愛之中而執之故不合於權耳不知中無定體惟權是體權無定用惟道是用權也者吾心天然自有之則惟戒慎不覩恐懼不聞然後能發無不中變易從道莫非自然之用不然則以中而賊道者何限自堯舜之學不明往往以中涉事為若將隨事隨處精察而固執之以求所謂當然之節而不知瞬息萬變一毫思慮營欲著不得是謂後天而奉天時也若臨事而擇已不勝其憧憧非惟日不足顧其端無窮膠凝固滯停閣廢棄中亦襲

也況未必中乎○問閒思雜慮袪除不得如何曰習心滑熟故也習心滑熟客慮只從滑熟路上往還非一朝一夕之故也若欲逐之而使去禁之而使不生隳突衝決反爲本體之累故欲去客慮者先須求復本體本體復得一分客慮減去一分然本體非敬不復敬以持之以作吾心體之健心體健而後能廓清掃蕩以收定靜之功蓋盜賊無主勢必解散然非責效於旦夕用意於皮膚者可幾及也○問良知之學何如曰此是王門相傳指訣先師以世之學者率以無所不知無所不能爲聖人以有所不知不能爲儒者所深恥一切入手便從多學而識考索記誦上鑽研勞苦纏絆擔擱了天下無限好資質的人乃謂良知自知致而養之不待學慮千變萬化皆由此出孟子所謂不學不慮愛親敬長蓋指良知之發用流行切近精實處而不悟者遂以愛敬爲良知著在枝節上求雖極高手不免賺入邪魔蹊徑到底只從伯學裏改換頭目出來蓋孩提之愛敬卽道心也一本其純一未發自然流行而纖毫思慮營欲不與故致良知者只養這個純一未發的本體本體復則萬物備所謂立天下之大本先師云良知是未發之中廓然大公的本體便自能感而遂通便自能物來順應此是傳習錄中正法眼藏而誤以知覺爲良知無故爲霸學

張一赤幟與邊見外修何異而自畔其師說遠矣○問隨處體認天理何如曰此甘泉揭以教人之旨甘泉得之羅豫章豫章曰爲學不在多言但默坐澄心體認天理若見天理則人欲便自退聽由此持守庶幾漸明講學始有得力處又云學者之病在於無凍解冰釋處雖用力持守不過苟免形顯過尤無足道也究其旨意全在天理二字所謂見天理者非聞見之見明道曰吾學雖有所受然天理二字却是自家體貼出來而世之揣摩測度依傍假借謂體認而反害之者多矣天理是本體自然流行如平旦之好惡孩提之愛敬孺子入井之怵惕惻隱不假些子幫助學者體認到此方是動以天動以天方可見天理方是人欲退聽凍解冰釋處也此等學問非實見得未發之中道心惟微者不能及○問今之學者何如曰今世之學其上焉者則有三障一曰道理障一曰格式障一曰知識障講求義理模倣古人行事之迹多聞見博學動有所引證是障雖有三然道理格式又俱從知識入均之爲知識障也三家之學不足以言豫責之以變易從道皆不免有跆疚困窮之患蓋義理隨事變以適用非講求所能備事變因時勢而順應非格式所能擬義理事變有聖人所不知不能處非一人所能周故曰障然尚是儒者家法可以維持世教

而無所謂敗常亂俗也此外又有氣節文章二家氣節多得之天性可以勵世磨鈍廉頑立懦文章又有古文時文亦是學者二魔魔則病心障是障於道故先儒常曰聖賢既遠道學不明士大夫不知用心於內以立其本而徒以其意氣之盛以有爲於世者多矣彼詞令之美聞見之博議論之韙節概之高自其外而觀之誠有以過乎人者然探其中而責其實要其久而持其歸求其充然有以慰滿人望而無一瑕之可疵者千百中未見一二可數也

明儒學案卷十七

姚江黃梨洲先生著

豫章後學 夏鼎 熊育鑫 熊繩祖 熊育鏞 徐兆灝 周聯慶 熊榮祖 蕭兆柄 劉秉楨 李真寶 重刊

文恭羅念菴先生洪先

羅洪先字達夫別號念菴吉水人父循山東按察副使先生自幼端重年五歲夢通衢市人擾擾大呼曰汝往來者皆在吾夢中耳覺而以告其母李宜人識者知非埃壒人也十一歲讀古文慨然慕羅一峯之爲人卽有志於聖學嘉靖八年舉進士第一外舅太僕曾直聞報喜曰幸吾壻建此大事先生曰丈夫事業更有許大在此等三年遞一人奚足爲大事也授翰林修撰明年告歸已丁父艱苫塊蔬食不入室者三年繼丁內艱居後喪復如前喪十八年召拜左春坊左贊善踰年至京上常不御朝十二月先生與司諫唐順之校書趙時春請以來歲元日皇太子御文華殿受百官朝賀上曰朕方疾遂欲儲貳臨朝是必君父不能起也皆黜爲民三十七年嚴相嵩起唐順

之爲兵部主事次及先生先生以畢志林壑報之順之強之同出先生曰天下事爲之非甲則乙某所欲爲而未能者有公爲之何必自我四十三年卒年六十一隆慶改元贈光祿少卿謚文恭先生之學始致力於踐履中歸攝於寂靜晚徹悟於仁體幼聞陽明講學虔臺心卽向慕比傳習錄出讀之至忘寢食同里谷平李中傳玉齋楊珠之學先生師之得其根柢而聶雙江以歸寂之說號於同志唯先生獨心契之是時陽明門下之談學者皆曰知善知惡卽是良知依此行之卽是致知先生謂良知者至善之謂也吾心之善吾知之吾心之惡吾知之不可謂非知也善惡交雜豈有爲主於中者乎中無所主而謂知本常明不可也知有未明依此行之而謂無乖戾於既發之後能順應於事物之來不可也故非經枯槁寂寞之後一切退聽天理炯然未易及此雙江所言眞是霹靂手段許多英雄瞞昧被他一口道著如康莊大道更無可疑闢石蓮洞居之默坐半榻閒不出戶者三年事能前知人或訝之答曰是偶然不足道王龍溪恐其專守枯靜不達當機順應之妙訪之於松原問曰近日行持比前何似先生曰往年尙多斷續近來無有雜念雜念漸少卽感應處便自順適卽如均賦一事從六月至今半年終日紛紛未嘗敢厭倦未嘗敢

執著未嘗敢放縱未嘗敢張皇惟恐一人不得其所一切雜念不入亦不見動靜二境自謂此卽是靜定工夫非紐定默坐時是靜到動應時便無著靜處也龍溪嗟嘆而退先生於陽明之學始而慕之已見其門下承領本體太易亦遂疑之及至工夫純熟而陽明進學次第洞然無閒天下學者亦遂因先生之言而後得陽明之眞其嘵嘵以師說鼓動天下者反不與焉先生旣定陽明年譜錢緒山曰子於師門不稱門生而稱後學者以師存日未得及門委贄也子謂古今門人之稱其義止於及門委贄乎子年十四時欲見師於贛父母不聽則及門者其素志也今學其學者三紀於茲矣非徒得其門所謂升堂入室者子且無歉焉於門人乎何有譜中改稱門人緒山龍溪證之也先生以濂溪無欲故靜之旨爲聖學的傳有言辭受取與爲小事者先生謂此言最害事請告歸過儀眞一病幾殆同年項甌東念其貧困有富人坐死行賄萬金待先生一言先生辭之而去已念富人罪不當死囑恤刑生之不令其知也先世田宅盡推以與庶弟別架數楹僅蔽風雨尋爲水漂没假寓田家撫院馬森以其故所卻餽先後數千金復致之立室先生不受其門下搆正學堂以居之將卒問疾者入室視如懸罄曰何至一貧如此先生曰貧固自好故於

龍溪諸子會講近城市勞官府則痛切相規謂借開來之說以責後車傳食之報爲賄賂公行廉恥道喪者助之瀾也先生靜坐之外經年出游求師問友不擇方內方外一節之長必虛心咨請如病者之待醫士大夫體貌規格黜棄殆盡獨往獨來纍饑寒經跋涉重湖驚濤之險逆旅詬詈之加漠然無所芥蒂或疑其不絕二氏先生嘗閱楞嚴得返聞之旨覺此身在太虛視聽若寄世外見者驚其神采先生自省曰誤入禪定矣其功遂輟登衡嶽絕頂遇僧楚石以外丹授之先生曰吾無所事此也黃陂山人方與時自負得息心訣謂聖學者亦須靜中恍見端倪始得先生與龍溪偕至黃陂習靜龍溪先返先生獨留夜坐工夫愈密自謂已入深山更深處家書休遣雁來過蓋先生無處非學地無人非學侶同牀各夢豈二氏所能連染哉耿天臺謂先生爲與時所欺憤悔疽發還家而夫人又殂由是益恨與時今觀其夜坐諸詩皆得之黃陂者一時之所證入固非與時所可窺見又何至以妻子一訣自動其心乎可謂不知先生者矣鄧定宇曰陽明必爲聖學無疑然及門之士概多矛盾其私淑而有得者莫如念菴此定論也

論學書

心之本體至善也然無善之可執所謂善者自明白自周徧是知是非知非如此而已不學而能不慮而知順之而已惟於此上倚著爲之便是欲便非本體明白亦昏周徧亦狹是非亦錯此非有大相懸隔只落安排與不安排耳孟子曰勿忘勿助助固欲速忘豈無所用其心哉必有所牽矣故耳目口鼻四肢之欲欲也有安排者亦欲也畢竟安排起於有己故欲只是一原夫子所謂閑邪者其謂是乎○今之學者以本體未復必須博學以充之然後無蔽似周備矣只恐捉摸想像牽己而從之豈虛中安止之道豈寂然不動感而遂通者乎譬之鑑然去塵則明自復未聞有定妍媸之形以補照之不及者也故以是非之靈明爲把柄而不以所知之廣狹爲是非但求不失生意如草木之區別不必於同或者以爲得聖賢之正脈也奉李谷平○古人所謂至者非今之所謂不間斷者也今之不間斷者欲常記憶此事常不遺忘而已若古人者如好好色如惡惡臭如四時錯行如日月代明是以知識推測想像模倣爲間斷蓋與今所云者大有異矣○全無伎倆始見真才○所謂良知者至無而至有無容假借無事幫補無可等待自足焉者也來書謂無感而常樂此是良知本體卽是戒懼卽非放逸卽非蔽塞不然便不應自知其樂若此矣

應而未嘗動本體也以其順應也不得於心而有思者亦本體也以其澄然運用而不容已者也從而憧憧者非本體也以其動於外物者也終夜以思而未嘗涉於人爲安排未嘗雜以智識推測庸何傷乎但恐安排推測之不免故須從事於學耳學也者學其出於良知而無所動焉者也窮理者窮此者也自然條理故曰天理卽所謂良知也安排推測非天理矣答羅岳霽○真信得至善在我不假外求卽時時刻刻物物種種見在不勞一毫安排布置所謂無邪原是不相粘著不勞絕遺所謂敬原自不二不雜齋莊中正旣不費力支持卽亦不見有歇脚時矣何爲不能時時習乎答蕭仲敬○千古聖賢工夫無二端只病痛不起卽是本心本心自完不勞照管覓心失心求物理失物理求良知失良知知靜非靜知動非動一切捹下直任本心則色色種種平鋪見在但不起卽無病原無作又何輟乎故曰道不遠人又曰道心天道流行豈容人力撐持幫助有尋求便屬知識已非所謂帝則矣○離却意象卽無內外忘內外本心得矣答陳豹谷○以爲良知之外尚有所謂義理者在是猶未免於幫補湊合之病其於自信不亦遠乎見聞不與獨任真誠矢死以終更無外想自非豪傑其孰能任此與林溆山○良知有規矩而無樣式有分曉

而無意見有主宰而無執著有變化而無遷就有渾厚而無鶻突見好色自好聞惡臭自惡不思不勉發自中節天下達道不外是矣與夏太守○來諭辭受取與雖關行檢看來亦小此言最害事辭受取與元關心術本無大小以此當天來事看即堯舜事業亦自浮雲過目若率吾真心而行即一介不取與亦是大道非小事業而大一介也此心無物可尙故也答戚南玄○學須靜中入手然亦未可偏向此中躱閃過凡難處與不欲之念皆須察問從何來若此間有承當不起便是畏火之金必是銅鉛錫鐵攙和不得回互姑容任其暫時云爾也除此無下手誅責處平日却只是陪奉一種清閑自在終非有根之樹冒雪披風榦柯折矣與王有訓○大抵工夫未下手即不知自己何病又事未涉境即病亦未甚害事稍涉人事乃知爲病又未知去病之方蓋方任己便欲回互有回互則病乃是痛心處豈肯割去譬之浮躁起於快意有快意爲之根則浮躁之標末自現欲去標末當去其根其根爲吾之所回互安能克哉此其所以難也答王西石○千古病痛在入處防閑到既入後濯洗縱放終非根論周子無欲程子定性皆率指此置身千仞則坎蛙穴螺爭競豈特不足以當吾一視著脚泥淖得片瓦拳石皆性命視之此根論大抵象也到

此識見既別却犯手入場皆吾游刃老叟與羣兒調戲終不成憂其攪溷吾心但防閑入處非有高睨宇宙狠斷俗情未可容易承當也

答尹洞山

○此中更不論如何只血氣肯由心志稍定貼已是有頭緒不然是心逐氣走非氣從心定也

與王有訓

○欲之有無獨知之地隨發隨覺顧未有主靜之功以察之耳誠察之固有不待乎外者而凡考古證今親師取友皆所以爲寡欲之事不然今之博文者有矣其不救於私妄之恣肆者何歟故嘗以爲欲希聖必自無欲始求無欲必自靜始

答高白坪

○某所嘗著力者以無欲爲主辨欲之有無以當下此心微微覺處爲主此覺處甚微非志切與氣定卽不自見

答李二守

○力行是孔門第一義今之言不覩不聞者亦是欲力行至精密處非有二義也凡事狀之萌有作有止而吾心之知無斷無續卽事狀而應之不涉放肆可謂有依據矣安知不入安排理道與打點世情彌縫人意乎卽使無是數者事已作何歸宿此不謂虛過日月者哉又況處事原屬此心心有時而不存卽事亦有時而不謹所謹者在人之可見聞耳因見聞而後有著力此之謂爲人非君子反求諸己之學也故戒愼於不覩不聞者乃全吾忠實之本然而不覩不聞卽吾心之常知處自其常知不可以形求者謂之不覩自

其常知不可以言顯者謂之不聞固非窈冥之狀也吾心之知無時或息卽所謂事狀之萌應亦無時不有若諸念皆泯炯然中存亦卽吾之一事此處不令他意攙和卽是必有事焉又何茫蕩之足慮哉答劉月川○識仁篇却在識得仁體上提得極重下云與物同體則是己私分毫攙和不得己私不入方爲識得仁體如此却只是誠敬守之中庸者是此仁體現在平實不容加損非調停其間而謂之中也急迫求之總成私意調停其間亦難依據惟有己私不入始於天命之性方能覿體蓋不入己私處處皆屬天然之則故也然此私意不入何緣直與分解何緣不必干涉何緣斷絕何緣泯忘既非意氣可能承當亦非言說便得通曉此是吾人生死路頭非別有巧法日漸月摩令彼消退可以幾及也答張浮峯○欲根不斷常在世情上立脚未是脫離得盡如此根器縱十分斂實亦只是有此意思非歸根也與謝子貞○來教云良知非知覺之謂然舍知覺無良知良知卽是主宰而主宰淵寂原無一物兄之精義盡在於此夫謂知覺卽主宰主宰卽又淵寂則是能淵寂亦卽能主宰亦卽自能知覺矣又何患於內外之二哉今之不能主宰者果知覺紛擾故耶亦執著淵寂耶其不淵寂者非以知覺紛擾故耶其果識淵寂者可復

容執著耶自弟受病言之全在知覺則所以求其病者舍淵寂無消除法矣夫本體與工夫固當合一原頭與見在終難盡同弟平日持原頭本體之見解遂一任知覺之流行而於見在工夫之持行不識淵寂之歸宿是以終身轉換卒無所成兄謂弟落在著到管帶弟實有之在弟之意以爲但恐未識淵寂耳若真識得愈加著到愈無執著愈加照管愈無掛帶既曰原無一物矣又何患執著之有無可忘而忘不待存而存此是入悟語然識得此處卽屬平常不識得此處卽是弄玩精魄夫無可忘而忘以其未嘗有存也不待存而存以其未嘗有忘也無存無忘此乃淵寂之極正莊子橫心所念無非利害之境然後則自不念利害始自有次第矣夫工夫與至極處未可並論何也操存舍亡夫子固已言之非吾輩可以頃刻嘗試遂自謂已得也今之解良知者曰知無不良者也欲致良知卽不可少有加於良知之外此其爲說亦何嘗不爲精義但不知幾微倏忽之際便落見解知果無不良矣有不良者果孰爲之人品不齊工力不等未可盡以解縛語增他人之縱肆也乃知致良知之致字是先聖喫緊爲人語致上見得分明卽格物之義自具固不必紛紜於章句字面之胸合對證傳授言說之祖述發揮而動多口也來教云良知之體本

虛而萬物皆備物是良知凝聚融結出來的可謂真實的當矣如此則良知愈致其凝聚融結愈備良知愈虛知覺愈精此非合內外乎既合內外則凡能致虛者其必能格物而自不落內外見解兄之勤懇諄復者自可以相忘於無言矣答王龍溪

○靜中易收攝動處便不然此已是離本著境更無別故只是未有專心一意耳與王以珍

○白沙致虛之說乃千古獨見致知續啓體用不遺今或有誤認猖狂以爲廣大又喜動作名爲心體情欲縱恣意見橫行後生小子敢爲高論蔑視宋儒妄自居擬竊慮貽禍斯世不小也與吳疎山

○來教云學問大要在自識本心庶工夫有下落此言誠是也雖然本心果易識哉來教云心無定體感無停機凡可以致思著力者感也而所以出思發知者不可得而指也謂心有感而無寂是執事之識本心也不肖驗之於心則謂心有定體寂然不動者是也感無定機時動時靜是也心體唯其寂也故雖出思發知不可以見聞指然其凝聚純一淵然精深者亦唯於著己近裏者能默識之亦不容以言指也是謂天下之至誠動應惟其有時也故雖出思發知莫不爲感然其或作或息或行或止或語或默或視或瞑萬有不齊而機難豫定固未始有常也是謂天下之至神惟至誠者乃可以語至神此中庸

通篇意也來教云欲於感前求寂是謂畫蛇添足欲於感中求寂是謂騎驢覓驢不肖驗之於心又皆有可言者自其後念之未至而吾寂然者未始不存謂之感前有寂可也自其今念之已行而吾寂然者未始不存謂之感中有寂可也感有時而變易而寂然者未始變易感有萬殊而寂然者惟一此中與和情與性所由以名也來教云學至於研幾神矣易曰幾者動之微周子曰動而未形有無之間曰幾夫既曰動則不可以言靜聖人知幾故動無不善也不肖驗之於心又有大不然者當吾心之動機在倏忽有與無俱未形也斯時也若何致力以爲善惡之辨乎且來教云感無停機是又以心爲動體不見所謂靜矣夫感無停機機無停運頃刻之間前機方微後機將著牽連不斷微著相尋不爲乍起乍滅矣乎是正所謂相左者也竊詳周易與周子之旨亦與來教稍異易贊知幾爲神而以介石先之朱子曰介如石理素定也是素定者非所謂寂然者乎又曰惟幾也故能成天下之務而以惟深先之朱子曰極深者至精也研幾者至變也是精深者非寂然者乎周子言幾必先以誠故其言曰誠無爲幾善惡又曰寂然不動者誠也感而遂通者神也而後繼之以幾夫不疾而速不行而至者謂之神故曰應而妙不落有無者謂之幾故

曰微而幽夫妙與幽不可爲也惟誠則精而明矣蓋言吾心之感似涉於有矣然雖顯而實微雖見而實隱又近於無以其有無不形故謂之幾幾善惡者言惟幾故能辨善惡猶云非幾卽惡焉耳必常戒懼常能寂然而後不逐於動是乃所謂研幾也今之議者咸曰寂然矣無爲矣又何戒懼之有將以工夫皆屬於動無所謂靜者不知無欲故靜周子立極之功也誠則無事果確無難周子思誠之功也背非見止非爲爲不止者周子立靜之功也假使知幾之說如來教所云是乃聖門第一關頭何止略示其意於易之文而周子亦不諄諄以告人耶子思之傳中庸使其工夫如來教所云則必曰戒愼乎其初可覩恐懼乎其初可聞何乃以不覩不聞爲言如今之謎語乎惟其於不覩不聞而戒懼焉則是所持者至微至隱故凡念之動皆能入微而不至於有形凡思之用皆可通微而不至於憧憧如此乃謂之知幾如此乃可以語神亦謂之先幾之學此其把柄端可識矣今以戒懼疑於屬動旣失子思之本旨又因戒懼而疑吾心無寂則幷大易周子之旨而滅之推原其故大抵誤認良知爲崇耳今爲良知之說者曰知是知非不可欺瞞者良知也常令此知炯炯不昧便是致吾心之良知雖然此言似矣而實有辨也夫孟子所言良知指不

學不慮當之是知乃所以良也知者感也而所以爲良者非感也傳習錄有曰無善無惡者理之靜有善有惡者氣之動不動於氣卽無善無惡是謂至善夫至善者非良乎此陽明之本旨也而今之言良知者一切以知覺簸弄終日精神隨知流轉無復有收聚純一之時此豈所謂不失赤子之心者乎恐陽明公復出不能不矯前言而易之以他辭也洛村嘗問獨知時有念否公答以戒懼亦是念戒懼之念無時可息自朝至暮自少至老更無無念之時蓋指用功而言亦卽所謂不失赤子之心非浮漫流轉之謂也今之學者誤相援引便指一切凡心俱謂是念實以遂其放縱恣肆之習執事所見雖高然大要以心屬感似與此輩微覺相類自未聞良知之說以前諸公之學頗多得力自良知之說盛行今二十餘年矣後之得力較先進似或不勇此豈無故耶答陳明水

○果能收斂翕聚如嬰兒保護自能孩笑自能飲食自能行走豈容一毫人力安排試於臨民時驗之稍停詳妥貼言動喜怒自是不差稍周章忽略便有可悔從前爲良知時時見在一句誤却欠却培養一段工夫培養原屬收斂翕聚甲辰夏因靜坐十日恍恍見得又被龍溪諸君一句轉了總爲自家用功不深內虛易搖也孟子言皆有怵惕惻隱之心由於乍見言平旦好

惡與人相近由於夜氣所息未嘗言時時有是心也未後四端須擴而充之自然火然泉達可以保四海夜氣苟得其養無物不長所以須養者緣此心至易動故也未嘗言時時便可致用皆可保四海也擴充不在四端後却在常無內交要譽惡聲之心所謂以直養也養是常息此心常如夜之所息如是則時時可似乍見與平旦時此聖賢苦心語也陽明拈出良知上面添一致字便是擴養之意良知良字乃是發而中節之和其所以良者要非思爲可及所謂不慮而知正提出本來頭面也今却盡以知覺發用處爲良知至又易致字爲依字則是只有發用無生聚矣木常發榮必速槁人常動用必速死天地猶有閉藏況於人乎是故必有未發之中方有發而中節之和必有廓然大公方有物來順應之感平日作文字只謾說過去更不知未發與廓然處何在如何用功誠鶻突半生也眞擴養得便是集義自浩然不奪於外此非一朝一夕可得然一朝一夕亦便小小有驗但不是放乎四海譬之操舟舵不應手不免橫撑直駕終是費力時時培此却是最密地也（與尹道輿）○朱子以不覩不聞爲未動念時以獨屬動爲初動念時故動靜交修兒以不覩不聞之時專屬念頭方動又比朱子失却一邊不知所謂達之面目發於政事猶

爲不覩不聞時耶否耶豈無念時遂無所謂戒愼恐懼耶豈聖賢皆時時動念耶答項甌東○寂然者一矣無先後中外矣然對感而言寂其先也以發而言寂在中也○思固聖功之本而周子以無思爲言是所以爲思誠也思而無思是謂研幾○常令此心寂然無爲便是戒懼其所不覩不聞言戒懼在本體上便覺隔越○中庸以愼獨爲要誠也神也幾也獨也一也愼獨皆舉之矣然須體周子分言之意○常知幾卽是致知卽是存義到成熟時便是知止得所止則知至矣○感無常寂有常寂其主也周之靜程之定皆是物也其曰靜虛動直曰靜定動定以時言也時有動靜寂無分於動靜境有內外寂無分於內外然世之言無內外無動靜者多逐外而遺內喜動而厭靜矣是以析言之○夫體能發用用不離體所謂體用一源也今夫舟車譬則體也往來於水陸則其用也欲泥一源之語而惡學者之主寂是猶舍車舟而適江湖與康莊也烏乎可○陽明先生良知之教本之孟子乍見入井孩提愛敬平旦好惡三者以其皆有未發者存故謂之良朱子以爲良者自然之謂是也然以其一端之發見而未能卽復其本體故言怵惕矣必以擴充繼之言好惡矣必以長養繼之言愛敬矣必以達之天下繼之孟子之意可見矣先生得其

意者也故亦不以良知爲足而以致知爲功試以三言思之其言充也將卽怵惕之已發者充之乎將求之乍見之眞乎無亦不動於納交要譽惡聲之私已乎其言養也將卽好惡之已發者養之乎將求之平旦之氣乎無亦不梏於日晝所爲矣乎其言達也將卽愛敬之已發者達之乎將不失孩提之心乎無亦不涉於思慮矯強矣乎終日之間不動於私不梏於爲不涉於思慮矯強以是爲致知之功則其意烏有不誠而亦烏用以立誠二字附益之也今也不然但取足於知而不原其所以良故失養其端而惟任其所以發遂以見存之知爲事物之則而不察理欲之混淆以外交之物爲知覺之體而不知物我之倒置豈先生之本旨也○未感之前寂未嘗增非因無念無知而後有寂也旣感之後寂未嘗減非因有念有知而遂無寂也此虛靈不昧之體所謂至善善惡對待者不足以名之知者觸於感者也念者妙於應者也知與念有斷續而此寂無斷續所謂感有萬殊而寂者惟一是也答郭平川○今之言良知者惡聞靜之一言以爲良知該動靜合內外主於靜焉偏矣此恐執言而未盡其意也夫良知該動靜合內外其統體也吾之主靜所以致之蓋言學也學必有所由而入未有入室而不由戶者苟入矣雖謂良知本靜亦可也

雖謂致知爲慎動亦可也吾不能復無極之真者孰爲之乎蓋動而後有不善有欲而後有動動於欲而後有學學者學其未動焉者也學其未動而動斯善矣動無動矣答董蓉山○周子所謂主靜者乃無極以來真脈絡其自註云無欲故靜是一切染不得一切動不得莊生所言混沌者近之故能爲立極種子非就識情中認得個幽閒暇逸者便可替代爲此物也指其立極處與天地合德則發育不窮與日月合明則照應不遺與四時合序則錯行不忒與鬼神合吉凶則感應不爽修此而忘安排故謂之吉悖此而費勞攘故謂之凶若識認幽閒暇逸以爲主靜便與野狐禪相似便是有欲一切享用玩弄安頓便宜厭忽縱弛隱忍狠狽之弊紛然潛入而不自覺即使孤介清潔自守一隅亦不免於偏聽獨任不足以倡率防檢以濟天下之務其與未知學者何異也答門人○靠絲毫不得纔靠一言一念即是規矩外惟有識得規矩時時游息其中所謂終日對越在天也識規矩不定便有幫湊便易和換與王有訓○二氏亦以靜入至所語靜却是迥異答李石麓○當極靜時恍然覺吾此心中虛無物旁通無窮有如長空雲氣流行無有止極有如大海魚龍變化無有間隔無內外可指無動靜可分上下四方往古來今渾成一片所謂無

在而無不在吾之一身乃其發竅固非形質所能限也是故縱吾之目而天地不滿於吾視傾吾之耳而天地不出於吾聽冥吾之心而天地不逃於吾思古人往矣其精神所極卽吾之精神未嘗往也否則聞其行事而能憬然憤然矣乎四海遠矣其疾痛相關卽吾之疾痛未嘗遠也否則聞其患難而能惻然盡然矣乎是故感於親而爲親焉吾無分於親也有分於吾與親斯不親矣感於民而爲仁焉吾無分於民也有分於吾與民斯不仁矣感於物而爲愛焉吾無分於物也有分於吾與物斯不愛矣是乃得之於天者固然如是而後可以配天也故曰仁者渾然與物同體同體也者謂在我者亦卽在物合吾與物而同爲一體則前所謂虛寂而能貫通渾上下四方往古來今內外動靜而一之者也若二氏者有見於己無見於物養一指而失其肩背比於自賊其身焉耳諸儒闢二氏矣猥瑣於掃除防檢之勤而迷謬於統體該括之大安於近小而弗睹其全矜其智能而不適於用譬之一家不知承藉祖父之遺光復門祚而顧栖栖於一室身口是計其堂奧未窺積聚未復終無逃於樊遲細民之譏則亦何以服二氏之心哉（與蔣道林）此學日入密處紛紜轇轕中自得泰然不煩照應不煩照應一語雙老所極惡聞却是極用力全體不

相汚染乃有此景如無爲寇之念縱百念縱橫斷不須照應始無此念明道不須防檢不待窮索未嘗致纖毫之力意正如此○以身在天地間負荷卽一切俗情自難染汚 寄尹道輿

○來書責弟不合良知外提出知止二字而以爲良知無內外無動靜無先後一以貫之除此更無事除此別無格物言語雖似條暢只不知緣何便無分毫出入操則存舍則亡非卽良知而何終日談本體不說工夫纔拈工夫便指爲外道恐陽明先生復生亦當攢眉也 寄王龍溪

○來書吾心全體大用發見流行雖昏塞之極而自有昭明不泯之端此卽陽明先生所謂良知今時學者指愚夫愚婦與聖人同處乃其相傳妙訣也曰忠如卽以此爲本來端倪乎是無容細微察識矣若謂此中別有本來端倪須察識而後稍見則所謂全體大用發見流行又何如哉且惻隱之端須是逢赤子入井見之平旦之氣須於好惡與人相近見之以此推端倪似未有舍格物而言端倪者如靜坐則清明和適執事則精明安肅居家則和柔愉婉以此端倪而隨處得之不知與來書所謂拿此一物看守在此不令走作者又何以異察識既不可緩隨處又當理會不知與所謂靜息處玩其清明和適之體則日用自有依據孰先孰後爲一爲二乎此處更無歇後語更無訓釋

語始是真能明諸心始是不落虛見答萬曰忠○靜中隱然有物此即是心體不昧處此處常作主宰是一生不了雜念一切放下是千休千處得感動時變換是把捉太緊故有厭動之病一屬操持即入把捉此處正好調停求其至當未可畏其難操持并動靜皆作疑也合并不來只是未久如服藥人藥力未至不須疑病淺深○發與未發傳習錄云未發在已發之中而已發之中未嘗別有未發者在已發在未發之中而未發之中未嘗別有已發者存此兩句精細可破紛紜之論知寒覺煖聖人與人一也而知覺處有千頭萬緒不同未發所由辨也故陽明先生曰當知未發之中常人亦未能皆有蓋中庸未發在慎獨後言知學而後有未發之中謂其能知未發之體而存之也言先後固不得言是一是二亦不得○目之明爲體視爲用視處別有明在否明與視何所斷際若逐外爲用亦體非其體矣○心神物也動物也攝之固難凝之尤難象山立大之論於凝聚處煞有地步以上俱答萬曰忠○內外兩忘乃千古入聖祕密語凡照應掃除皆屬內境安排酬應皆屬外境二境了不相干此心渾然中存非所謂止其所乎此非靜極何以入悟答李石麓○默默自修真見時刻有不彀手處時刻有不如人處時刻只在自心內尋究虛靜根

柢安頓不至出入卽有好商量矣答王著久〇不肖三四年閒曾以主靜一言爲談良知者告以爲良知固出於稟受之自然而未嘗泯滅然欲得流行發見常如孩提之時必有致之之功非經枯槁寂寞之後一切退聽而天理炯然未易及此陽明之龍場是也學者舍龍場之懲創而談晚年之熟化譬之趨萬里者不能蹈險出幽而欲從容於九逵之逵豈止躐等而已哉然聞之者惟恐失其師傳之語而不究竟其師之入手何在往往辨詰易生徒增慨惜寄謝高泉〇良知二字乃陽明先生一生經驗而後得之使發於心者一與所知不應卽非其本旨矣當時遷就初學令易入不免指見在發用以爲左券至於自得固未可以草草謬承而因仍其說者類借口實使人猖狂自恣則失之又遠寄張須野〇至寶不宜輕弄此丹家語也然於此件頗相類千古聖賢只有收斂保聚法不肯輕弄以至於死故曰兢兢業業過了一生寄王龍溪〇執事只欲主張良知常發便於聖賢幾多凝聚處盡與掃除解脫夫心固常發亦常不發二者可倒一邊立說否至謂未發之中竟從何處覓則立言亦太易矣與錢緒山〇旁午之中吾御之者轇轕紛紜而爲事物所勝此卽憧憧之思也從容閒雅而在事物之上此卽寂然之漸也由憧憧而應之必或至於

錯謬由寂然而應之必自盡其條理此卽能寂與不能寂之驗由一日而百年可知也一日之間無動無靜皆由從容閑雅進而至於澄然無事未嘗有厭事之念卽此乃身心安著處安著於此不患明之不足於照矣漸入細微久而成熟卽爲自得明道不言乎必有事焉而勿正心勿忘勿助長謂未嘗致纖毫之力此其存之之道夫必有事者言乎心之常止於是勿忘助者言乎常止之無所增損未嘗致纖毫之力者言乎從容閑雅又若未嘗有所事事如此而後可以積久成熟而入細微蓋爲學之彀率也與徐大巡○心感事而爲物感之之中須委曲盡道乃是格物理固在心亦卽在事事不外心理不外事無二致也近時執心卽理一句學者多至率意任情而於仔細曲盡處略不照管既非所以致知却與在格物一句正相反但後儒認理爲格式見套以至支離若知事無內外心無內外理無內外卽格式見套又皆在乎中非全格去舊物乃爲精微也答劉汝周○學有可以一言盡者有不可以一言盡者如收斂精神併歸一處常令凝聚能爲萬物萬事主宰此可一言而盡亦可以一息測識而悟惟夫出入於酬應牽引於情思轉移於利害纏固於計算則微曖萬變孔竅百出非堅心苦志持之歲月萬死一生莫能幾及也與蕭雲皐

○劉師泉素持玄虛卽今肯向裏著己收拾性命正是好消息寄聶雙江○易言洗心非爲有染著易言藏密非爲有滲漏除却洗心藏密更無工夫十分發揮乃是十分緊固方是堯舜兢業過一生處答唐一菴○無所存而自不忘十句說得太早此最是毒藥諸君一向用此爲妙劑如何自求不得不見超身何也執之則生機拂一句甚是但容易爲人開手且喫苦過甚無妨操則存舍則亡孔子亦且云云操豈可已乎愈操愈熟斷不成便放開手千古未有開手聖人懸崖撒手莊子有此言吾儒方妄以自解不知莊子所指何也今有人到懸崖上撒手者乎何獨在平時說撒手事惟有時時收斂務求不負此良知庶幾樸實不落陷阱耳與謝維世○來諭知至誠正之外非別有格心意識之外非別有物天性之外非別有知格致誠正是一時事所謂不落言詮故能出此言也與友人○龍溪之學久知其詳不俟今日然其講工夫又却是無工夫可用故謂之以良知致良知如道家先天制後天之意其說實出陽明口授大抵本之佛氏翻傳燈諸書其旨洞然直是與吾儒兢兢業業必有事一段絕不相蒙分明二人屬兩家風氣言陽明龍溪各爲一家○今比而同之是亂天下也持此應世安得不至蕩肆乎與聶雙江○往年喜書象山小

心翼翼昭事上帝上帝臨汝毋貳爾心戰戰兢兢那有閑言時候一段龍溪在旁輒欲更書他語心頗疑之每觀六經言學必先兢業戒懼乃知必有事焉自是孔門家法與謝高泉○來諭凡應酬未盡是良知本然條理故於精神足時太涉周旋似有所加到困憊後便生厭心似有所損此已說到良知本然條理不可加不可損處但須於尋常言動處識得此條理方時時有辨別又須於尋常中調習得熟方處處有工夫豈特遇人有厭心爲有加損卽閑中快活處亦皆有之故精神知常卽應酬是格物精神當養卽少事是格物此是一事不是兩事答曾月塘○寧息處非可以人力爲精明處亦不可以人力爲不可以人力爲而後工夫至密而可久與王塘南○謂良知與物無對故謂之獨誠是也獨知之明良知固不泯矣卜度擬議果皆良知矣乎中庸言獨而註增獨知二字言良知者因喜附之或非子思意也來諭謂獨指天命之性言得之矣知幾其神幾者動之微也微者道心而謂有惡幾可乎故曰動而未形有無之閒猶曰動而無動之云也而後人以念頭初動當之遠矣知此則幾前爲二氏幾後爲五伯而研幾者爲動靜不偏周子幾善惡之言惟幾故別善惡能知幾非一念之善可能盡古之先見蓋至善也常以至善爲主是

天命自主常能慎獨常依中庸常服膺此一善是謂先幾如是而有失有過其復而改方不甚遠若使兩物對待去彼就此豈所謂齋明豈所謂擇善固執者乎此宋儒傳述失宗云然象山先立乎大固不若是勞擾也 與詹毅齋 ○自私二字斷得二氏盡絕聖賢之道當生而生當死而死致命遂志殺身成仁寧作此等見識 與凌洋山 ○此學靜中覺覿體用事極難大約只於自心欺瞞不得處當提醒作主久久精明便有別白處若只將日用間應酬知解處便謂是心體此卻作主不定有差自救不來何也只尋得差不得處始有見耳 與周學論 ○大學絜矩原從知止說來卻不是無所本能知止方定靜安然後善慮善慮便能絜矩故中無所倚自然與物同體自是絜矩若只論絜矩不問此心若何卽涉於陪奉媚世牽己從人矣 與劉仁山 ○儒釋之辨只吾儒言中與仁處便自不同堯舜之中孔門之仁言雖不同一則指無所倚一則指渾然與物同體無二物也中無所倚釋之無住若近之至於兢業允執茫不相似渾然同物與其覺海圓澄又大相遠不探其端緒舉言句之脗合以爲歸失其宗矣中無所倚自然與物同體得此氣象守而弗失乃吾儒終日行持處延平於喜怒哀樂未發以前觀其氣象蓋使人反求者也良知二字一經指

點便易摸索但不知與所謂無倚所謂同體處當下氣象若何故往往易至冒認非謂良知之外復有中與仁也○止處該括動靜總攝內外此止卽萬物各得其所若見物方絜已屬支離止則無倚與物同體便自能絜今世與物酬應漠不相關固不足以與此有持萬物一體之說者則又牽己從之終日沉湎於世情依阿附會以爲同體不知本體淪喪更無收攝安頓處纔拈定靜字面卽若傷我不知無一物方能物物吾心已化於物安能運物哉此處絲毫倒一邊不得以上俱與劉仁山○兄嘗謂第落意見此眞實語凡見中有此用處不應總屬意見苟未逼眞慈湖之無意亦意見也若有向往不妨其致力之勤到脫然處又當別論力未至而先爲解脫不已過憂乎答王龍溪○除此眞心作用更無才力智巧答胡正甫○莊子所謂外者不入內者不出吾儒知止地位正與相等卽此不入不出處便是定卽定處便是吾人心體本然便是性命所在守此一意不散漸進於純熟萬物無足以撓之入聖賢域中矣與王少參○執著乃用功生疎所致到純熟自當輕省不可便生厭心此處一有憎厭疑貳便是邪魔作祟絕不可放過也答劉可賢○此心皎然無掩蔽時便與聖人不甚異於此不涉絲毫搖兀亦無改變亦無執著亦無忽略此

便是學只時時有保護處不傷皎然處將容體自正言語自謹嗜慾自節善自行惡自止好名好貨各色自覺澹以此看書以此處友精神自聚不散渙矣 答劉可賢 ○終日紛紛不覺勞頓緣動神而後有勞神氣不動卽動應與靜中無有異境此中虛而無物故也○自處與處人未動絲毫意便自無事稍涉動意未有不應者便是與物爲敵 與王養明 ○卽處事中便是學此閒稍有作惡處便是過稍有執泥處便是過所謂養心也在此擴知也在此此處工夫愈密知覺愈精而不受變於物此之謂格物之學若自家執泥作惡尚不覺是謂不知痛癢便是幹極好事亦是有己之私到得此心不作惡執泥明鏡止水相似發又中節便是巽以出之此閒磨煉得去是謂時習 與劉可賢 ○虛實寂感內外原是一件言其無有不是故謂之實言其無少夾雜故謂之虛言其隨事能應故謂之感言其隨處無有故謂之寂以此自了故謂之內以此俱了故謂之外真無有分別者但謂虛寂本體常止不動却要善看不然就本體說止說不動便能作梗便不真虛寂矣 答杜道升 ○處處從小利害克治便是克己實事便是處生死成敗之根亦不論有事無事此處放過更無是處於克治知費力與濁亂此是生熟安勉分限不安分限將下手實際便欲並

成德時論此涉於比擬太過不知工夫純熟只在常明少昏漸漸求進到得成片段却與一念一事是非不同却是得先幾也答曾于野

○靜中如何便計較功效只管久久見得此心有逐物時有不逐物時却認不逐物時心爲本日閒動作皆依不逐物之心照應一逐物便當收回愈久漸漸成熟如此工夫不知用多少日子方有定貼處如何一兩日坐後就要他定貼動作不差豈有此理陽明先生叫人依良知不是依眼前知解的良知是此心瞞不過處卽所謂不逐物之心也靜中識認他漸漸有可尋求耳答羅生

○來書未見有憤發改過之意只是欲人相信不得開口答王龍溪

○終日眼前俱是假人無一分真實意自我待之終日俱是真人無一分作僞意如此便是有進步寄劉少衡

○凡習心混得去皆緣日閒太順適未有操持如舵工相似終日看舵便不至瞌睡到得習熟卽身卽舵無有兩件凡人學問真處決定有操持收束漸至其中未有受用見成者答歐陽文朝

○自覺得力只管做去微覺有病又須轉手此件工夫如引小兒隨時遷就執著不得與杜道升

○只是絲毫放過不得時時與物無對便是收斂功也與胡正甫

○孔門博文約禮之教無非卽人身心納之規矩固非爲玄遠也夫不誘之以規矩而惟玄遠之務是

猶閉之門而談天衢不可得也與劉見川冬游記嘉靖己亥○王鯉湖問慎獨之旨但令善意必行惡意必阻如何王龍溪曰如此卻是大不慎矣古人所言慎者正指微處不放過說正是汙染不上正是常得不欺如好好色惡惡臭始得若善惡二念交起此是做主不得縱去得已非全勝之道○王道思曰念頭斷去不得止是一任他過便要如何斬除恐更多事此吾小歇脚法也此宗門放蕩之語後來羅近溪輩多習之以爲解縛之祕法○龍溪謂念菴曰汝學不脫見知未逼真若逼真來輪刀上陣措手不迭直心直意人人皆得皆知那得有許多遮瞞計較來問如何是真爲性命龍溪曰拚得性命是爲性命又問龍溪曰爲性命不真總是拚世界不下如今說著爲善不是真善卻是要好心腸隨人口脗毀譽得失之關不破若是真打破人被惡名埋沒一世更無出頭亦無分毫掛帶此便是真爲性命真爲性命時時刻刻只有這裏著到何暇陪奉他人如此方是造化把柄在我橫斜曲直好醜高低無往不可如今只是依阿世界非是自由自在因歎曰今世所謂得失不知指何爲得失所謂毀譽不知毀譽個甚便說打破已是可歎矣惡名埋沒一段亦是宗門語不管是非好醜顛倒做去以爲見性究竟成一無忌憚小人耳若流俗

惡名豈能埋沒得人又何嘗出頭不得故舉世非之而不顧爲流俗言也苟其決裂名教真有惡名可以埋沒者則已入於禽獸亦何性命之有○王心齋論正己物正曰此是吾人歸宿處凡見人惡只是己未盡善己若盡善自當轉易以此見己一身不是小一正百正一了百了此之謂天下善此之謂通天下之故聖人以此修己安百姓而天下平又論仁之於父子曰瞽瞍未化舜是一樣命瞽瞍既化舜是一樣命可見性能易命○龍溪書曰以世界論之是千百年習染以人身論之是半生倚靠見在種種行持點檢只在世情上尋得一件極好事業來做終是看人口眼若是超出世情漢子必須從渾沌裏立定根基將一種要好心腸洗滌乾淨枝葉愈活靈根愈固從此生天生地生人生物方是大生故學問須識真性獨往獨來使真性常顯始能不落陪奉○夏遊記戊申

王龍溪曰未發之中未易言須知未發却是何物謂之未發言不容發也發於目爲視矣所以能視者不隨視而發發於耳爲聽矣所以能聽者不隨聽而發此乃萬古流行不息之根未可以靜時論也○予問龍溪曰凡去私欲須於發根處破除始得私欲之起必有由來皆緣自己原有貪好原有計算此處漫過一時潔淨不但潛伏且恐陰爲之培植矣錢緒山曰此

件工夫零碎但依良知運用安事破除龍溪曰不然此搗巢搜賊之法勿謂盡無益也緒山之言與前冬遊記王道思所云同一法門○龍溪之言曰先師提掇良知乃道心之微一念靈明無內外無寂感吾人不昧此一念靈明便是致知隨事隨物不昧此一念靈明便是格物良知是虛格物是實虛實相生天則乃見蓋良知原是無知而無不知原無一物方能類萬物之情或以良知未盡妙義於良知上攙入無知意見便是異學或以良知不足以盡天下之變必加見聞知識補益而助發之便是俗學吾人致知工夫不得力第一意見為害意見是良知之賊卜度成悟明體宛然便認以為良知若信得良知過時意卽是良知之流行見卽是良知之照察徹內徹外原無壅滯原無幫補所謂丹府一粒點鐵成金若認意見以為實際本來靈覺生機封閉愈固不得出來學術毫釐之辨不可不察也然質之陽明先生所言或未盡合先生嘗曰良知者天命之性心之本體自然昭明靈覺者也是謂良知卽天性矣中庸言性所指在於不覩不聞蓋以君子之學惟於其所不覩不聞者而戒慎恐懼耳舍不覩不聞之外無所用其戒慎恐懼也夫不覩不聞可謂隱而未形微而未著矣然吾之發見於外者卽此未形者之所為而未始有加吾之彰顯於

外者卽此未著者之所爲而未始有加由是言之謂良知之體至虛
可也謂其本虛而形實亦可也今曰良知是虛格物是實豈所謂不
覩不聞有所待而後實乎先生又曰至善者心之本體動而後有不
善而本體之知未嘗不知也是以良知爲至善矣大學之言至善其
功在於能止蓋以吾心之體固有至善而有知之後得止爲難知而
常止非夫良之止其所孰能與於此故定靜安慮者至善也能定能
靜能安能慮者止至善也能止而後至善盡爲己有有諸己而後謂
之有得先之以定靜安者物之所由以格止之始也後之以慮者知
之所以爲至止之終也故謂致知以求其止可也謂物則生於定靜
亦可也今曰虛實相生天則乃見豈定靜反由慮而相生乎先生又
曰良知是未發之中又曰當知未發之中常人亦未能皆有豈非以
良知之發爲未泯之善端未發之中當因學而後致蓋必常靜常定
然後可謂之中則凡致知者亦必卽其所未泯而益充其所未至然
後可以爲誠意固未嘗以一端之善爲聖人之極則也今曰若信得
良知過時意卽是良知之流行見卽是良知之照察云云夫利欲之
盤固遏之猶恐弗止而欲從其知之所發以爲心體以血氣之浮揚
斂之猶恐弗定而欲任其意之所行以爲工夫畏難苟安者取便於

易從見小欲速者堅主於自信夫注念反觀孰無少覺因言發慮理亦昭然不息之真既未盡亡先入之言又有可據日滋日甚日移日遠將無有以存心爲拘迫以改過爲粘綴以取善爲比擬以盡倫爲矯飾者乎而其滅裂恣肆者又從而譸張簧鼓之使天下之人遂至於蕩然而無歸則其陷溺之淺深吾不知於俗學何如也先生又曰知者意之體物者意之用未嘗以物爲知之體也而緒山乃曰知無體以人情事物之感應爲體無人情事物之感應則無知矣夫人情事物感應之於知猶色之於視聲之於聽也謂視不離色固有視於無形者而曰色卽爲視之體無色則無視也可乎謂聽不離聲固有聽於無聲者而曰聲卽爲聽之體無聲則無聽也可乎

甲寅夏遊記　龍溪因前記有所異同請面命予曰陽明先生苦心犯難提出良知爲傳授口訣蓋合內外前後一齊包括稍有幫補稍有遺漏卽失當時本旨矣往年見談學者皆曰知善知惡卽是良知依此行之卽是致知予嘗從此用力竟無所入久而後悔之夫良知者言乎不學不慮自然之明覺蓋卽至善之謂也吾心之善吾知之吾心之惡吾知之不可謂非知也善惡交雜豈有爲主於中者乎中無所主而謂知本常明恐未可也知有未明依此行之而謂無乖戾

珍倣宋版印

於既發之後能順應於事物之來恐未可也故知善知惡之知隨出
隨泯特一時之發見焉耳一時之發見未可盡指爲本體則自然之
明覺固當反求其根源蓋人生而靜未有不善不善動之妄也主靜
以復之道斯凝而不流矣神發爲知良知者靜而明也妄動以雜之
幾始失而難復矣故必有收攝保聚之功以爲充達長養之地而後
定靜安慮由此以出必於家國天下感無不正而未嘗爲物所動乃
可謂之格物蓋處無弗當而後知無弗明此致知所以必在於格物
物格而後爲知至也故致知者致其靜無而動有者也知苟致矣雖
一念之微皆真實也苟爲勿致隨出隨泯終不免於虛蕩而無歸是
致與不致之間虛與實之辨也謂之曰良知是虛格物是實虛實相
生天則乃見將無言之太深乎卽格物以致其知矣收攝之功終始
無間則吾心之流行照察自與初學意見萬萬不侔謂之曰意見是
良知之賊誠是也既而曰若信得良知過時意卽是良知之流行見
卽是良知之照察所謂丹府一粒點鐵成金不已言之太易乎龍溪
曰近日覺何如曰一二年來與前又別當時之爲收攝保聚偏矣蓋
識吾心之本然者猶未盡也以爲寂在感先感由寂發夫謂感由寂
發可也然不免於執寂有處謂寂在感先可也然不免於指感有時

彼此既分動靜爲二此乃二氏之所深非以爲邊見者我堅信而固執之其流之弊必至重於爲我疎於應物蓋久而後疑之夫心一而已自其不出位而言謂之寂位有常尊非守內之謂也自其常通微而言謂之感發微而通非逐外之謂也寂非守內故未可言處以其能感故也絕感之寂寂非真寂矣感非逐外故未可言時以其本寂故也離寂之感感非正感矣此乃同出而異名吾心之本然也寂者一感者不一是故有動有靜有作有止人知動作之爲感矣不知靜與動止與作之異者境也而在吾心未嘗隨境異也隨境有異是離寂之感矣感而至於酬酢萬變不可勝窮而皆不外乎通微是乃所謂幾也故酬酢萬變而於寂者未嘗有礙非不礙也吾有所主故也苟無所主則亦馳逐而不返矣聲臭俱泯而於感者未嘗有息非不息也吾無所倚故也苟有所倚則亦膠固而不通矣此所謂收攝保聚之功君子知幾之學也學者自信於此灼然不移卽謂之守寂可也謂之妙感亦可也卽謂之主靜可也謂之慎動亦可也此豈言說之可定哉是何也心也者至神者也以無物視之固泯然矣以有物視之固烱然矣欲盡斂之則亦塊然不知凝然不動無一物之可入也欲兩用之則亦忽然在此倏然在彼能兼體而不遺也使於真寂

端倪果能察識隨動隨靜無有出入不與世界物事相對待不倚自己知見作主宰不著道理名目生證解不藉言語發揮添精神則收攝保聚之功自有準則明道云識得仁體以誠敬存之不須防檢窮索必有事而勿正心勿忘勿助長未嘗致纖毫之力此其存之之道固其準則也龍溪笑曰夏游記豈盡非是只三轉語處手勢太重便覺抑揚太過兄已見破到此第復何言○劉師泉謂夫人之生有性有命性妙於無爲命雜於有質故必兼修而後可以爲學蓋吾心主宰謂之性性無爲者也故須首出庶物以立其體吾心流行謂之命命有質者也故須隨時運化以致其用常知不落念是吾立體之功常過不成念是吾致用之功也二者不可相雜蓋知常止而念常微也是說也吾爲見在良知所誤極探而得之龍溪問見在良知與聖人同異師泉曰不同赤子之心孩提之知愚夫婦之知能如頑鑛未經煆煉不可名金其視無聲無臭自然之明覺何啻千里是何也爲其純陰無真陽也復真陽者更須開天闢地鼎立乾坤乃能得之以見在良知爲主決無入道之期矣龍溪曰謂見在良知便是聖人體段誠不可然指一隙之光以爲決非照臨四表之光亦所不可譬之今日之日非本不光却爲雲氣掩蔽以愚夫愚婦爲純陰者何以異

此子曰聖賢只是要人從見在尋源頭不曾別將一心換却此心師泉欲創業不享見在豈是懸空做得只時時收攝保聚使精神歸一便是但不可直任見在以爲止足耳○謂龍溪曰陽明先生之學其爲聖學無疑矣惜也速亡未至究竟是門下之責也然爲門下者有二有往來未密煅煉未久而許可太早者至於今或守師說以淑人或就己見以成學此非有負於先生乃先生負斯人也公等諸人其與往來甚密其受煅煉最久其得證問最明今年已過矣猶不能究竟此學以求先生之所未至却非先生負諸人乃是公等負先生矣緒山在陽明先生之門號稱篤實而能用其力者自余十六七年來凡六七見而緒山之學亦且數變其始也有見於爲善去惡者以爲致良知也已而曰未矣良知者無善無惡者也吾安得執以爲有而爲之而又去之後十年會於京師曰吾惡夫言之者之淆也無善而無惡者見也非良知也吾惟即吾所知以爲善者而行之以爲惡者而去之此吾可能爲者也其不出於此者非吾所能爲亦非吾之所當聞也今年相見於青原則曰向吾之言猶二也非一也蓋先生嘗有言矣曰至善者心之本體動而後有不善也吾不能必其無不善吾無動焉而已彼所謂意者動也非是之謂動也吾所謂動動於動

焉者也吾惟無動則在我者常一在我者常一則吾之力易易矣贈錢緒山○王子之言曰始吾以致知爲然也而不知有遺於物乃吾今而後知格物之爲致知也始之言知亦曰格物云爾及而察之以爲物生於知知吾但知知而已而何有於物夫非知無物非物無知乃吾始之言知則猶廓廓爾而渾渾爾若有厭於芸芸爾者則猶未見物與知之爲一也此一知也於物有格有不格則是吾之知亦有至有不至焉雖然王子後此又安知不以今之所言爲未至也乎物之有未格也而求足於知焉有所不足是故爲之可以已者卽不得謂之精精不可已以此心之幾希易失而難窮故也贈王龍溪○雙江先生繫詔獄經年而後釋方其繫也身不離接槢視不踰垣戶塊然守其素以獨居久之諸子羣聖之言涉於目者不慮而得參之於身動而有信慨曰嗟乎不履斯境疑安得盡釋乎於是著錄曰困辨以明寂感之故歸質之友人友人或然或否或正以師傳曰陽明子所謂良知不類往歲癸卯洪先與洛村黃君聞先生言必主於寂心亦疑之後四年丁未而先生逮送之境上含涕與訣先生曰嘻吾自勝之無苦君輩也其容翛然其氣夷然其心淵然而素自是乃益知先生遂爲辨曰先生於師傳如何吾未之知請言吾所試昔者聞良知

之學悅之以為是非之心人皆有之吾惟卽所感以求自然之則其亦庶乎有據矣已而察之執感以為據卽不免於為感所役吾之心無時可息則於是非者亦將有時而淆也又嘗凝精而待之以虛無計其為感與否也吾之心暫息矣而是非之則似亦不可得而欺因自省曰昔之役役者其逐於已發而今之息者其近於未發矣乎蓋自良知言之無分於發與未發也自知之所以能良者言之則固有未發者以主之於中而或至於不良乃其發而不知返也吾於暫息且有所試矣而況有為之主者耶夫至動莫如心聖人尤且危之苟無所主隨感而發譬之御馬銜勒去手求斯須馳驟之中度豈可得哉道心之言微性之言定無欲之言靜致虛之言立本未發之言寂一也而何疑於先生先生聞之曰斯言知我哉錄有之良知者未發之中寂然大公之本體固吾師所傳也問之友人或然或否洪先曰吾學也困辨弗明弗可以措敘而梓之告於知言者

困辨錄序 ○

余讀雙江聶君困辨錄始而灑然無所疑已而恍然有所會久而津津然不能舍於是附以己見梓之以傳而或者謂曰言何易也自陽明先生為良知之說天下議之為禪嘵嘵然至於今未已也夫良知合寂感內外而言之者也議者猶曰此遺物也厭事理之討論者也今而

曰吾內守寂者也其感於外者皆非吾之所能與其不滋爲可異歟夫分寂感者二其心者也分內外者析其形者也心譬則形之目者也目不能不發而爲視視不能不發而爲萬物離物以爲視離視以爲目其果有可指乎吾懼曉曉然於聶君者又未已也余應之曰言固未可齊也孔子不云乎曰吾道一以貫之當是時未能以其一者示之人也而曾子乃曰是忠恕也今之言與忠恕者同耶異耶彼以得之心者應之而世儒之言從而分曰孰爲一之體孰爲一之用而後忠恕者始明嗚呼使曾子若然其尚能聞言而唯乎夫聶君亦各以其得之心者爲言固未暇爲良知釋也子以心譬目有問於子曰寂感於目奚譬必曰視者感也物之不留者寂也無有分也嗚呼似矣而未盡也子謂目之所以能視而不容翳者何哉夫天地之化有生有息要之於穆者其本也良知之感有動有靜要之致虛者其本也本不虛則知不能良知其發也其未發則良也事物者其應理者其則也應而不失其則惟致虛者能之故致虛者乃所以致知也知盡其天然之則於事事物物而理窮理窮則性盡命至而奚有於內外雖然知所先後而後近道此學之序也故無樂乎其專內也所以求當於外者非是則無以先也無樂乎其守寂也所以求神其感者

非是則無以先也彼禪固賊道也而其內之寂者固皆離事物以爲言彼視所謂理者何啻於其目之眚也而豈患其相入哉故言有相徇而非也者乃其無與當之謂也言有相反而是也者乃其喻所指之謂也子徒畏人之嘵嘵矣而獨不懼夫己之膠膠者乎今世言聰明才辨見聞強敏孰與聶君所謂表然才大夫也其持世儒之學以見先生友之也非師之也而卒俛首以聽今又盡知其故兢兢焉自守一言以觸世之所諱其爲逐聲與塊也夫且吾亦嘗聞而哂之以其爲億也及逮而送之境無戚言憐色以亂其常蓋未幾而是錄作其曰困辨是遇困而益辨非辨於困者也而余爲之言者亦若辨焉何哉蓋余困而後能知又信於未言故也

困辨錄後序

○困辨錄者聶雙江公拘幽所書其下附語余往年手所箋也同年貴溪原山江君懋恆獲而讀之取其契於心者抄以自隨已而作令新寧將刻以授諸生問決於余余惟白沙主靜之言出而人以禪諍至於陽明諍益甚以致良知之與主靜無殊旨也而人之言良知者乃復以主靜諍其言曰良知者人人自能知覺本無分於動靜獨以靜言是病心也自夫指知覺爲良知而以靜病心於是總總然但知卽百姓之日用以證聖人之精微而不知反小人之中庸以嚴君子之戒懼不獨

二先生之學脈日荒即使禪者聞之亦且咄喈而失笑不亦遠乎夫言有攸當不知言無以學也良知猶言良心主靜者求以致之收攝斂聚自戒懼以入精微彼徒知覺焉者雜真妄而出之者也主靜則不逐於妄學之功也何言乎其雜真妄也譬之於水良知源泉也知覺其流也流不能不雜於物故須靜以澄汰之與出於源泉者其旨不能以不殊此雙江公所爲辨也雖然余始手箋是錄以爲字字句句無一弗當於心自今觀之亦稍有辨矣公之言曰心主乎內應於外而後有外外其影也心果有內外乎又曰未發非體也於未發之時而見吾之寂體未發非時也寂無體不可見也見之謂仁見之謂知道之鮮也余懼見寂之非寂也是故自其發而不出位者言之謂之寂自其常寂而通微者言之謂之發蓋原其能戒懼而無思爲非實有可指得以示之人也故收攝斂聚可以言靜而不可謂爲寂然之體喜怒哀樂可以言時而不可謂無未發之中何也心無時亦無體執見而後有可指也易曰聖人立象以盡意繫辭以盡言言固不盡意也坤之震剝之復得之於言外以證吾之學焉可也必也時而靜時而動截然內外如卦爻然果聖人意哉余不見公者四年不知今之進退復何如也江君早年亦嘗以禪詩學已而入象山得之靜

坐旁探博證遂深有契於公新寧故新會地白沙之鄉也豈無傳其遺言者乎如有言主靜而異於公者幸反覆之不有益於我必有益於人是良知也 讀困辨錄抄序 ○其與聶公友也聞其所語此心寂感之機歸寂之要十餘年來未嘗輕一諾焉一日忽自省曰公之言是也 劉兩峯六十序 ○致良知者致吾心之虛靜而寂焉以出吾之是非非逐感應以求其是非使人擾擾外馳而無所於歸以爲學也夫知其發也知而良則其未發所謂虛靜而寂焉者也吾能虛靜而寂雖言不及感亦可也 雙江七十序 ○善學者竭力爲上解悟次之聽言爲下蓋有密證殊資默持妙契而不知反躬自求實際以至不副夙期者矣固未有歷涉諸難深入真詮而發之弗瑩必俟明師面臨私授而後信久遠也 陽明先生年譜考訂序 ○龍溪子曰良知者感觸神應愚夫婦與聖人一也奚以寂奚以收攝爲子不答已而腹饑索食龍溪子曰是須寂否須收攝否子曰若是則安取於學饔飧與禮食固無辨乎他日龍溪子曰良知本寂無取乎歸寂歸寂者心槁矣良知本神應無取乎照應照應者義襲矣吾人不能神應不可持以病良知良知未嘗增損也子曰吾人常寂乎曰不能曰不能則收攝以歸寂於子何病吾人不能神應謂良知有蔽可乎曰然曰然

則去蔽則良知明謂聖愚有辨奚不可求則得舍則失不有存亡乎養則長失則消不有增損乎擬而言議而動不有照應乎是故不可泯者理之常也是謂性不易定者氣之動也是謂欲不敢忘者志之凝命之主也是謂學任性而不知辨欲失之罔談學而不本真性失之鑿言性而不務力學失之蕩龍溪子曰如子之言固未足以病良知也 良知辨

○白沙先生之學以自然爲宗至其得要則隨動隨靜終日照應而不離彼 跋白沙詩

○濂溪曰誠則無事又曰誠無爲終之以良則曰良非爲也爲不止矣夫自堯舜相傳精一之祕莫不由兢業以得之孔門格致戒慎其功若不一而足也今曰無事無爲不已悖乎曰不然無欲者至近而遠至約而盡至易而甚難者也明道曰所欲不必沉溺只有所向便是欲夫有所向者欲也所以必向是者有以爲之主也夫意之所向隨感易動日用動靜何往非意於此辨別使意無所向自感自應則心體泰然他無干涉靜虛動直其於用力不已切乎是無事者乃所謂必有事而無爲者乃其至剛者也 跋通書

○物者知之感也知者意之靈也知感於物而後有意意者心之動也心者身之主也身者天下國家之本也感而正曰格靈而虛曰致動以天曰誠居其所曰止中有主曰修無無物之知無無知

之意無無意之心無無心之身無無身之家之國之天下靈而感之以正曰知止感而以正天下國家舉之矣故曰至善虛靈能感則意定動以天則心靜中有主則安舉而措之天下國家則慮無不當大人之事畢矣

大學解

○告子能信其心者也彼見心能主乎內外故其意曰心能知言者也凡言之來以心接之而已其有不得於言必其所不必知而不可因言以動其心心能帥氣者也凡氣之用以心御之而已其有不得於心必其所不當發而不可役心以從乎氣不因言以動心則外無所入不役心以從氣則內無所牽外無所入者心離乎境也內無所牽者氣合乎心也惟其以離境爲心故常主心之無事者以爲正惟其以無事爲正故不能順氣之生長者以有爲常主於心之無事以爲正故不免於內正其心不能順氣之生長以有爲故不免於外助其長其與孟子之學真毫釐之辨耳○告子以無所事爲心之正故孟子曰我則必有事而不正心告子忘外一切作用皆自安頓是爲助其生長故孟子曰我則勿忘而亦勿助其長

孟子解

落思想者不思卽無落存守者不存卽無欲得此理炯然隨用具足不由思得不由存來此中必有一竅生生夐然不類○言此學常存

亦得言此學無存亦得常存者非執著無存者非放縱不存而存此非可以倖至也却從尋求中得由人識取以上別周少魯語○此心倏忽不可執著却又凝定不染一物○向人說得伸寫得出解得去謂之有才則可於學問絲毫無與也學問之道須於衆人場中易鶻突者條理分明一絲不亂此非平日有涵養鎮靜之功小大不疑安能及此以上別沈萬川語○天降大任一節於此却有深辨自心術中料理則爲聖學自時態料理則爲俗情二者雖相去懸絕然皆有收斂愼密增益不能之效此正人鬼分胎不可不自察也孟子所言增益與改作者指其氣性未平情欲未盡與才力未充正求此心不移耳而世人往往折節於隕穫諂俗於圓熟以爲增益在是不亦左乎書楊武東卷○言其收斂謂之存養言其辨別謂之省察言其決擇謂之克治省察者言其明克治者言其決決則愈明而後存養之功純內不失己外不失人動亦定靜亦定小大無敢慢始終條理可以希聖矣書王有訓扇○白沙詩云千休千處得一念一生持於千休之中而持一念正出萬死於一生者也今言休而不提一念便涉茫蕩必不能休言念而未能千休便涉支離亦非眞念苟不知念則亦無所謂能休者能念不期休而自休矣示門人○初及第謁魏莊

渠先生先生曰達夫有志必不以一第爲榮默坐終日絕口不言利達事予心爲之悚然承當此言煞不容易蓋不榮進取即忘名位忘名位即忘世界能忘世界始是千古真正英雄 示胡正甫 ○寂然不動者誠也言藏於無也感而遂通者神也言發於有也動而未形有無之間者幾也言有而未嘗有也三言皆狀心也常有而不使其雜於有是謂研幾真能不雜於有則常幽常微而感應之妙是知幾之神謂幾爲一念之始者何足以知此○能以天地萬物爲體則我大不以天地萬物爲累則我貴夫以天地萬物爲體者與物爲體本無體也於無體之中而大用流行發而未嘗發也靜坐而清適執事而安肅處家而和婉皆謂之發而不可執以爲體常寂常虛可卷可舒全體廓如 以上皆示萬曰忠 ○知無不足之理則凡不盡分者皆吾安於肆欲而不竭才者也吾人日用之間戒懼稍縱即言動作止之微皆違天常而賊人道可不省歟 示王有訓 ○吾人當自立身放在天地間公共地步一毫私己著不得方是立志只爲平日有慣習處軟熟滑瀏易於因仍今當一切斬去只是不容放過時時刻刻須此物出頭作主更無纖微舊習在身方是工夫方是立命 日札 ○終日營營與外物交以我應之未始見其非我也久而見化於物故舍事

無心舍物無身暫爾瞑目徬徨無垠有如處於寂莫之鄉曠莽之野
不與物對我乃卓然○天地之間萬生萬死天地不爲欣戚以其在
天地未嘗有增未嘗有損也生死不增於我我何欣戚故聖人冥之
○麗吾形者是物非我擾吾思者是事非我釋吾累者是理非我斂
吾散者是學非我置理學不講離事物不爲我將何在知我在者古
今不能限智愚不能別高之不爲顯卑之不爲汙故常泰然無懼以
上皆寱語○王敬所訪余石蓮洞中各請所得敬所曰吾有見於不
息之真體天地之化生日月之運行不能外是體也而況於人乎吾
觀於暮春萬物熙熙以繁以滋而莫知爲之其殆庶幾乎明道得之
名爲識仁識仁者識此不息者也吾時而言吾時而默吾時而作止
進退無所庸力也其有主之者乎余曰可聞者言也所從出此言者
人不得而聞也豈惟人不得聞己亦不得而聞之非至靜爲之主乎
然而必云歸靜者何也今之言者必與言馳馳則離其主矣離其主
則逐乎所引之物吾雖言矣而靜於何有惟所從出者存於其中受
命如響如是而言如是而默言默殊而吾未嘗有二主也從而推之
作止進退常變晝夜吾未嘗有二主靜矣斯可以言歸矣歸靜言乎
其功也而謂任心之流行以爲功者吾嘗用其言而未之有得也敬

所曰是卽吾之所謂不息者而非以對待之靜言之也說靜○貞明之體常爲主宰雖流行不息而未嘗有所作爲如石之介內外敵應兩不相與寂之至也贈周洞岩○自來聖賢論學未嘗有不犯做手一言未有學而不由做者惟佛家則立躋聖位此龍溪極誤人處○陽明公門下爭知字如敬師諱不容人談破○吾儒不言息只不暴氣息自在其中○以一推行於事事物物不攙入些子知識便是由仁義行纔於事物上求之便是知識便是行仁義○察識端倪以致夫擴充之功謂識本體後方好用功不是發處纔有工夫用也○孔門之學教人卽實事求之俟其自得後世分內分外分心分事自宋以來便覺與孔門稍不類以上讀雙江致知議略○雜念漸少則感應處便自順適松原誌晤○妄意於此二十餘年矣亦嘗自矢以爲吾之於世無所厚取自欺二字或者不至如人之甚而兩年以來稍加懲艾則見爲吾之所安而不懼者正世之所謂大欺而所指以爲可惡而可恥者皆吾之處心積慮陰托之命而恃以終身者也其使吾之安而不懼者乃先儒論說之餘而冒以自足以知解爲智以意氣爲能而處心積慮於可恥可惡之物則知解之所不及意氣之所不行覺其缺漏則蒙以一說欲其宛轉則加以衆證先儒論說愈多

而吾之所安日密譬之方技俱通而痿痹不恤搔爬能識而痛癢未知甘心於服鴆而自以爲神劑如此者不知日凡幾矣至聞長生久視之妙津津然同聲應之不謂其相遠也嗚呼以是爲學雖日有聞時有習明師臨之良友輔之猶恐成其私也況於日之所聞時之所習出入於世俗之內而又無明師良友之益其能免於前病乎夫所安者在此則惟恐人或我窺所蒙者在彼則惟恐人不我與託命既堅固難於拔除用力已深益巧於藏伏於是毀譽得失之際始不能不用其情此其觸機而動緣釁而起乃餘症標見所謂已病不治者也且以隨用隨足之體而寄寓於他人口吻之間以不加不損之眞而貪竊於古人唾棄之穢至樂不尋而伺人之顏色以爲欣戚大寶不惜而冀時之取予以爲歉盈如失路人之忘歸如喪家子之丐食流離奔逐至死不休孟子之所謂哀哉別蔡督學○只在話頭上拈弄至於自性自命傷損不知當下動氣處自以爲發強剛毅纏粘處自以爲文理密察加意陪奉却謂恭敬明白依阿却謂寬仁如此之類千言萬語莫能狀其情變總之以一言只是鶻突倒了雖自稱爲學而於自身邈不相干却又說精說一說感說應亦何益哉○佛與吾儒之辨須是自身已有下落方可開口然此亦是閒話辨若明白

亦於吾身何干老兄將此等作大事件以爲講論不明將至誤世第則以爲伊川講明後又出幾個聖人濂溪未曾講明又何曾誤了舂陵夫子無生之說門面終是不同何須深論今縱談禪決未見有人削髮棄妻薄視生死抛却名位此數事乃吾儒詆毁佛氏大節目處既不相犯自可無憂老兄吾爲此懼一言似可稍解矣吾輩一個性命千瘡百孔醫治不暇何得有許多爲人說長道短耶第願老兄將精一還堯舜感應還孔子良知還陽明無生還佛直將當下胸中粘帶設計斷除眼前紛紜設計平妥原來性命設計恢復益於我者取之而非徇其言也害於我者違之而非徒以言也如是尚何說之不同而懼之不早已乎答何善山

○尋常作工夫便欲講求得無弊此欲速之心磨礱方有光輝如今安得盡是○只用分別善惡工夫安有許多牽絆爲言語分疏○既知培本便是扶踈之勢卽爲知止一向愁東愁西何故詩註

○未發之中思之位也存乎情發之中而不與情俱發者也俱發則出其位矣常止其位而思以通之故吾未嘗無作止語默往來進退是靜爲之主也非吾主乎靜也主靜堂記

姚江黄梨洲先生著

豫章後學 夏鼎 熊育鑫 熊繩祖 熊育鏞 徐兆瀾 周聯慶 熊榮祖 蕭兆柄 劉秉楨 李真寶 重刊

處士劉兩峯先生文敏

劉文敏字宜充號兩峯吉之安福人自幼樸實不知世有機械事年二十三與師泉共學思所以自立於天地間者每至夜分不能就寢謂師泉曰學苟小成猶不學也已讀傳習錄而好之反躬實踐唯覺動靜未融曰此非師承不可乃入越而稟學焉自此一以致良知爲鵠操存克治瞬息不少懈毋談高遠而行遺卑近及門之士不戒而孚道存目擊外艱既除不應科目華亭爲學使以貢士徵之不起雙江主於歸寂同門辨說動盈卷軸而先生言發與未發本無二致戒懼慎獨本無二事若云未發不足兼已發致中之外別有一段致和之功是不知順其自然之體而加損焉以學而能以慮而知者也又言事上用功雖愈於事上講求道理均之無益於得也涵養本原愈

精愈一愈一愈精始是心事合一又言默坐澄心反觀內照庶幾外好日少知慧日著生理亦生生不已所謂集義也又言吾心之體本止本寂參之以意念飾之以道理侑之以聞見遂以感通爲心之體而不知吾心雖千酬萬應紛紜變化之無已而其體本自常止常寂彼以靜病云者似涉靜景非爲物不貳生物不測之體之靜也凡此所言與雙江相視莫逆故人謂雙江得先生而不傷孤另者非虛言也然先生謂吾性本自常生本自常止往來起伏非常生也專寂凝固非常止也生而不逐是謂常止止而不住是謂常生主宰卽流行之主宰流行卽主宰之流行其於師門之旨未必盡同於雙江蓋雙江以未發屬性已發屬情先生則以喜怒哀樂情也情之得其正者性也年八十猶陟三峯之顚靜坐百餘日謂其門人王時槐陳嘉謨賀涇曰知體本虛虛乃生生虛者天地萬物之原也吾道以虛爲宗汝曹念哉與後學言卽塗轍不一愼勿違吾宗可耳隆慶六年五月卒年八十有三張子曰若謂虛能生氣則虛無窮氣有限體用殊絕入老氏有生於無自然之論先生所謂知體本虛虛乃生生將無同乎蓋老氏之虛墮於斷滅其生氣也如空谷之聲橐籥之風虛與氣爲二也先生之虛乃常止之眞明卽所謂良知也其常止之體卽是

主宰其常止之照卽是流行爲物不二者也故言虛同而爲虛實異依然張子之學也

論學要語

學力歸一則卓爾之地方有可幾○先生謂學者看致字太輕故多不得力聖賢千言萬語皆從致字上發揮工夫條理非能於良知之體增益毫末也生學困勉皆致字工夫等級非良知少有異焉者也○格致非判然兩事蓋事事物物殊塗百慮初不外於吾心之良知故萬物皆備於我若以物爲外是析心與理爲二將以何者爲備於我乎是故致吾心是是非非善善惡惡之良知於事事物物之間而莫非順帝之則是之謂物格知致○有物有則者天然自有之中也隨感而通天則流行纖毫智力無所安排則良知益著益察虛靈洞達竭盡而無遺矣○心意知物卽不覩不聞之體格致誠正卽不覩不聞之功了此便達天德便是齊家治國平天下而與佛老異蓋吾儒齊治均平勳塞宇宙而格致誠正無所加也雖窮約終身一行未見而心意知物無所損也故佛老之無思議無善惡超入精微者吾儒皆足以貫之而格致誠正便了齊治均平者佛老未之逮也○吾性本自常生本自常止往來起伏非常生也專寂凝固非常止也

生而不逐是謂常止止而不住是謂常生無住無放常感常寂纖毫
人力不與焉是謂天然自有之則故生生之謂易而仁敬慈孝信之
皆止者聖德也順乎其性者也○聖學不離於言行而亦豈著於言
行不外於事物而亦豈泥於事物以爲學故曰性無內外學無內外
○性命之不易者爲體體之不滯者爲用融化廓寂無所倚著至一
而不可少閒焉者也○用因萬事萬物而顯眞體非因萬事萬物而
有是故體物而不可遺體事而無不在日與斯世酬酢變通不窮而
吾之眞體未嘗起滅加損也雖無起滅加損而天下之道無不原於
此知此者謂之知性知性則吾無始功利氣習日昭晰而無所藏伏
學此者謂之學道學道則吾無始功利氣習日融化而未嘗復行如
此方是戒愼恐懼樸實工夫所謂動靜無間體用一原庶乎會通之
矣○自信本心而一切經綸宰制由之此聖學也斡好事衆皆悅之
求之此心茫然不知所在此鄉原之徒孔子之所惡也○吾心之體
本止本寂參之以意念飾之以道理侑之以聞見遂以感通爲心之
體而不知吾心雖千酬萬應紛紜變化之無已而其體本自常止常
寂故言行之著若可覩聞而謹之信之則不覩不聞也故有餘不足
必知之知之必不敢不勉不敢盡而其不敢不然者亦不覩不聞也

○人之心天之一也俯仰兩間左右民物其感應之形著因時順變以行其典禮者雖千變萬化不可窮詰孰非吾心之一之所運耶○不識萬化之根源則自淪於機巧習染之中一切天下事作千樣萬樣看故精神眩惑終身勞苦○屢省穿衣喫飯猶有許多未中節處此聖人於庸言庸行一毫不敢自恕○學以靜入亦以靜病云者似涉靜景而非爲物不貳生物不測之體之靜也蓋吾心之體本不可須臾離無人我遠近古今於此透悟便可與天地同量堯舜爲徒所謂曲肱飲水金革百萬樂在其中飯糗茹草有天下而不與此皆性體之自然未嘗致纖毫之力乃天下之至靜也是故烟雲泉石案牘瑣屑外境雖異而吾良知之運無更局乃可謂夫焉有所倚也○學者無必爲聖人之志故染逐隨時變態自爲障礙猛省洗滌直從志上著人一己百人十己千工夫則染處漸消逐時漸寡渣滓渾化則主宰卽流行之主宰流行卽主宰之流行安有許多分別疑慮○學術同異皆起於意根未離尙落氣質故意必固我皆所以害我若中涵太虛順吾自然之條理則易簡理得時措適宜往聖精神心術皆潛孚而默會之○究事之利害而不求心之安否是以禍亂至於相尋惟中流砥柱動必求諸心以復天地萬物一體之量一切世情不

使得以隱伏則義精獨慎天下之能事畢矣○遷善改過之功無時可已若謂吾性一見病症自去如太陽一出魍魎自消此則玩光景逐影響欲速助長之爲害也須力究而精辨之始可○透利害生死關方是學之得力處若風吹草動便生疑惑學在何處用○知命者士人之素節吾未見隨分自靜者而困乏不能存也吾未見廣於干求工於貪取者而有知足之時也○大丈夫進可以仕退可以藏常綽綽有餘裕則此身常大常貴而天下之物不足以尚之不然則物大我小小大之相形而攻取怨尤之念多矣○友朋中有志者不少而不能大成者只緣世情窠臼難超脫耳須是吾心自作主宰一切利害榮辱不能淆吾見而奪吾守方是希聖之志始有大成之望也○人心本自太和其不和者狹隘頽墮乖戾煩惱以爲之梗除却此病則本心沖澹和粹之體復矣以之養生何有○遇事不放過固好然須先有一定之志而後隨事隨時省察其是此志與否則步步皆實地處處皆實事乃真不放過也○欲富貴而惡貧賤吾獨無是情哉吾性不與物作對天地之用皆我之用欲惡不與存焉○心即所謂把柄也生化不測皆把柄中自然之條理一以貫之成性存而道義出也○聖人養民教民無一事不至非爲人也自盡其心自滿其

量不忍小視其身也○凡器不可互用局於形也人爲萬物之主心爲萬物之靈常存此心性靈日著則萬物之命自我立矣其處一身之吉凶悔吝何有○本然者良知也於此兢業存存乃所謂致良知也良知能開天下之物能成天下之務所謂莫顯莫見也致知之功能一動靜有事無事一以貫之則一時雖未成章夫固成章之漸也一時雖未凝然不動夫固凝然不動之基也蓋學問頭腦既當自將日新不已舍此而別趨路徑皆安排意必也○事上用功雖愈於事上講求道理均之無益於得也涵養本原愈精愈一愈一愈精始是心事合一○千事萬事只是一事故古人精神不妄用惟在志上磨礪○隨分自竭其力當下具足當下受用過去未來何益於思徒得罪於天爾○上天之載以無聲無臭爲至君子之學以不覩不聞爲功知體常虛則真明常止千念萬念總是無念生生化化自協天則故先天而天弗違後天而奉天時○知無起滅物無去來雖擬言議動同歸於成變化復其不覩聞之體○天地萬物生於虛而虛亦非出於天地萬物之外○耳目口鼻皆以虛爲用況心爲統攝衆形之本宰制萬靈之根而可壅之以私乎○古人從心心體點檢故事事詣其極今人從支派處照管雖時有暗合終不得力此人才風俗之異

於古也○吾道無絶續歷千萬世如一日但人自不著不察耳○精
神不可閑用須常理會本分事本分事雖一物不染却萬物畢備○
意根風波一塵蔽天豪傑之士往往爲其所誤故學在於致虛以澄
其源○當急遽時能不急遽當怠緩時能不怠緩當震驚失措時能
不震驚失措方是回天易命之學○喜怒哀樂情也情之得其正者
性也○發與未發本無二致戒懼愼獨本無二事若云未發不足以
兼已發而致中之外別有一段致和之功是不知順其自然之體而
加損焉所謂以學而能以慮而知無忌憚以亂天之定命也先師云
心體上著不得一念留滯能悟本體卽是功夫人己內外一齊俱透
○功利之習淪肌浹髓苟非鞭辟近裏之學常見無動之過則一時
感發之明不足以勝隱微深痼之蔽故雖高明率喜頓悟而厭積漸
任超脫而畏檢束談元妙而鄙淺近肆然無忌而猶以爲無可無不
可任情恣意遂以去病爲第二義不知自家身心尙蕩然無所歸也
○引佛老之言以證其說借修煉之術以祕其養皆非卓然以聖爲
歸者也聖學一正百正一了百了不落影響不靠幫助通變宜民眞
性自然流貫百聖兢兢業業好古敏求精神命脈惟在一處用幾微
少忽卽屬異端可不謹乎

郡丞劉師泉先生邦采

劉邦采字君亮號師泉吉之安福人初爲邑諸生卽以希聖爲志曰學在求諸心科舉非吾事也偕兩峯入越謁陽明稱弟子陽明契之曰君亮會得容易先生資旣穎敏而行復峻拔丁外艱蔬水廬墓服闋不復應試士論益歸嘉靖七年秋當鄉試督學趙淵下教屬邑迫之上道先生入見淵未離席卽卻立不前淵亟起迎之先生以棘闈故事諸生必免冠袒裼而入失待士禮不願入御史儲良材令十三郡諸生並得以常服入闈免其簡察揭榜先生得中式已授壽寧教諭陞嘉興府同知尋棄官歸年八十六卒陽明亡後學者承襲口脗浸失其真以揣摩爲妙悟縱恣爲樂地情愛爲仁體因循爲自然混同爲歸一先生慼然憂之謂夫人之生有性有命性妙於無爲命雜於有質故必兼修而後可以爲學蓋吾心主宰謂之性性無爲者也故須首出庶物以立其體吾心流行謂之命命有質者也故須隨時運化以致其用常知不落念是吾立體之功常過不成念是吾致用之功二者不可相離常知常止而念常微也是說也吾爲見在良知所誤極探而得之龍溪問見在良知與聖人同異先生曰不同赤子之心孩提之知愚夫婦之知能如頑鑛未經煅煉不可名金其視無

聲無臭自然之明覺何啻千里是何也爲其純陰無眞陽也復眞陽者更須開天闢地鼎立乾坤乃能得之以見在良知爲主決無入道之期矣龍溪曰以一隙之光謂非照臨四表之光不可今日之日非本不光雲氣掩之耳以愚夫愚婦爲純陰者何以異此念菴曰聖賢只要人從見在尋源頭不須別將一心換却此心師泉欲創業不享見在豈是懸空做得亦只是時時收攝此見在者使之凝一耳先生著爲易蘊無非此意所謂性命兼修立體之功卽宋儒之涵養致用之功卽宋儒之省察涵養卽是致中省察卽是致和立本致用特異其名耳然工夫終是兩用兩用則支離未免有顧彼失此之病非純一之學也總緣認理氣爲二造化只有一氣流行流行之不失其則者卽爲主宰非有一物以主宰夫流行然流行無可用功體當其不失則者而已矣乃先生之言心意知物較四有四無之說最爲諦當謂有感無動無感無靜心也常感而通常應而順意也常往而來常化而生物也常定而明常運而照知也見聞之知其糟粕也象著之物其凝漚也念慮之意其流澌也動靜之心其游塵也心不失無體之心則心正矣意不失無欲之意則意誠矣物不失無住之物則物格矣知不失無動之知則知致矣夫心無體意無欲知無動物無住

則皆是有善無惡矣劉念臺夫子欲於龍溪之四無易一字心是有善無惡之心意亦是有善無惡之意知亦是有善無惡之知物亦是有善無惡之物何其相符合也念菴言師泉素持元虛卽今肯向裏著己收拾性命正是好消息雙江言師泉力大而說辨排闥之嚴四座咸屈人皆避席而讓舍莫敢攖其鋒疾亟門人朱調問先生此視平時何如答曰夫形豈累性哉今吾不動者自若也第形如槁木耳遂卒先生之得力如此

劉師泉易蘊

夫學何爲者也悟性修命知天地之化育者也往來交錯庶物露生寂者無失其一也冲廓無爲淵穆其容賾者無失其精也惟悟也故能成天地之大惟修也故能體天地之塞悟實者非修性陽而弗駁也修達者非悟命陰而弗窒也性隱於命精儲於魄是故命也有性焉君子不淆諸命也性也有命焉君子不伏諸性也原始反終知之至也○有感無動無感無靜心也常感而通常應而順意也常往而來常化而生物也常定而明常運而照知也見聞之知其糟粕也象著之物其凝漚也念慮之意其流澌也動靜之心其游塵也心不失無體之心則心正矣意不失無欲之意則意誠矣物不失無住之物

則物格矣知不失無動之知則知致矣身心意知物者工夫所用之條理格致誠正修者條理所用之工夫知所先後者始條理也天序也忘其所有事者昏索其所無事者紛昏不勝紛者雜紛不勝昏者塞紛猶夢也昏猶醉也醒醉遺夢者惺惺也瞬有存息有養前無迎後無將何病乎塞何憂乎雜○德非潛不光心非澹不體識恆斂曰潛欲恆釋曰澹澹以平感物而動之情潛以立人生而靜之本是故清明在躬志氣如神潛且澹者與○己者命之所稟禮者性之所具人之生也性一而命殊故人之過也各於其黨虞仲之放伯夷之隘柳下之不恭子貢之達子路之勇原憲之狷曾點之狂子張之堂堂皆己也雖痛克之猶恐守己者固而從人者輕也惟堯舜爲能舍非竭才力不能克是故能見無動之過通乎微矣能淨無垢之塵可與幾矣草昧之險無動之過也野馬之運無垢之塵也故聖人洗心退藏於密神武而不殺也夫依然氣質之性之論○能心忘則心謙勝心忘則心平侈心忘則心淡躁心忘則心泰嫉心忘則心和謙以受益平以稱施淡以發智泰以明威和以通知成性存存九德咸事○心之爲體也虛其爲用也實義質禮行遜出信成致其實也無意無必無固無我致其虛也虛以通天下之志實以成天下之務虛實相

生則德不孤是故常無我以觀其體心普萬物而無心也常無欲以觀其用情順萬事而無情也○見元而不影響者鮮矣務博而不支離者鮮矣見過以致元元而質也務約以致博博而寂也高明效天博厚法地宏心澄意之學也○感應而無起滅太虛之流行優優生化之學也著察而落感應照心之爲用憧憧往來之私也優優則時止時行議擬以成變改過遷善同歸於不識不知而已○伯玉不以昭昭申節冥冥墮行感應之著察者也原憲之克伐怨欲不行著察之感應者也念念謹念其知也遷念念一念其知也凝顏子不善未嘗不知知之未嘗復行主宰流行明照俱至猶之赤日當空照四方而不落萬象矣曰明道之獵心復萌何也曰斯固顏子之學過而不成念者也未嘗覺明體而起知端曰然則曾子之易簀得於童子之執燭非覺明體而起端乎曰猶之日月雲滃空照一也蓋良知流行變通有定徙而無典常曾子之以虛受人又非過焉改焉者可論也曰其謂得正而斃焉何也曰正無定體唯意所安是故學莫踰於致知訣莫要於知止○多聞不齊聞無聞也多見不宿見無見也獨聞者塞獨見者執小成而已矣君子多識前言往行以畜其德大畜也○九容不修是無身也九思不愼是無心也九疇不敘是無天下國

家也修容以立人道愼思以達天德敘疇以順帝則君子理此三者故全也○建極在君修極在公卿遵極在守令徵極在庶民父慈子孝兄友弟恭庶民徵矣省刑平稅敬老慈幼守令遵矣尊賢任能朝度宣化公卿修矣敬天動民禮敘樂和皇極建矣惟皇作極惟帝時克一哉王心協哉衆志元氣充塞太和保合人感天應雨暘時若寒暑不侵治之極也○問常著察而感應者本體也不起不滅隨感應而著察者念也憧憧往來此蓋有主宰與無主宰之別曰固然矣此有說焉感應從心不從意聖人之事也未至於聖則亦不可無誠意之功至論主宰有從乎意見者有從乎義理者有從乎義理而未得乎本體發育之學者從乎意見者有適有莫執乎己從乎義理者知適知莫成乎己從乎本體者無適無莫達乎己執乎己者病物成乎己者公物達乎己者仁物故曰欲誠其意者先致其知知則物格而與天地萬物流通矣故爲仁是故主宰著察者求仁也夫子曰可以爲難矣仁則吾不知也謂此也

御史劉三五先生陽 附劉印山 王柳川

劉陽字一舒號三五安福縣人少受業於彭石屋劉梅源見陽明語錄而好之遂如虔問學泊舟野水風雪淸苦不以爲惡陽明見之顧

謂諸生曰此生清福人也於是語先生苟不能甘至貧至賤不可以爲聖人嘉靖四年舉鄉試任碭山知縣邑多盜治以沉命之法盜爲衰止旋示以禮教變其風俗入拜福建道御史世宗改建萬壽宮爲永禧仙宮百官表賀御史以先生爲首先生曰此當諫不當賀在廷以危言動之卒不可中官持章奏至故事南面立各衙門北面受之受畢復如前對揖先生以爲北面者重章奏非重中官也章奏駁手安得復如前哉改揖爲東向無以難也相嵩欲親之先生竟引疾歸徐文貞當國陪推光祿寺少卿不起築雲霞洞於三峯與士子談學兩峯過之蕭然如在世外先生曰境寂我寂已落一層兩峯曰此徹骨語也自東廓沒江右學者皆以先生爲歸東至岱宗南至祝融夜半登山頂而觀日焉殘冰剩雪拄杖鏗爾陽明所謂清福者懸記之矣先生於師門之旨身體精研曰中知之不倚於覩聞也敬知之無怠者也誠知之無妄者也靜知之無欲者也寂知之無思爲者也仁知之生生與物同體者也各指所之而皆指夫知之良也致知焉盡矣由先生言之則陽明之學仍是不異於宋儒也故先生之傳兩峯也謂朱學門戶謹守繩墨兩峯有之其一時講席之盛皆非先生所深契嘗謂師泉曰海內講學而實踐者有人足爲人師者有人而求

得先師之學未一人見蓋意在斯乎意在斯乎
劉秉監字遵教號印山三五同邑人也父宣工部尚書先生登正德戊辰進士第歷刑部主事署員外郎出爲河南僉事遷大名兵備副使以忤巨奄逮繫詔獄得不死謫判韶州量移貳潮州知臨安府未至而卒河南之俗惑鬼多淫祠先生爲文諭之曰災祥在德淫鬼焉能禍福於是毀境內淫祠以千數已而就逮寓書其僚長曰淫祠傷害民俗風教者之責監以禍行奸人惑衆必爲報應之說非明府力持鮮不動搖其守正不撓如此事兄甚謹俸入不私於室先生初學於甘泉而尤篤志於陽明講學之會匹馬奚童往來山谷之間儉約如寒素母夫人勞之曰兒孝且弟何必講學先生對曰人見其外未見其內將求吾真不敢不學歿時年未五十劉三五評之曰先輩有言名節一變而至道印山早勵名節烈烈不挫至臨死生靡惑宜其變而至道無難也
王釗字子懋號柳川安成人始受學梅源東廓既學於文成嘗爲諸生棄之栖栖於山巔水涯寂寞之鄉以求所謂身心性命蓋三十年未嘗不一日勤懇於心善不善之在友朋無異於己逆耳之言時施於廣座人但見其惻怛不以爲怨皆曰今之講學不空談者柳川也

時有康南村者性耿介善善惡惡與人不諱嘗酌古禮爲圖撫善行爲規歲時拄杖造諸大家之門家家倒屣以迎先生視南村如一人南村貧先生亦貧敝衣糲食終其身非矯也

洛村語錄

自先師提揭良知莫不知有良知之說亦莫不以意念之善者爲良知以意念之善爲良知終非天然自有之良知爲有意之知覺爲有意之覺胎骨未淨卒成凡體○治病之藥利在去病苟無病臭腐神奇同爲元氣本領既是知覺意念莫非良知更無二本○喜怒哀樂之未發且不論其有時與否但子思子云喜怒哀樂之未發謂之中中也者天下之大本也曾謂天下之大本可以時言乎未發非時則體道之功似不專於歸寂而已也故子思子曰致中和蓋合寂感以爲功者也○或疑慈湖之學只道一光明境界而已稍涉用力則爲著意恐未盡慈湖精於用力者莫慈湖若也所謂不起意者其用力處也絕四記中云慈湖之用力精且密矣明道云必有事焉而勿正勿忘勿助長未嘗致纖毫之力此其存之之道善用其力者固若是慈湖千言萬語只從至靈至明廣大聖知之性不假外求不由外得自本自根自神自明中提掇出來使人於此有省不患其無用力

處不名者也故好名者心勞○獨行君子出於實心而於聖人之誠有辨焉孝弟通神明而於聖人之察倫有辨焉○志於開來者不足以盡性命志於性命者足以開來○賢哉未信者之自信也雖聖人弗之信而信其自知者焉其自知不惑其自求不小○德者得也無得於己而言之恥也無得於己而言之不信乎人矣○惟虛故神惟敬乃虛○知幾而後能知言知己之言而後能知人之言○動出於至誠惻怛爲王道動責之我爲大人之業○知者心之神明也知善知不善知好善知惡不善知必爲善知必不爲不善是至善也是人之明德也天之明命也故曰艮致言學也致者力而後天者全曰明明德曰顧諟天之明命舉致之之謂也五常百行明焉察焉神明充周是謂能致其知古聖人莫知堯贊曰欽明非知之至而何中知之不倚於覩聞者也敬知之無怠者也誠知之無妄者也靜知之無欲者也寂知之無思爲者也仁知之生生與物同體者也各指所之而皆指夫知之艮也故曰致知焉盡矣○獨知之明大明懸象照臨天下者似之蓋觀於晉人有失則者明入於地矣有邪僻之見者入左腹矣蓋觀於明夷○著焉察焉無或遺焉者聖人之無不知踐焉履焉無不勝焉者聖人之無不能洽聞亦知多藝亦能闇於其大者矣

○至健者知之健至順者知之順唯健也不可險之而知險唯順也不可阻之而知阻人心惟危險阻之謂也健順精一之至也君子蓋無時而不懼夫危也○置我身於人人之中而非之是之惡之愛之奪之予之者夫然後可與無我○物不可厭厭物者不能格物

晚程記

齒髮衰不可返已志氣衰奚有不可返者哉曰三牲曰祖割無關志氣曰孜孜斃而後已善自養老者乎○剛健中正純粹精無一毫髮歉而後無一毫髮非乾體○境寂我寂已落一層○閱時事而傷神徐自察之嫉之也非矜之也矜之仁嫉之偏○潛谷鄧子儒釋之辨數千言諸友有求其說者予謂之曰只格物致知日以身辨之矣○海內講學而實踐者有人足爲人師者有人而求得先師之學者未一人見○有不善未嘗不知是致知知之未嘗復行是格物

縣令劉梅源先生曉

劉曉字伯光號梅源安福人鄉舉爲新寧令見陽明於南京遂稟受焉陽明贈詩謾道六經皆註腳還誰一語悟眞機歸集同志爲惜陰會吉安之多學者先生爲之五丁也先生下語無有枝葉嘗誦少陵語不驚人死不休之句歎曰可惜枉費心力不當云學不聖人死不

休耶學者舉質鬼神無疑先生曰人可欺鬼神不可欺今世可欺後
聖有作真僞不可欺

員外劉晴川先生魁

劉魁字煥吾號晴川泰和人由鄉舉嘉靖間判寶慶五年守鈞州七年貳潮州六年陞工部員外郎上安攘十事皆爲要務詔徙雷壇禁中先生上疏請緩雷殿工作以成廟建足邊備上怒杖四十入獄創甚百戶戴經藥之得不死與楊斛山周訥溪講學不輟自壬寅至乙巳凡四年秋八月上齋醮神降於箕爲先生三人頌冤釋之未抵家而復逮十月還獄又二年丁未十一月五日夜高元殿火上恍忽聞火中呼先生三人名氏赦還家先生受學於陽明卒業東廓以氣節著名而陶融於學問李脈泉言在鈞州與先生同僚一年未嘗見其疾言遽色鄉人飲酒令之唱曲先生歌詩抑揚可聽門人尤熙問爲學之要曰在立誠每舉陽明遺事以淑門人言陽明轉入輕快一友與人訟來問是非陽明曰待汝數日後心平氣和當爲汝說後數日其人曰弟子此時心平氣和願賜教陽明曰既是心平氣和了又教甚麼朋友在書院投壺陽明過之呼曰休離了根問陽明言動象氣先生曰只是常人黃德良說陽明學問初亦未成片段因從遊者衆

夾持起歇不得所以成就如此有舉似先生者曰也是如此朋友之益甚大

主事黃洛村先生宏綱

黃宏綱字正之號洛村江西雩縣人舉正德十一年鄉試從陽明於虔臺陽明教法士子初至者先令高第弟子教之而後與之語先生列於高第陽明歸越先生不離者四五年陽明卒居守其家又三年嘉靖二十三年始任爲汀州府推官陞刑部主事時塞上多故將校下獄者吏率刻深以逢上意先生按法不輕上下以故不爲人所喜遂請致仕歸與東廓雙江念菴講學流連句月士子有所請質先生不遽發言瞠視注聽待其意盡詞畢徐以一二言中其竅會莫不融然四十年五月二十八日卒年七十先生之學再變始者持守甚堅其後以不致纖毫之力一順自然爲主其生平厚於自信而薄迎合長於持重而短機械蓋望而知其爲有道者也陽明之良知原即周子誠一無僞之本體然其與學者言多在發用上要人從知是知非處轉個路頭此方便法門也而及門之承其說者遂以意念之善者爲良知先生曰以意念之善爲良知終非天然自有之良知爲有意之知覺爲有意之覺胎骨未淨卒成凡體於是而知陽明有善有惡

之意知善知惡之知皆非定本意既有善有惡則知不得不逐於善惡只在念起念滅上工夫一世合不上本體矣四句教法先生所不用也雙江歸寂先生曰寂與感不可一例觀也有得其本體者有失其本體者自得其本體之寂者言之雖存之彌久涵之極深而淵微之精未嘗無也自得其本體之感者言之雖紛然而至沓然而來而應用之妙未嘗有也未嘗有則感也寂在其中矣未嘗無則寂也感在其中矣不覩不聞其體也戒慎恐懼其功也皆合寂感而言之者也按雙江之寂即先生之所謂本體也知主靜非動靜之靜則歸寂非寂感之寂矣然其間正自有說自來儒者以未發爲性已發爲情其實性情二字無處可容分析性之於情猶理之於氣非情亦何從見性故喜怒哀樂情也中和性也於未發言喜怒哀樂是明明言未發有情矣奈何分析性情則求性者必求之未發此歸寂之宗所由立也一時同門與雙江辨者皆從已發見未發亦仍是析情於發析性於未發其情性不能歸一同也

三五先生洞語

清明在躬知之至也養知莫善於寡欲○有生之變有死之變人知死之變而不知生之變也魂遊變也孰主張是孔子曰合鬼與神教

之至也○學者不察率因其質以滋長而自易其惡之功蓋寡善學者不易其惡不已也○衆人囿於數君子治則防亂則修易以知來有變易之道聽其自完自裂一歸之數已哉○天下有難處之事乎利害之計也難道義之從也無難義不甘於食粟則有死餒而已矣天下之不爲利害計者寡矣故戚戚者多○君子以歲月爲貴譬如爲山德日崇也苟爲囿修奚貴焉況積過者耶○惟待其身者小故可苟惟自任者不重故逸○古人求治於身後人求治於天下休天下而不煩求身者也擾天下而不恤求之天下者也是故執周官而不能執好惡之矩者不可以治天下○水之激失水之真矣情之激失情之真矣君子之情不激也故不激其言○不善之聞懲創之益少而潛損者多故言人不善自損也又聽者損○動有掩護非德之宜好患不能善用其力矣徒見其喋喋於此也遂謂其未嘗用力焉恐未盡慈湖意也○存主之明何嘗離照流行之照何嘗離明是則天然良知無體用先後內外深淺精麁上下一以貫之者也○人心只此獨知出乎身而加乎民者只此視聽喜怒諸物舍此更別無著力處矣謂天下之物觸於前者有正有不正又謂知意心身無能離天下國家之物而獨立是以物爲身之所接而非所謂備於我者雖

視聽喜怒未嘗不在其中而本末賓主則大有間後世格物之學所以異於聖人者正惟差認此一物字故格物致知之功不容不差亦不容不補主敬存養以攝歸身心而內外動靜不得不為二矣○往歲讀先師書有惑而未通處即反求自心密察精進便見自己惑所從來或是礙著舊聞或是自己工夫猶未免在事迹上揣量文義上比擬與後儒作用處相似是以有惑細玩先師之言真是直從本心上發出非從聞見知識輪轉所謂百世以俟聖人而不惑者乃知篤信聖人者必反求諸己反求諸己然後能篤信聖人故道必深造自得乃能決古訓之是非以解蔽辨惑不然則相與滋惑也已○謂謝子曰太古無為中古無私太古至道中古至德吾將與子由至德而觀至道由無私而遊無為乎謝子曰古道遼矣孰從而觀之孰從而遊之曰子不見耳目口鼻視聽言臭乎今之人耳目口鼻之於視聽言臭也猶古之人耳目口鼻之於視聽言臭也吾何疑焉則吾心之於是非誠偽無古今之殊也吾又何疑焉日往而月來寒往而暑來今之日月寒暑猶古之日月寒暑也則又何爽焉吾心至德吾心至道吾心無私吾心無為而奚觀乎而奚遊乎苟有志於希古者反而求之吾心將無往而非古也已○先師之學雖頓悟於居常之日而

歷艱備險動心忍性積之歲月驗諸事履乃始脫然有悟於良知雖至易至簡而心則獨苦矣何學者聞之之易而信之之難耶○有遷官而較遠近勞逸者曰不然責望於人者謂之遠求盡於己者謂之近較計於遠近者謂之勞相忘於遠近之外者謂之逸苟有以盡吾心遠近勞逸吾何擇焉吾惟盡吾之心而已矣

主事何善山先生廷仁

何廷仁字性之號善山初名秦江西雩縣人舉嘉靖元年鄉試至二十年始謁選知新會縣喜曰吾雖不及白沙之門幸在其鄉敢以俗吏臨其子弟耶釋菜於祠而後視事遷南京工部主事滿考致仕三十年卒年六十六初聞陽明講學慨然曰吾恨不得為白沙弟子今又可失之耶往見陽明於南康當是時學人聚會南贛而陽明師旅旁午希臨講席先生即與中離藥湖諸子接引來學先生心誠氣和不厭縷覼由是學者益親已從陽明至越先生接引越中一如南贛陽明歿後與同志會於南都諸生往來者恆數百人故一時為之語曰浙有錢王江有何黃指緒山龍溪洛村與先生也先生論學務為平實使學者有所持循嘗曰吾人須從起端發念處察識於此有得思過半矣又曰知過即是良知改過即是本體又曰聖人所謂無意

無情者非真無也不起私意自無留意留情耳若果無意孰從而誠若果無情孰從而精或謂求之於心全無所得日用云爲茫無定守先生曰夫良知在人爲易曉誠不在於過求也如知無所得無所定守卽良知也就於知無所得者安心以爲無得知無定守者安心以守之斯豈非入門下手之實功乎況心性既無形聲何從而得既無定體何從而守但知無所得卽有所悟矣知無定守卽有定主矣其言不爲過高如此故聞談學稍涉元遠輒搖手戒曰先生之言無是無是南都一時之論謂工夫只在心上用纔涉意便已落第二義故爲善去惡工夫非師門最上乘之教也先生曰師稱無善無惡者指心之應感無迹過而不留天然至善之體也心之應感謂之意有善有惡物而不化著於有矣故曰意之動若以心爲無以意爲有是分心意爲二見離用以求體非合內外之道矣乃作格物說以示來學使之爲善去惡實地用功斯之謂致良知也細詳先生之言蓋難四無而伸四有也謂無善無惡是應感無迹則心體非無善無惡明矣謂著於有爲意之動則有善有惡是意之病也若心既無善無惡此意知物之善惡從何而來不相貫通意既雜於善惡雖極力爲善去惡源頭終不清楚故龍溪得以四無之說勝蓋心意知物俱無善惡

第心上用功一切俱了爲善去惡無所事事矣佛家之立躋聖位是也由先生言之心既至善意本澄然無動意之靈卽是知意之照卽是物爲善去惡固是意上工夫也然則陽明之四有豈爲下根人說教哉

善山語錄

聖人所謂無意無情者非真無也不起私意自無留意留情耳若果無意孰從而誠若果無情孰從而精是堯舜不必惟精孔子不必從義改過矣吾故曰學務無情斷滅天性學務有情緣情起釁不識本心二者皆病○有意固謂之意見而必欲求爲無意是亦不可謂非意見也是故論學不必太高但須識本領耳苟識本領雖日用意自無留情苟不識本領雖日欲無意只是影響○或謂求之於心全無所得日用云爲茫無定守夫良知在人爲易曉誠不在於過求也如知無所得無所定守卽良知也就於知無所得者安心以爲無得知無定守者安心以守之斯豈非入門下手之實功乎況心性既無形聲何從而得既無定體何從而守但知無所得卽有所悟矣豈真無所得耶知無定守卽有定主矣豈真無定守耶○後世儒者不能至於聖人其毫釐之差只不信此使果真知卽刻一了百當自是了得

終身見在此心合下圓成合下具足更有何意可起何理可思苟有
所思慮蓋不過殊塗同歸一致百慮而已○有欲絕感以求靜者曰
非也君子亦惟致其良知而已矣知至則視無不明聽無不聰言無
不中動無不敬是知應物之心非動也有欲故謂之動耳絕感之心
非靜也無欲故謂之靜耳苟有欲焉雖閉關習靜心齋坐忘而其心
未嘗不動也苟無欲焉雖紛華雜擾酬酢萬變而其心未嘗不靜也
動而無欲故動而無動而其動也自定靜而無欲故靜而無靜而其
靜也常精動定靜定庶矣○所諭個中擬議差毫髮就裏光明障幾
重肯信良知無適莫何須事後費磨礱卽此知直造先天夫本來面
目豈特無容擬議雖光明亦何所有誠知本體無容用其力則凡從
前著意尋求要皆敲門瓦礫耳門開則瓦礫誠無所施雖太虛中何
物不有門戶瓦礫色色具列而不能染於太虛思而無思擬議而無
擬議道本如是耳是故戒慎恐懼格物致知雖爲衆人設法在聖人
惟精亦不廢不然孔子嘗謂吾有知乎哉無知也而又憂聞義不能
徙不善不能改是以上達不離下學中得之則磨礱改過正見聖人
潔淨精微○天下之事原無善惡學者不可揀擇去取只要自審主
意若主意是個眞心隨所處皆是矣若主意是個私心縱揀好事爲

之却皆非矣譬如戲謔是不好事但本根是個與人爲善之心雖說幾句笑話動人機括自揣也是真心但本根是個好名之心則雖孝親敬長溫凊定省自揣還是欺心○此學是日用尋常事自知自足無事旁求習之則悅順之則裕真天下之至樂也今之同志負高明之志者嘉虛元之說厲敦確之行者樂繩墨之趨意各有所用而不能忘所見此君子之道所以爲鮮○致中和天地位萬物育者如或動於客氣梏於物欲覺得胸中勞耗錯亂天地卽已翻覆親而父子兄弟近而童僕遠而天下之人皆見得不好至於山川草木雞犬椅卓若無相干也自不好天下雖大我自不得其平矣少卽平其心易其氣良知精察無有私意便覺與天地相似矣不惟父子兄弟童僕自無不好而天下之人亦無不好以至雞犬椅卓山川草木亦無不好真見萬物皆有春意至於中間有不得其所者自惻然相關必思處之而後安故盡天下之性只是自盡其性位育之理油然○天地萬物與吾原同一體知吾與天地萬物既同一體則知人情物理要皆良知之用也故除却人情物理則良知無從可致矣是知人情物理雖曰常感要之感而順應者皆爲應迹實則感而無感良知無欲雖曰常寂要之原無聲臭者恆神應無方實則寂而無寂此致知所

以在於格物而格物乃所以實致其良知也明道以窮理盡性至命一下便了於此可見○象山云老夫無所能只是識病可見聖賢不貴無病而貴知病不貴無過而貴改過今之學者乃不慮知病卽改却只慮有病豈知今之學者要皆半路修行者也習染既深焉能無病況有病何傷過而能改雖曰有病皆是本來不染而工夫亦爲精一實學耳○今日論學只當辨良知本領果與愼獨工夫同與不同不當論其行事標末律之古人出處異與不異使其本領旣同而行事或過自可速改而進誠明之域使其本領已失而操履無過雖賢如諸葛韓范明道尙惜其不著不察而有未聞道之歎○謂近來勉強體究凡動私意一覺便欲放下如此豈不是切實工夫但說得似易恐放下甚難若私意已嘗掛根雖欲放下却不能矣須有好仁無以尙之之心然後私意始不掛根如此一覺放下便就是潔淨精微之學

郎中陳明水先生九川

陳九川字惟濬號明水臨川人也母夢吞星而娠年十九爲李空同所知正德甲戌進士請告三年授太常博士武宗欲南巡先生與舒芬夏良勝萬潮連疏諫止午門荷校五日杖五十除名世宗卽位起

原官進禮部員外郎郎中以主客裁革妄費羣小恨之張桂與鉛山有隙誣先生以貢玉餽宏使通事胡士紳訟之下詔獄搒掠謫鎮海衞已遇恩詔復官致仕周流講學名山如台宕羅浮九華匡廬無不至也晚而失聽書札論學不休一時講學諸公謂明水辨駁甚嚴令人無躲避處嘉靖四十一年八月卒年六十九先生自請告入虔師陽明卽自焚其著書後凡再見竟所未聞陽明歿往拜其墓復經理其家先生自敘謂自服先師致知之訓中間凡三起意見三易工夫而莫得其宗始從念慮上長善消惡以視求之於事物者要矣久之自謂淪注支流輪迴善惡復從無善無惡處認取本性以爲不落念慮直悟本體矣既已復覺其空倚見悟未化渣滓復就中恆致廓清之功使善惡俱化無一毫將迎意必之翳若見全體炯然炳於幾先千思百慮皆從此出卽意無不誠發無不中纔是無善無惡實功從大本上致知乃是知幾之學自謂此是聖門絕四正派應悟入先師致知宗旨矣及後入越就正龍溪始覺見悟成象怳然自失歸而求之畢見差謬却將誠意看作效驗與格物分作兩截反若欲誠其意者在先正其心與師訓聖經牙盾倒亂應酬知解兩不湊泊始自愧心汗背盡掃平日一種精思妙解之見從獨知幾微處嚴謹緝熙工

夫纔得實落於應感處若得個真幾卽遷善改過俱入精微方見得良知體物而不可遺格物是致知之實日用之間都是此體充塞貫通無有間礙致字工夫儘無窮盡卽無善無惡非虛也遷善改過非麤也始信致知二字卽此立本卽此達用卽此川流卽此敦化卽此成務卽此入神更無本末精麤內外先後之間證之古本序中句句脗合而今而後庶幾可以弗畔矣按陽明以致良知爲宗旨門人漸失其傳總以未發之中認作已發之和故工夫只在致知上甚之而輕浮淺露待其善惡之形而爲克治之事已不勝其艱難雜糅矣故雙江念菴以歸寂救之自是延平一路上人先生則合寂感爲一寂在感中卽感之本體感在寂中卽寂之妙用陽明所謂未發時驚天動地已發時寂天寞地其義一也故其謂雙江曰吾人胸次廣大蕩蕩淵淵十年之前却爲蟄龍屈蠖二蟲在中作祟久欲竊効砭箴愧非國手今賴吾丈精采仙方密鍊丹餌將使凡胎盡化二蟲不知所之矣是先生與偏力於致知者大相逕庭顧念菴錄其墓猶云良知卽未發之中無分於動靜者也指感應於酬酢之跡而不於未發之中恐於致良知微有未盡是未契先生之宗旨也

明水論學書

古之學者爲己天下之事盡矣堯舜之治天下亦盡其性充其君道而已何嘗有人已先後於其間哉後儒不知性情之學始有爲國爲民不爲身謀以爲公者此賢豪之士所以自别於流俗而其運動設施不合於中道不可語天德王道也與聶雙江○便安氣習往往認作自然要識勉強亦是天命用功修治莫非勉強人力然皆天命自然合如此者以下與董兆明○近年體驗此學始得眞機脚跟下方是實地步有不容自己者從前見悟轉換自謂超脫而於此眞體若存若亡則知凡倚知解者其擔閣支吾虛度不少矣○日用應酬信手從心未嘗加意間亦有稍經思慮區畫者自以爲良知變化原合如此然皆不免秪悔及反觀之信有未盡未當處豈所謂認得良知不眞耶與王龍溪下皆同○夫逐事省克而不灼見本體流行之自然則雖飭身勵行不足以言天德固矣然遂以窒欲懲忿爲下乘遷善改過爲妄萌使初學之士驟窺影響者皆欲言下了當自立無過之境乃徒安其偏質便其故習而自以爲率性從心却使良知之精微緊切知是知非所藉以明而誠之者反蔑視不足輕重而遂非長過蕩然忘返其流弊豈但如舊時支離之習哉○本體至善不敢以善念爲善也若以善念爲善則惡念起時善固滅矣惡在其爲至善

天命不已者耶○戒懼兢惕工夫即是天機不息之誠非因此為入道復性之功也○不當以知覺為良知固矣然乃良知之發用不容有二先師云除却見聞無知可致況知覺乎故知覺廢則良知或幾乎息矣近諸公只說本體自然流行不容人力似若超悟真性恐實未見性也緣私意一萌即本體已蔽蝕阻滯無復流行光照之本然也故必決去之而後其流行照臨之體得以充達此良知之所以必致而後德明身修也○心齋晚年所著多欲自出機軸殊失先師宗旨豈亦微有門戶在耶慨惟先師患難困衡之餘磨礱此志真得千聖之祕發明良知之學而流傳未遠諸賢各以意見攙和其間精一之義無由睹矣○先師所以趨入聖域實得於大學之書而有功於天下後世在於古本之復雖直揭良知之宗而指其實下手處在於格物古本序中及傳習錄所載詳矣豈有入門下手處猶略而未言直待心齋言之耶惟其已有成訓以物知意身心為一事格致誠正修為一工故作聖乃有實地可據而又別立說以為教苟非門戶之私則亦未免意見之殊耳○誠意之學却在意上用不得工夫直須良知全體洞徹普照旁燭無纖毫翳障即百慮萬幾皆從此出方是知幾其神乃所謂誠其意也若俟意之不善倚一念之覺即已非誠

意落第二義矣却似正心別是上面一層工夫故竊謂炳於幾先方是誠意之學先師云致知者誠意之本也若謂誠意之功則非矣格物却是誠意之功故曰致知在格物夫知之所以不致者物未格耳物雖意之所在然不化則物矣誠能萬感俱化胸中無一物矣夫然後本體擴然與天地同體卽意無不誠矣○象山人情事變上用工是於事變閒尊其德性也性無外也事外無道也動而無動者也白沙靜中養出端倪是磨鍊於妄念朋思之閒體貼天理出來性無內也道外無事也靜而無靜者也是謂同歸一致○夫收視返聽於中有個出頭此對精神浮動務外逐末者言艮爲對病之藥然於大道却恐有妨正爲不識心體故耳心無定體感無停機凡可以致思著力者俱謂之感其所以出思發知者不可得而指也故欲於感前求寂是謂畫蛇添足欲於感中求寂是謂騎驢覓驢夫學至於研幾神矣然易曰幾者動之微周子曰動而未形有無之間者幾也旣謂之動則不可言靜矣感斯動矣聖人知幾故動無不善學聖者舍是無所致其力過此以往則失幾不可以言聖學矣○心本寂而恆感者也寂在感中卽感之本體若復於感中求寂辟之謂騎驢覓驢非謂無寂也感在寂中卽寂之妙用若復於感前求寂辟之謂畫蛇添足

非謂未感時也易以寂感為神非感則寂不可得而見矣○念菴謂感有時而變易而寂然者未嘗變易感有萬殊而寂然者惟一先生言念已形而寂然者未嘗不存豈感前復有寂乎雙江雖在寂上用工然寂感不分時則寂亦感也念菴則分時與雙江之意又微異矣夫寂即未發之中即良知即是至善先儒謂未發二字費多少分疏竟不明白只為認有未發時故耳惟周子洞見心體直曰中也者和也中節也天下之達道也去却大本一邊彼豈不知未發之中者哉正恐認作兩截故合一言之慮至深也而晦翁復以己意釋之則周子之意荒矣有友入問川曰涵養於未發之前是致中工夫川答曰此處下不得前字喜怒哀樂如春夏秋冬有前乎未發之中是太和元氣亦有未發為四序之時者乎只緣今人看麄了喜怒哀樂故添許多意見耳先師云良知者未發之中天下之大本致之便是天下之達道則行天下之達道乃實致良知也實致良知乃立大本也非立大本後乃推而為達道也○近時學者不知心意知物是一件格致誠正是一功以心應物即心物為二矣心者意之體意者心之動也知者意之靈物者意之實也知意為心而不知物之為知則致知之功即無下落故未免欲先澄其心以為應物之則所以似精專而

實支離也○兄不知以何者爲感若以流動爲感則寂感異象微波
卽蕩感皆爲寂累固不待梏之反覆而後失其湛然虛明之體矣若
以鑑物爲感則終日鑑固無傷於止也止與鑑未始相離亦不得言
有止而不鑑時也若患體之不止故鑑之不明亦當卽鑑時定之不
當離鑑以求止也何者其本體恆鑑不可得而離也○吾丈近年宗
旨謂不當以知覺爲良知却不知將發用知覺竟作何觀若本體自
然之明覺卽良知也若夫私智小慧緣情流轉是乃聲聞緣入憶度
成性卽非本體之靈覺矣故知覺二字義涵虛實顧所指用何如如
曰正知正覺卽屬實作體觀恆知恆覺卽屬虛作用觀然恆知卽正
知無倚處恆覺卽正覺無障處無生發無間離也非別有一段光照
從此脫胎著於境物也奈何其欲貳之耶今夫聲有起滅而聞性無
起滅也色有明暗而見性無明暗見聞性卽知覺性也若離知覺於
本體是從聲色有無處認見聞卽知覺有起滅反失却恆見恆聞之
本體矣（與聶雙江下同）○昔晦翁以戒懼爲涵養本原爲未發爲致
中以謹獨爲察識端倪爲已發爲致和兼修交養似若精密而強析
動靜作兩項工夫不歸精一今吾丈以察識端倪爲第二義獨取其
涵養本原之說已無支離之弊但吾丈又將感應發用另作一層在

後面看若從此發生流出者則所謂毫釐之差爾夫不暗不聞之獨卽莫見莫顯乃本體自然之明覺發而未發動而無動者也以爲未發之中可也旣曰戒慎曰恐懼於是乎致力用功矣而猶謂之未感未發其可乎哉夫屈伸翕闢互爲其根復奮潛飛後先異候欲其恆復而終潛與並行而同出卽永刼不可得其與主靜藏密感應流行無時可息者不可同象而倒觀亦較然明矣竊觀至顯於至微公言由微以之顯所見在毫釐之隔耳○物者意之實也知者物之則也故只在發見幾微處用功致謹焉卽是達用卽是立本若欲涵養本原停當而後待其發而中節此延平以來相沿之學雖若精微恐非孔門宗旨矣

太常魏水洲先生良弼

解元魏師伊先生良政

處士魏藥湖先生良器

魏良弼字師說號水洲南昌新建人嘉靖癸未進士知松陽縣入爲給事中累遷禮科都給事中十年召王瓊爲冢宰南京御史馬敭等劾之下詔獄先生疏救亦下獄拷訊尋復職明年彗見東方先生以爲應在張孚敬孚敬疏辯先生受杖於殿廷死而復蘇孚敬亦自陳

致仕彗果滅越月改汪鋐為吏部尚書先生又劾之又明年副都御史王應鵬上疏失書職名下獄先生以為細故當原又下獄拷訊先生累遭廷杖膚盡而骨不續言之愈激上訝其不死收之輒赦或且遷官不欲其去永嘉復位始以京察罷先生居鄉情味真至鄉人見先生有所告誡退輒稱其說以教家人其偶然者流為方語而深切者垂為法言曰魏水洲云云不可易也疾痛則問藥旱潦則問捄先生因而付之各畢所願閭里頓化爭訟亦息人有夜夢先生者明旦得嘉客生兒者夢先生過其家則里中相賀以為瑞稻初登果未落家有老人不敢嘗必以奉先生其為鄉里所親敬如此先生兄弟皆於陽明撫豫時受學故以致良知自明而誠知微以顯天地萬物之情與我之情自相應照能使大回象君父易慮士大夫永思至愚夫孺子亦徵於寤寐何者不慮之知達之天下智愚踈戚萬有不同孰無良焉此所以不戒而孚也歿之日詔其子孫曰予平生仗忠信皇天鑒不得已之言后土憐欲速朽之骨陵谷有變人心無改不必銘誌隆慶改元晉大常少卿致仕萬歷乙亥卒年八十有四弟良政良器

良政字師伊燕居無墮容嘗曰學問頭腦既明惟專一得之氣專則

精精專則明神專則靈又曰不尤人何人不可處不累事何事不可
爲舉鄉試第一尋卒水洲言吾夢中見師伊輒流汗浹背其方嚴如
此
良器字師顏號欒湖洪都從學之後隨陽明至越時龍溪爲諸生落
魄不羈每見方巾中衣往來講學者竊罵之居與陽明鄰不見也先
生多方誘之一日先生與同門友投壺雅歌龍溪過而見之曰腐儒
亦爲是耶先生答曰吾等爲學未嘗擔板汝自不知耳龍溪於是稍
相暱就已而有味乎其言遂北面陽明緒山臨事多滯則戒之曰心
何不灑脫龍溪工夫懶散則戒之曰心何不嚴慄其不爲姑息如此
嘗與龍溪同行遇雨先生手蓋龍溪不得已亦手蓋而有怍容顧先
生自如乃始惕然陽明有內喪先生龍溪司庫不厭煩縟陽明曰二
子可謂執事敬矣歸主白鹿洞生徒數百人皆知宗王門之學疽發
背醫欲割去腐肉不可卒年四十二先生云理無定在心之所安卽
是理孝無定法親之所安卽是孝龍溪與先生最稱莫逆然龍溪之
元遠不如先生之淺近也

水洲先生集

道無動靜性無內外故言動亦定靜亦定又曰未感不是先已應不

是後近論多於觸處動念處體認良知不於一定處下著故不免支離之病答鄒東廓○先師謂良知存乎心悟悟由心得信非講求得來用志不分乃凝於神神凝知自致耳要得神凝須絕外誘固非頑空打坐亦非歌舞講求要自有悟處答羅念菴○操與致自是有辨致是全功操特始事致可包操而操未可以言致復會中諸子○己所不欲吾心之知也勿施於人致吾心之良知也誠勿施於人則己所不欲之物格矣所惡於下吾心之矩也毋以事上絜吾心之矩也誠毋以事上焉則吾心所惡於下之矩絜矣示諸生下同○或問未發之中如何曰汝但戒愼不覩恐懼不聞養得此心純是天理便自然見聖人之學莫大於無我性之本體無我也梏形體而生私欲作聰明而生私智於是始有我爾去二者之累無我之體復矣○君子有諸己則得失不足易也故得之自是不得自是小人無諸己惟見於得失而已矣故患得患失無所不至○君子以誠身爲貴實有於身謂之誠身夫天下之物可以實有於身者惟善爲然由其爲固有之實理故可以實有焉耳彼取諸外者夫豈可得而有之耶○良知之教不待學故以入井怵惕孩提愛敬平旦好惡爲證然以三者皆一端之發見而未見乎全故言怵惕必以擴充繼之言好惡必以長

養繼之言愛敬必以達之天下繼之○問良知天理異同曰知之良處卽是天理味其知失其良則爲人欲蓋自明覺而言謂之知自條理而言謂之理非二也○由仁義行卽根心生色睟面盎背之意行仁義非不是由此心也終是知得爲好必如此做方好乃第二義便不是從中生故曰義外○人本得天地之生意自能生但被習心遮蔽故不能生但去其蔽則本體自然呈露不須防檢不須窮索自然流出乃其生意也

明儒學案卷十九

姚江黃梨洲先生著

豫章後學 劉秉楨 李真賓
熊榮祖 蕭兆柄
徐兆瀾 周聯慶 重刊
熊繩祖 熊育鏞
夏鼎 熊育鑫

太常王塘南先生時槐

王時槐字子植號塘南吉之安福人嘉靖丁未進士除南京兵部主事歷員外郎禮部郎中出僉漳南兵巡道事改川南道陞尚寶司少卿歷太僕光祿隆慶辛未出爲陝西參政乞致仕萬歷辛卯詔起貴州參政尋陞南京鴻臚卿太常卿皆不赴新銜致仕乙巳十月八日卒年八十四先生弱冠師事同邑劉兩峯刻意爲學仕而求質於四方之言學者未之或怠終不敢自以爲得五十罷官屏絕外務反躬密體如是三年有見於空寂之體又十年漸悟生生眞機無有停息不從念慮起滅學從收斂而入方能入微故以透性爲宗研幾爲要陽明沒後致良知一語學者不深究其旨多以情識承當見諸行事殊不得力雙江念菴舉未發以救其弊中流一壺王學賴以不墜先

生謂知者先天之發竅也謂之發竅則已屬後天矣雖屬後天而形氣不足以干之故知之一字內不倚於空寂外不墮於形氣此孔門之所謂中也言良知者未有如此諦當先生嘗究心禪學故於彌近理而亂真之處剖判得出夏樸齋問無善無惡心之體於義云何先生曰是也曰與性善之旨同乎曰無善乃至善亦無弗同也樸齋不以爲然先生亦不然樸齋後先生看大乘止觀謂性空如鏡妍來妍見媸來媸見因省曰然則性亦空寂隨物善惡乎此說大害道乃知孟子性善之說終是穩當向使性中本無仁義則惻隱羞惡從何處出來吾人應事處人如此則安不如此則不安此非善而何由此推之不但無善無惡之說卽所謂性中只有個性而已何嘗有仁義來此說亦不穩又言佛家欲直悟未有天地之先言語道斷心行處滅此正邪說淫辭彼蓋不知盈宇宙間一氣也卽使天地混沌人物消盡只一空虛亦屬氣耳此至真之氣本無終始不可以先後天言故曰一陰一陽之謂道若謂別有先天在形氣之外不知此理安頓何處蓋佛氏以氣爲幻不得不以理爲妄世儒分理氣爲二而求理於氣之先遂墮佛氏障中非先生豈能辨其毫釐耶高忠憲曰塘南之學八十年磨勘至此可謂洞徹心境者矣

論學書

所論去念守心念不可去心不可守真念本無念也何去之有真心本無相也何守之有惟寂而常照即是本體即是工夫原無許多歧路費講說也（答王水卿）○知者先天之發竅也謂之發竅則已屬後天矣雖屬後天而形氣不足以干之故知之一字內不倚於空寂外不墮於形氣此孔門之所謂中也末世學者往往以墮於形氣之靈識爲知此聖學之所以晦也（答朱易菴）○靜中欲根起滅不斷者是志之不立也凡人志有所專則雜念自息如人好聲色者當其治豔奪心之時豈復有他念乎如人畏死亡者當其刀鋸逼體之時豈復有他念乎學無分於動靜者也特以初學之士紛擾日久本心真機盡汨沒蒙蔽於塵埃中是以先覺立教欲人於初下手時暫省外事稍息塵緣於靜坐中默認自心真面目久之邪障徹而靈光露靜固如是動亦如是到此時終日應事接物周旋於人情事變中而不捨與靜坐一體無二此定靜之所以先於能慮也豈謂終身滅倫絕物塊然枯坐徒守頑空冷靜以爲究竟哉（答周守南）○吾輩學不加進正爲不識真宰是以雖曰爲學然未免依傍道理只在世俗眼目上做得個無大破綻之人而止耳（答鄒潁泉）○所舉佛家以默照爲非

而謂廣額屠兒立地成佛等語此皆近世友朋自不肯痛下苦功真修實證乞人殘羹剩汁以自活者也彼禪家語蓋亦有為而發彼見有等專內趨寂死其心而不知活者不得已發此言以救弊耳今以紛紛擾擾嗜欲之心全不用功却不許其靜坐即欲以現在嗜欲之心立地成佛且稱塵勞為如來種以文飾之此等毒藥陷人於死○學無多說若真有志者但自覺此中勞擾不得不靜坐以體察之便須靜坐或自覺人倫事物上欠實修不得不於動中著力便須事上鍊習此處原無定方答賀宏任○所云居敬窮理二者不可廢一要之居敬二字盡之矣自其居敬之精明了悟處而言即謂之窮理非有二事也縱使考索古今討論經史亦是居敬中之一條件耳敬無所不該敬外更無餘事也認得居敬窮理只是一件則工夫更無歇手若認作二事便有換手便有斷續非致一之道也答郭以濟○弟昔年自探本窮源起手誠不無執戀枯寂然執之之極真機自生所謂與萬物同體者亦自盎然出之有不容已者非學有轉換殆如臘盡陽回不自知其然也兄之學本從與物同體入手此中最宜精研若未能入微則亦不無儱侗漫過隨情流轉之病與蕭兌嵎○此心湛然至虛廓然無物是心之本體原如是也常能如是即謂之敬陽

明所謂合得本體是工夫也若以心起敬則心是一物敬又是一物反似於心體上添此一項贅疣是有所恐懼而不得其正非敬也答郭以濟○所論欲根盤結理原於性是有根者也欲生於染是無根者也惟理有根故雖戕賊之久而竟不可泯惟欲無根故雖習染之深而竟不能滅性也使欲果有根則是欲亦原於天性人力豈能克去之哉答錢啓新○吾輩無一刻無習氣但以覺性爲主時時照察之則習氣之面目亦無一刻不自見得既能時時刻刻見得習氣則必不爲習氣所奪蓋凡可覩聞者皆習氣也情欲意見又習氣之麄者也學貴能疑但點點滴滴只在心體上用力則其疑亦只在一處疑一處疑者疑之極必自豁然矣若只泛然測度道理則其疑未免離根離根之疑愈疑而愈增多歧之惑矣○舍發而別求未發恐無是理既曰戒愼恐懼非發而何但今人將發字看得麄了故以澄然無念時爲未發不知澄然無念正是發也○未發之中固是性然天下無性外之物則視聽言動百行萬事皆性矣皆中矣若謂中只是性性無過不及則此性反爲枯寂之物只可謂之偏不可謂之中也如佛老自謂悟性而遺棄倫理正是不知性○澄然無念是謂一念非無念也乃念之至微至微者也此正所謂生生之真幾所謂動之

微吉之先見者也此幾更無一息之停正所謂發也若至於念頭斷續轉換不一則又是發之標末矣譬之澄潭之水也非不流也乃流之至平至細者也若至於急灘迅波則又是流之奔放者矣然則所謂未發者安在此尤難言矣澄潭之水固發也山下源泉亦發也水之性乃未發也離水而求水性曰支即水以爲性曰混以水與性爲二物曰歧惟時時冥念研精入微固道之所存也 皆仝上 ○事之體強名曰心心之用強名曰事其實只是一件無內外彼此之分也故未有有心而無事者未有有事而無心者故曰必有事焉又曰萬物皆備於我故充塞宇宙皆心也皆事也物也吾心之大包羅天地貫徹古今故但言盡心則天地萬物皆舉之矣學者誤認區區之心渺焉在胸膈之內而紛紛之事雜焉在形骸之外故逐外專內兩不相入終不足以入道矣 答郭墨池 ○一陰一陽自其著者而言之則寂感理欲皆是也自其微者而言之則一息之呼吸一念之起伏以至於浮塵野馬之眇忽皆是也豈截然爲奇爲偶真若兩物之相爲對待者哉識得此理則知一陰一陽即所謂其爲物不貳也舍陰陽之外而世之欲超陰陽離奇偶以求性者其舛誤可知矣 答錢啓新 ○生幾者天地萬物之所從出不屬有無不分體用此幾以前更無未

發此幾以後更無已發若謂生幾以前更有無生之本體便落二見陽明曰大學之要誠意而已矣格物致知者誠意之功也知者意之體非意之外有知也物者意之用非意之外有物也但舉意之一字則寂感體用悉具矣意非念慮起滅之謂也是生幾之動而未形有無之間也獨卽意之入微非有二也意本生生惟造化之機不克則不能生故學貴從收斂入收斂卽爲慎獨此凝道之樞要也孟子言不學不慮乃指孩提愛敬而言今人以孩提愛敬便屬後天而擴充四端皆爲下乘只欲人直悟未有天地之先言語道斷心行處滅乃爲不學不慮之體此正邪說淫辭彼蓋不知盈宇宙間一氣也卽使天地混沌人物消盡只一空虛亦屬氣耳此至眞之氣本無終始不可以先後天言故曰一陰一陽之謂道若謂別有先天在形氣之外不知此理安頓何處通乎此則知洒掃應對便是形而上者與賀汝定○宇宙萬古不息只此生生之理無體用可分無聲臭可卽亦非可以強探力索而得之故後學往往到此無可捉摸處便謂此理只是空寂原無生幾而以念頭動轉爲生機謂是第二義遂使體用爲二空有頓分本末不貫而孔門求仁眞脈遂不明於天下矣仝上○來諭識得生本自然火然泉達安用人爲但鄙意眞識生幾者則必

兢兢業業所謂不足不敢不勉有餘不敢盡方為實學今人亦有自謂能識生幾者往往玩弄光景以為了悟則涉於無忌憚矣答王夢峯○禪家之學與孔門正脈絕不相侔今人謂孔釋之見性本同但其作用始異非也心跡猶形影影分曲直則形之欹正可知孔門真見盈天地間只一生生之理是之謂性學者默識而敬存之則親親仁民愛物自不容已何也此性原是生生由本之末萬古生生孰能遏之故明物察倫非強為也以盡性也釋氏以空寂為性以生生為幻妄則自其萌芽處便已斬斷安得不棄君親離事物哉故釋氏之異於孔子正以其原初見性便入偏枯惟其本原處所見毫釐有差是以至於作用大相背馳遂成千里之謬也寄汝定○此心之生理本無聲臭而非枯槁實為天地萬物所從出之原所謂性也生理之呈露脈脈不息亦本無聲臭所謂意也凡有聲臭可覩聞皆形氣也形氣云者非血肉麤質之謂凡一切光景閃爍變換不常滯礙不化者皆可覩聞即形氣也形氣無時無之不可著亦不可厭也不著不厭亦無能不著不厭之體若外不著不厭而內更有能不著不厭之體則此體亦屬聲臭亦為形氣矣於此有契則終日無分動靜皆真性用事不隨境轉而習氣自銷亦不見有真性之可執不言收斂自

得其本然之真收斂矣同上○善由性生惡自外染程子所謂善固性惡亦不可不謂之性者猶言清固水濁亦不可不謂之水耳然水之本性豈有濁乎其流之濁乃染於外物耳答郭墨池○夫本心常生者也自其生生而言卽謂之事故心無一刻不生卽無一刻無事事卽本心故視聽言動子臣弟友辭受取予皆心也洒掃應對便是形而上者學者終日乾乾只是默識此心之生理而已時時默識內不落空外不逐物一了百了無有零碎本領之分也答周時卿○心之官則思中常惺惺卽思也思卽窮理之謂也此思乃極深研幾之思是謂近思是謂不出位非馳神外索之思答曾省伯○此理至大而至約惟虛而生三字盡之其虛也包六合以無外而無虛之相也其生也徹萬古以不息而無生之迹只此謂之本心時時刻刻還他本來卽謂之學與歐克敬○太虛之中萬古一息綿綿不絕原無應感與不應感之分識得此理雖瞑目獨坐亦應感也時時應感卽時時是動也常動卽常靜也一切有相卽是無相山河大地草木叢林皆無相也真性本無杳冥時時呈露卽有相也相於無相了不可得言思路絕強名之曰本心同上○有謂靜中不可著操字則孔子所謂操則存者果妄語乎彼蓋不知操者非以此操彼之謂也此心兢

兢業業卽是心之本體卽是操也惟操卽是本體純一不雜卽是靜
也非以蕩然無所用心爲靜也何思何慮言思慮一出於正所謂心
之官則思思睿而作聖非妄想雜念之思慮也豈可以不操冒認爲
何思何慮乎答曾得卿○白手起家勿在他人脚跟下湊泊答郭以
濟○性之一字本不容言無可致力知覺意念總是性之呈露皆命
也性者先天之理知屬發竅是先天之子後天之母也此知在體用
之間若知前求體則著空知後求用則逐物知前更無未發知後更
無已發合下一齊俱了更無二功故曰獨獨者無對也無對則一故
曰不貳意者知之默運非與之對立而爲二也是故性不假修只可
云悟命則性之呈露不無習氣隱伏其中此則有可修矣修命者盡
性之功答蕭勿菴○性命雖云不二而亦不容混稱蓋自其眞常不
變之理而言曰性自其默運不息之機而言曰命一而二二而一者
也中庸天命之謂性正恐人於命外求性則離體用而二之故特發
此一言若執此語遂謂性命果無分辨則言性便剩一命字言命便
剩一性字而盡性至命等語皆贅矣故曰性命雖不二而亦不容混
稱也盡性者完我本來眞常不變之體至命者極我純一不息之用
而造化在我神變無方此神聖之極致也答鄒子尹○知生知死者

非謂硬作主張固守靈識以俟去路不迷之謂也蓋直透真性本非生死乃爲真解脫耳答王養卿○學不知止則意必不能誠何謂知止蓋意心身家國天下總爲一物也而有本末焉何謂本意之所從出者是也意之所從出者性也是至善也知止於至善之性則意心身家國天下一以貫之矣是謂物格而知至何謂格格者通徹之謂也答楊晉山○時習者時時知至善爲本而止之約情以復性云耳大學止至善卽中庸愼獨之功無二事也舍此更有何學答王敬所○朱子格物之說本於程子程子以窮至物理爲格物性卽理也性無內外理無內外卽我之知識念慮與天地日月山河草木鳥獸皆物也皆理也天下無性外之物無理外之物故窮此理至於物物皆一理之貫徹則充塞宇宙綿亙古今總之一理而已矣此之謂窮理盡性之學與陽明致良知之旨又何異乎蓋自此理之昭明而言謂之良知良知非情識之謂卽程門所謂理也性也良知貫徹於天地萬物不可以內外言也通乎此則朱子之格物非逐外而陽明之良知非專內明矣但朱子之說欲人究徹彌宇宙亘古今之一理在初學遽難下手教以姑從讀書而入卽事察理以漸而融會之後學不悟遂不免尋枝摘葉零碎支離則是徒逐物而不達理其失程朱之

本旨遠矣陽明以學爲求諸心而救正之大有功於後學而後學復以心爲在內物爲在外且謂理只在心不在物殊不知心無內外物無內外徒執內而遺外又失陽明之本旨也○意不可以動靜言也動靜者念也非意也意者生生之密機有性則常生而爲意有意則漸著而爲念未有性而不意者性而不意則爲頑空亦未有意而不念者意而不念則爲滯機答楊晉山○虞廷曰中孔門曰獨舂陵曰幾程門主一白沙端倪會稽良知總無二理雖立言似別皆直指本心眞面目不沉空不滯有此是千古正學寄錢啓新○易曰乾知大始此知卽天之明命是謂性體非以此知彼之謂也易曰坤作成物此作卽明命之流形是謂性之用非造作強爲之謂也故知者體行者用善學者常完此大始之知卽所謂明得盡便與天地同體故卽知便是行卽體便是用是之謂知行一體用一也○夫以此知彼是卽測度則謂之空知若乾知太始之知卽是本性卽是實事不可以空知言也以此想彼如射覆然則謂之懸想若默而識之卽是自性自識覿體無二不可以懸想言也答龔修默○靜中涵養勿思前慮後但澄然若忘常如游於洪濛未判之初此樂當自得之則眞機躍如其進自不能已矣答劉心遠○性本不二探奇逐物總屬二見若

未免見有妙性超於物外猶爲法塵影事學者果能透到水窮山盡最上之上更無去處然後肯信當下小心翼翼動不踰矩便爲究竟耳寄劉公霽○釋氏所以與吾儒異者以其最初志願在於出世卽與吾儒之志在明明德於天下者分塗轍矣故悟性之說似同而最初向往之志願實異最初之志願既異則悟處因之不同悟處不同則用自別答唐凝菴○聖學失傳自紫陽以後爲學者往往守定一個天理在方寸之間以爲功夫於聖門無聲無臭之旨不相契故陽明特揭無善無惡正恐落一善字便覺涉於形象提出心體令人知本心善亦著不得也第宗其說者致有流弊不若無聲無臭字義直截穩當答吳安○本性真覺原無靈明一點之相此性遍滿十方貫徹古今蓋覺本無覺孔子之無知文王之不識不知乃真知也若有一點靈明不化卽是識神放下識神則渾然先天境界非思議所及也答鄒子予○文者禮之散殊如視聽言動子臣弟友一切應酬皆是也以其散殊故曰博禮者文之根底如孔子言所以行之者一是也以其至一故曰約學者時時修實行謂之博文事事協天則謂之約禮卽事是理而非滯迹卽理是事而非落空此博約合一之學也答周宗濂○性本不容言若強而言之則虞廷曰道心惟微孔子曰

未發之中曰所以行之者一曰形而上曰不覩聞周子曰無極程子
曰人生而靜以上所謂密也無思爲也總之一性之別名也學者真
能透悟此性則橫說豎說只是此理一切文字語言俱屬描畫不必
執泥若執言之不一而遂疑性有多名則如不識其人而執其姓氏
名諱別號以辯同異則愈遠矣性之體本廣大高明性之用自精微
中庸若復疑只以透性爲宗恐落空流於佛老而以尋枝逐節爲實
學以爲如此乃可自別於二氏不知二氏之異處到透性後自能辨
之今未透性而強以猜想立說終是隔靴爬癢有何干涉反使自己
真性不明到頭只做得個講說道理過了一生安得謂之聞道也答
龔修默以性體本寂萬古不變然非頑空故密運而常生惟幾萌知
發不學以反其本則情馳而性蔽矣故曰反身而誠樂莫大焉答唐
凝菴○心體本寂念者心之用也真識心體則時時常寂非假人力
其體本如是也此本常寂雖欲擾之而不可得念之應感自然中節
而心體之寂自若也心體之寂萬古不變此正所謂未發之中舍此
則學不歸根未免逐末將涉於憧憧往來於道遠矣答陸仰峯○大
抵佛家主於出世故一悟便了更不言慎獨吾儒主於經世學問正
在人倫事物中實修故喫緊於慎獨但獨處一慎則人倫事物無不

中節矣何也以獨是先天之子後天之母出無入有之樞機莫要於此也若只云見性不言慎獨恐後學略見性體而非真悟者便謂性中無人倫事物一切離有而趨無則體用分而事理判甚至行檢不修反云與性無干其害有不可勝言者也善學者亦非一途有徹悟本性而慎獨卽在其中者有精研慎獨而悟性卽在其中者總之於此理洞然真透既非截然執爲二見亦非混然儱侗無別此在自得者默契而已（答郭存甫）

語錄

性不容言知者性之靈也知非識察照了分別之謂也是性之虛圓瑩徹清通淨妙不落有無能爲天地萬物之根彌六合亙萬古而炳然獨存者也性不可得而分合增減知亦不可得而分合增減也而聖凡與禽獸草木異者惟在明與蔽耳是故學莫大於致知（以下皆三益軒會語）○識察照了分別者意與形之靈也亦性之末流也性靈之真知非動作計慮以知故無生滅意與形之靈必動作計慮以緣外境則有生滅性靈之真知無欲意與形之靈則有欲矣今人以識察照了分別爲性靈之真知是以奴爲主也○道心體也故無改易人心用也故有去來孔子所謂操存舍亡出入無時莫知其鄉亦

是指人心而言若道心爲萬古天地人物之根豈有存亡出入之可言○問情識思慮可去乎曰悟心體者則情識思慮皆其運行之用何可去也且此心廓然充塞宇宙只此一心更無餘事亦不見有情識思慮之可言如水常流而無波如日常照而無翳性情體用皆爲剩語○千聖語學皆指中道不落二邊如言中言仁言知言獨言誠是也若言寂則必言感而後全言無則必言有而後備以其涉於偏也○心廓然如太虛無有邊際日用云爲酬酢萬事皆太虛變化也非以內心而應外事也若誤認以內心應外事則心事相對成敵而牽引梏亡之害乘之矣○性本無欲惟不悟自性而貪外境斯爲欲矣善學者深達自性無欲之體本無一物如太虛然浮雲往來太虛固不受也所謂明得盡渣滓便渾化是矣○問四時行百物生莫非動也而曰有不動者豈其不與四時偕行不隨百物以生乎曰非然也所謂不動者非塊然一物出於四時百物之外也能行四時而不可以寒暑代謝言能生百物而不可以榮瘁枯落言故曰不動也○問知一也今謂心體之知與情識之知不同何也曰心體之知譬則石中之火也擊而出之爲焚燎則爲情識矣心體之知譬則銅中之明也磨而出之爲鑑照則爲情識矣致知者致其心體之知非情識

之謂也○心體之知非作意而覺以爲知亦非頑空而無知也是謂天德之良知致者極也還其本然而無虧欠之謂○情識卽意也意安從生從本心虛明中生也故誠意在致知知者意之體也若又以情識爲知則誠意竟爲無體之學而聖門盡性之脈絕也○問陽明以知善知惡爲良知此與情識何別曰善惡爲情識知者天聰明也不隨善惡之念而遷轉者也○問致知焉盡矣何必格物曰知無體不可執也物者知之顯達也舍物則何以達此知之用如窒水之流非所以盡水之性也故致知必在格物○陽明以意之所在爲物此義最精蓋一念未萌則萬境俱寂念之所涉境則隨生且如念不注於目前則雖泰山覿面而不覩念苟注於世外則雖蓬壺遙隔而成象矣故意之所在爲物此物非內非外是本心之影也○盈天地間皆物也何以格之惟以意之所在爲物則格物之功非逐物亦非離物也至博而至約矣○意在於空鏡則空鏡亦物也知此則知格物之功無間於動靜太極者性也先天也動而生陽以下卽屬氣後天也性能生氣而性非在氣外然不悟性則無以融化形氣之渣滓故必悟先天以修後天是以謂聖學○朱子以知覺運動爲形而下之氣仁義禮智爲形而上之理以此闢佛氏既未可爲定論羅整菴遂

援此以闢良知之說不知所謂良知者正指仁義禮智之知而非知覺運動之知是性靈而非情識也故良知卽是天理原無二也○見其大則心泰必真悟此心之彌六合而無邊際貫萬古而無始終然後謂之見大也既見大且無生死之可言又何順逆窮通之足介意乎○斷續可以言念不可以言意生機可以言意不可以言心虛明可以言心不可以言性至於性則不容言矣○人自有生以來一向逐外今欲其不著於境不著於念不著於生生之根而直透其性彼將茫然無所倚靠大以落空爲懼也不知此無倚靠處乃是萬古穩坐之道場大安樂之鄉也○致良知一語惜陽明發此於晚年未及與學者深究其旨先生沒後學者大率以情識爲良知是以見諸行事殊不得力羅念菴乃舉未發以究其弊然似未免於頭上安頭夫所謂良知者卽本心不慮之真明原自寂然不屬分別者也此外豈更有未發耶○問知行之辨曰本心之真明卽知也本心之真明貫徹於念慮事爲無少昏蔽卽行也知者禮行者用非可離爲二也○問情識既非良知而孟子所言孩提之愛敬見入井之怵惕平旦之好惡嘑蹴之不受不屑皆指情上言之何也曰性不容言姑卽情以驗性猶如卽煙以驗火卽苗以驗種後學不達此旨遂認定愛敬怵

惕好惡等以爲眞性在是則未免執情而障性矣○學者以任情爲率性以媚世爲與物同體以破戒爲不好名以不事檢束爲孔顏樂地以虛見爲超悟以無所用恥爲不動心以放其心而不求爲未嘗致纖毫之力者多矣可歎哉○淪於陰則漸滯於形質矣反於陽則漸近於超化矣眞陽出現則積陰自消此變化氣質之道也○吾心廓然之體曰乾生生之用曰神○夫乾靜專動直吾心之知體寂然一也故曰靜專知發而爲照有直達而無委曲故曰動直夫坤靜翕動闢吾心之意根凝然定也故曰靜翕意發爲念則開張而成變化故曰動闢○知包羅宇宙以統體言故曰大意裁成萬務以應用言故曰廣○問知發爲照則屬意矣然則乾之動直卽屬坤矣曰不然知之照無分別者也意則有分別者也安得以照爲意○告子但知本性無善惡無修證一切任其自然而已纔涉修爲便目爲義外而拒之落在偏空一邊孟子洞悟中道原無內外其與告子言皆就用上一邊幫補說以救告子之所不足○問事上磨鍊如何曰當知所磨鍊者何物若只要世情上行得通融周匝則去道遠矣○無欲卽未發之謂發便是欲○傳習續錄言心無體以人情事物之感應爲體此語未善夫事者心之影也心固無聲臭而事則心之變化豈有

實體也如水與波然謂水無體以波爲體其可乎爲此語者蓋欲破執心之失而不知復起執事之病○未發之中性也有謂必收斂凝聚以歸未發之體者恐未然夫未發之性不容擬議不容湊泊可以默會而不可以強執者也在情識則可收斂可凝聚若本性無可措手何以施收斂凝聚之功收斂凝聚以爲未發恐未免執見爲障其去未發也益遠○問研幾之說曰周子謂動而未形有無之間爲幾蓋本心常生常寂不可以有無言強而名之曰幾幾者微也言其無聲臭而非斷滅也今人以念頭初起爲幾未免落第二義非聖門之所謂幾矣○問有謂性無可致力惟於念上操存事上修飾則性自在曰悟性矣而操存於念修飾於事可矣性之未悟而徒念與事之致力所謂可以爲難矣仁則吾不知也○陽明之學悟性以御氣者也白沙之學養氣以契性者也此二先生所從入之辨○後儒誤以情識爲心體於情識上安排布置欲求其安定純淨而竟不能也假使能之亦不過守一意見執一光景強作主張以爲有所得矣而終非此心本色到底不能廓徹疑情而朗然大醒也○復言至日閉關夫一陽潛萌於至靜之中吾心真幾本來如是不分時刻皆至也

瑞華剩語

○未發之性以爲有乎則非色相以爲無乎則非頑空不墮

有無二邊故直名之曰中以下潛思劄記○大學言知止蓋未發之性萬古常止也常止則能生天地萬物故止爲天地萬物之本故大學以知止知本釋格致之義○乾用九見羣龍無首坤用六利永貞蓋乾元者性也首出庶物者也然首不可見若見有首則非矣故曰天德不可爲首也坤者乾之用也坤必從乾貞者收斂歸根以從乎乾也故曰利永貞○氣者性之用也性無生滅故常一氣有屈伸故常二然氣在性中雖有屈伸亦不可以生滅言故盡性則至命矣學者深達此則無疑於生死之說○性無爲者也性之用爲神神密密常生謂之意意者一也以其靈謂之識以其動謂之念意識念名三而實一總謂之神也神貴凝收斂歸根以凝神也神凝之極於穆不已而一於性則潛見飛躍無方無迹是謂聖不可知○致知主悟誠意主修能知止則悟於性也微矣能慎獨則修於意也微矣○學未徹性者則內執心外執境兩俱礙矣於性徹者心境雙忘廓然無際○乾元爲天地萬物之資始故曰首出能潛見惕躍飛亢而不涉於迹莫測其變化云爲之所以然故曰無首若有首可覩則亦一物而已安能時乘六龍乎○或謂性無可致力必也攝用以歸體乎余謂是固有然者矣是中庸所謂其次致曲程子所謂其次則莊敬持養

之說也若中庸所謂盡性程子所謂明得盡渣滓便渾化者則又當別論孟子謂此天之所與我者先立乎其大者則小者不能奪夫曰天與我則乾元之性我固有之學者真志密詣久之能默契而深信實見其大本在我原是具足不假外求則一切瞬息作止日可見之行由原泉而盈科放海卽所以致力處也非別以性爲一物執捉把持而後謂之致力也○性之生而後有氣有形則直悟其性足矣何必後天之修乎曰非然也夫徹古今彌宇宙皆後天也先天無體舍後天亦無所謂先天矣故必修於後天正所以完先天之性也以下病筆○性無爲而後天有修然則性爲兀然無用之物乎曰非然也性無體而天地萬物由之以生通乎此則謂一塵一毛皆先天可也一切皆性性之外豈更有天地萬物哉○性貴悟而後天貴修然則二者當並致其力乎曰非然也是分性相判有無歧隱顯自作二見非知道者也善學者自生身立命之初逆溯於天地一氣之始窮之至於無可措心處庶其有悟矣則信一切皆性戒愼於一瞬一息以極於經綸事業皆盡性之實學也故全修是性全性是修豈有二者並致力之說所謂修者非念念而隄防之事事而安排之之謂也蓋性本寂然充塞宇宙渾然至善者也性之用爲神神動而不知返於

是乎有惡矣善學者息息歸寂以還我至善之本性是之謂真修○或曰性本寂也故一悟便了若曰歸寂是以此合彼終爲二之曰非然也夫性生萬物則物物皆性物物歸寂卽是自性自寂何二之有○昔人有背觸皆非之說蓋謂遺一切而執性者是觸也如臣子之觸犯君父也徇一切而遺性者是背也如臣子之叛棄君父也○念念歸根謂之格物念念外馳謂之逐物○宇宙此生理以其萬古不息謂之命以其爲天地人性所從出謂之性以其不可以有無言謂之中以其純粹精至極而不可名狀謂之至善以其無對謂之獨以其不二謂之一以其天則自然非假人力謂之天理以其生生謂之易以其爲天地人物之胚胎如果核之含生謂之仁以下仰慈膚見○異學喜談父母未生前以爲言思路絕殊不知萬古此生理充塞宇宙徹乎表裏始終豈離一切別有未生前可容駐脚若云卽於一切中要悟未生前乃爲見性亦未免落空有二見非致一不二之學也○天地之生無不貫故草木鳥獸一塵一毛莫不受氣而呈形聖人之生理無不貫故人倫庶物一瞬一息莫不中節而盡分是以聖門教人大閑不踰細行必謹非矯飾也實以全吾生理是盡性之極功也故曰洒掃應對便是形而上者○生理浩乎無窮不可以方所

求不可以端倪執不可以邊際窺彼以一念初萌爲生理殊未然○聖學主於求仁而仁體最難識若未能識仁只從孝弟實事上懇惻以盡其分當其真切孝弟時此心油然藹然不能自已則仁體即此可默會矣○中庸言至誠無息純亦不已肫肫其仁淵淵其淵浩浩其天孟子言直養無害塞乎天地之間到此境界安有生死之可言夫無生死可言非斷滅之謂也不斷滅非精魂留住之謂也亦非泛論此理常存而於人無與之謂也惟深造者自知之○屈伸往來之理備於易屈伸往來非兩物以其能屈伸往來者本一也一而能屈伸往來故謂之易能屈伸往來而不息易之所爲不毀也是謂生生之易知易則知生死之說○由真修而悟者實際也由見解而悟者影響也此誠僞之辨也（以下靜攝寤言）○性廓然無際生幾者性之呈露處也性無可致力善學者惟研幾研幾者非於念頭萌動辨別邪正之謂也此幾生而無生至微至密非有非無惟綿綿若存退藏於密庶其近之矣○問人之死也形即朽滅神亦飄散故舜蹠同歸於必朽所僅存者惟留善惡之名於後世耳予曰不然又問君子之修身力學義當然也非爲生死而爲也倘爲生死而爲善則是有所爲而爲矣予亦曰不然夫學以全生全歸爲準的既云全歸安得謂

與形而俱朽乎全歸者天地合德日月合明至誠之所以悠久而無疆也孰謂舜跖之同朽乎以全歸爲學安得謂有爲而爲乎曰天地合德日月合明悠久無疆特言其理耳豈眞有精神靈爽長存而不泯乎是反爲沉滯不化之物矣予曰理果有乎有卽沉滯矣理果無乎無卽斷滅矣沉滯則非德非明非至誠也斷滅則無合無悠久也此等見解一切透過乃可以語知生之學朝聞臆說

自本性之中涵生理曰仁自本性之中涵靈通曰知此仁知皆無聲臭故曰性之德也若惻隱是非乃仁知之端倪發用於外者是情也所謂性之用也後儒以愛言仁以照言知遂執此以爲學是徒認情之流行而不達性之蘊奧矣以下仁知說

孔門以求仁爲宗而姚江特揭致知蓋當其時皆以博聞廣見求知於外爲學故先生以其根於性而本良者救之觀其言曰良知卽是未發之中旣云未發之中仁知豈有二哉今末學往往以分別照了爲良知固昧其本矣○或謂只將一念之愛擴而充之至於無不愛便是仁不必深探性體之仁此與執知善知惡爲良知而不深探性體之知者無異噫性學之晦久矣○未發之中仁知渾成不可覩聞本無愛之可言而能發之爲無不愛本無照之可言而能發之爲無

不照故曰溥博淵泉而時出之○古人有所謂不朽者夫身外之物固必朽文章勳業名譽皆必朽也精氣體魄靈識亦必朽也然則不朽者何事非深於道者孰能知之唐曙台索書○寂然不動者誠感而遂通者神動而未形有無之間者幾此是描寫本心最親切處夫心一也寂其體感其用幾者體用不二之端倪也當知幾前無別體幾後無別用只幾之一字盡之希聖者終日乾乾惟研幾爲要矣○程子曰識得此理以誠敬存之格物致知者識得此體也誠意者以誠敬存之也格物存乎悟誠意存乎修大學之要盡於此矣以下石經大學略義○問大學但言至善未嘗指其爲性但言獨未嘗描寫其爲動而未形但言愼未嘗極示其爲潛藏收斂今何所徵而知其然乎曰吾徵於中庸而知其然矣中庸首揭天命之性而謂未發爲天下之大本篇中言明善擇善正指性之至善爲本之說也其言獨曰不睹聞隱微而卽曰莫見莫顯正所謂動而未形有無之間其描寫獨之面目可謂親切矣既言戒愼恐懼而末章詳言尙絅闇然由微自以入德潛伏於人所不見敬信於不動不言篤恭於不顯不大於聲色之末而歸極於無聲臭之至正潛藏收斂研幾入微之旨也大學舉其略中庸言其詳也賈逵謂大學爲經中庸爲緯皆出於子

思之筆其信然哉○問性本自止非假人力而後止也學惟一悟便了何必愼獨曰性先天也獨幾一萌便屬後天後天不能無習氣之隱伏習氣不盡終爲性之障故必愼之至於習氣銷盡而後爲悟之實際故真修乃所以成其悟亦非二事也○性貴悟而已無可措心處纔一拈動卽屬染污矣獨爲性之用藏用則形氣不用事以復其初所謂陰必從陽坤必東北喪朋而後有慶後天而奉天時也

明儒學案卷二十

姚江黃棃洲先生著

豫章後學 夏鼎 熊育鑫 熊縄祖 熊育鏞 徐兆瀾 周聯慶 熊榮祖 蕭兆柄 劉秉楨 李真寶 重刊

文潔鄧定宇先生以讚

鄧以讚字汝德號定宇南昌新建人隆慶辛未會試第一選庶吉士歷官編修右中允管國子監司業事南京祭酒至吏部侍郎入仕二十餘年受俸僅六年以國本兩上公疏先生澄神內照洞徹性靈與龍溪言學問須求自得天也不做他地也不做他聖人也不做他陽和謂所言駭世人之聽先生曰畢竟天地也多動了一下此是不向如來行處行手段而先生記中刪此數語亦慮其太露宗風乎謂陽明知是知非爲良知特是權論夫知是知非不落於是非者也發而有是有非吾從而知之謂之照無是無非澄然在中而不可不謂之知是知非則是知之體也猶之好好色惡惡臭好惡之體何嘗落於色臭哉在陽明實非權論後來學者多在用處求辨之於有是有非

之中多不得力先生隨其義不可謂非藥石也先生私淑陽明之門人龍溪陽和其最也

定宇語錄

夫學之爲心性也靜所以攝心而非心也所以求性而非性也夫是物也在目爲視在耳爲聽在手足爲持行安往而不存焉惡在其必靜也故古之聖賢於惻隱而驗其端於知能而觀其良要以直參其體而已○吾人耳目口鼻雖是個人還有個生意貫洽於其間仁乃人之生意有此生意人纔成得如心不在視不見聽不聞食不知味則不成矣○天地間皆易卽所見天風木葉鳥聲無非易者吾人在此一動卽落一爻道本至中稍有一毫倚著卽是過處○形色天性也天性原在形色之內如眼能視耳能聽手足能持行這是甚麼就有個天性在聖人之踐形全得這個視聽言動以理自然聲爲律身爲度耳成個耳目成個目手足成個手足賢智者知有天性而不知其在形色之內是知天而不知人愚不肖者徒知有形色而不知有天性是知人而不知天○用之則行大行其道也舍之則藏退藏於密也夫子在魯國一用便幹出許大行事出來顏子居陋巷豈止藏他一身將生平所學盡是藏了故到今人只知他是個聖人卽求他

言語文字之麄了不可得何曾識得此中之深深此是聖人最妙處○人之真心到鬼神前毋論好醜盡皆宣洩有是不能泯滅處○制方以矩至極方處就是巧制圓以規至極圓處亦是巧方圓之上更復可加就非規矩○學問從身心上尋求縱千差萬錯走來走去及至水窮山盡終要到這路上來○人之生也直如日用之間人呼我應人施我答遇渴卽飲遇饑卽食便是若於此中起半點思維計較牽強裝飾卽謂之罔○人之氣不要他用事凡從性上發出的便中和從氣上起的便乖戾○居家處事有不慊意處只求本體常真有一毫求人知意思就不是只以至誠相處○不占而已占非是卜筮擬議在我吉凶亦在我易曰擬之而後言議之而後動凡舉動言語進退不妨慢些○學問只在向內不論朝市山林皆須正己物正不然而徒陪奉世情愈周密愈散漫到頭終不得力○老子曰恍惚有物窈冥有精卽今如我身中所謂物與精者何也蓋嘗求之庶幾有似而近見則又異矣以爲有聚則有散也有生則有滅也有天地則有混沌也故不欲別凡聖不欲揀是非不欲忻寂不欲厭動常自笑曰吾無聚胡散吾無生胡死吾無天地胡混沌然則此愈難矣○論心者皆曰須識其本體余謂心之本體在順其初者也初者萬慮俱

忘之時也突然感之卒然應之則純乎天者也意氣一動而二三之念則繼乎後又其甚者此念方萌而二與三已並出其閒繼與並皆非初也故親我愛也謂當愛而加之意則否長吾敬也謂當敬而加之意則否守死是也爭死未是專財非也散財亦非貴而益謙與傲同醉而益恭與亂同何也徇外之心爲人之心也所謂繼與並者也此心之原不墮方體不落計較倏然而往倏然而來見其前而不見其後知其一而不知其兩如此而已矣此則所謂初者也○心者天之所以與我何以與之人之異於禽獸者幾希何以異之胡爲而能喜胡爲而能怒其思也於何而起其寂也於何而斂人皆曰莫爲而爲莫致而至夫天地之運日夜不息豈誠無以主張是也

論學書

古之哲人置心一處然率以數十年而解其難也如是藉以生滅之心猥希妙悟誰誑乎 與吳安節 ○非悟無念則未知今念之多危非見天心則未知物則之有自源清而後流潔心寂而後感神 與許敬菴 ○陽明先生以知是知非爲良知權論耳夫良知何是何非知者其照也今不直指人月與鏡而使觀其光愈求愈遠矣且及其是非並出而後致是大不致也 秋遊記 ○直心而動過也人皆見之更也

人皆仰之不然猶藏也我輩撑地而蹈詎不自謂躬行予嘗度之猶然在譽毀之間假饒一規一矩曾何當於本心

參政陳蒙山先生嘉謨

陳嘉謨字世顯號蒙山廬陵人嘉靖丁未進士授廬州推官召爲戶科給事中歷吏兵二科不爲分宜所喜出任四川副使分巡上川南擒高酋平白蓮教平鳳土官皆有功績丁憂歸萬曆甲戌起湖廣參政不赴以學未大明非息機忘世無以深造遂乞休癸卯年八十三卒少讀書西塔值劉兩峯在焉卽師事之間以其說語塘南塘南心動亦往師之一時同志鄒光祖敖宗濂王時松劉爾松十有七人共學兩峯之門螺川人士始知有學先生倡之也歸田後爲會青原與塘南相印正慨然士習之卑陋時舉江門名節藩籬之語以振作之凡來及門者先生曰學非一家之私也有塘南在賢輩盍往師之其忘人我如此

蒙山論學語

答友人書曰人之生而來也不曾帶得性命來其死而往也不曾帶得性命去以性命本無去來也乾性坤命之理合天地萬物爲一體者也悟性修命之學還復其性命之本然通天地萬物爲一貫者也

孔子曰乾坤毀則無以見易易不可見則乾坤或幾乎息矣苦心哉
聖言正以明乾坤無可毀之理此理萬古常然一瞬息未嘗不然有
去來則有動搖有增損有方所惡得謂之一體惡得謂之一貫予故
曰性命本無去來也姑借譬之明月之夜兩人分路而行一人往南
月隨之而南一人往北月隨之而北自一人以至千萬人自南北二
路岐以至千萬路岐皆然謂月不隨人去來衆人疑之謂月隨人去
來智者笑之然則月未嘗隨人去來也斷可知矣雖然懸象之月其
體魄可指而見蓋形也而非形形者性命則形形者惟形形者而後
能形天下之形天地萬物孰爲之始咸資始於乾元乾元性也天地
萬物孰爲之生咸資生於坤元坤元命也天地萬物由性命而生猶
之人子由父母而生不得不謂之一體也惟一體故稱一貫惟一貫
故無去來後儒誤認錯解以爲人生時全帶一副當性命來人死時
全帶一副當性命去如此而後爲之備道全美略無虧欠此言近理
而易信不知其割裂支離其悖一貫之旨遠矣乾惕齋警語曰夫人
一心之應感一身之勤動其事殊矣其在五倫上用心則一也於此
盡道便是聖賢胚胎於此造業便是輪迴種子於此一切置之不問
便是釋氏作用所以吾徒與釋氏決分兩路決難合并釋氏之言與

吾儒相近者間一借證以相發明使人易曉亦自無妨必欲一一效其所爲則舛矣又曰天地絪緼卽理卽氣卽理萬物化醇人一物也人在天地絪緼之中如魚在水中不可須臾離也魚不能離水而未嘗知水人不能須臾離道而未嘗知道故曰百姓日用而不知明道之責歸君子聖遠言湮各得其性之近莫知所取衷也故曰君子之道鮮矣又曰苦修後悟方是真悟了悟後修方是真修必有事焉而勿正心勿忘勿助長未嘗致纖毫之力此其存之之道此名徹悟亦名真修悟修並舉譬則學與思缺一不可而思最易混見故孔子謂思無益其教人曰愼思子夏亦曰切問近思又曰此學尋求到四面迫塞無路可行方漸漸有真實路頭出此路須是自己尋出不是自己尋出的譬如畫圖上看山川照他路逕行不得又曰學莫大於變化氣質而變化必本於乾道故曰乾道變化又曰知來者逆謂以乾道變化其氣質而逆修之聖賢變化其氣質之偏長學者變化其氣質之偏蔽一本之乾道也旣未濟兩言伐鬼方教學者變化其不美之質當如此一爲氣質護短包藏禍心誤己誤人終身無出頭之日又曰此理非常目在之不能悟非常目在之不能守象山先生云人精神逐外到死也勞攘精神逐外不逐外只在阿堵中辨之修

德者以此自辨取友者以此辨人又曰死心二字是學問斬關將身死易心死難自古慷慨殺身者身死矣心未可知也故曰身死易心死難天嘗以死心機會教人而人未易受一切危境危病及遭際人倫之變異常拂逆皆教人心死也甚哉天心之仁也世人福薄故未易受龍場驛萬死一生陽明先生福氣大故能受死盡世情心洞見萬物一體本原然後靜坐工夫可安而久久則用功愈密心量愈無窮際無終始見得一體愈親切有味此心與此理漸漸有湊泊時也一或不見己過一或執見解爲實際精神便外照象山所謂到死也勞攘者假饒屏絕萬事趺坐深山積以年歲何益乎又曰復見天地之心以人之心卽天地之心一心之外無天地也這個天地之心便是學問大頭腦便是萬物一體大本原只因不復故不能見故曰復見天地之心又曰復而後有無妄學問未見頭腦時舉心動用無非妄也

徵君劉瀘瀟先生元卿

劉元卿字調父號瀘瀟吉之安福人鄉舉不仕徵爲禮部主事有明江右之徵聘者吳康齋鄧潛谷章本清及先生爲四君子初先生遊青原聞之輿人曰青原詩書之地也笙歌徹夜自兩鄒公子來此風

遂絶兩公子者汝梅汝光也先生契其言兩鄒與之談學遂有憤悱之志歸而考索於先儒語錄未之有得也乃稟學劉三五以科舉妨學萬曆甲戌不第遂謝公車遊學於蘭溪徐魯源黃安耿天臺聞天臺生生不容已之旨欣然自信曰孟子不云乎四端充之足保四海吾方幸泉不流也而故遏之火不然也而故滅之彼滅與遏者二氏之流吾所不忍先生惡釋氏卽平生所最信服者天臺塘南亦不輕相附和故言天地之間無往非神神凝則生雖形質藐然而其所以生者已具神盡則死雖形體如故而其所以生者已亡然而統體之神則萬古長存原不斷滅各具之殘魂舊魄竟歸烏有此卽張橫渠水漚聚散之說核而論之統體之神與各具之神一而已矣舍各具之外無所謂統體也其生生不息自一本而萬殊者豈有聚散之可言夫苟了當其生生不息之原自然與乾元合體醉生夢死卽其生時神已不存況死而能不散乎故佛氏之必有輪迴與儒者之賢愚同盡皆不可言於天人之際者也

劉調父論學語

曰必明於行之原乃知所以修行若逐事檢點無事則離所謂可離非道也故行也者行乎其所不容不行則無往而非修行矣趙純父

曰卽今擁爐向火亦修行乎劉大治曰向火能不放心卽是學問調父曰卽好色能不放心亦是學問乎劉任之曰恐是不著察調父曰只今孰不著察抑曾見有人置足爐中者乎周思極曰心體至大至妙當向火自向火當應對自應對當惻隱自惻隱當羞惡自羞惡舜之用中顏之擇乎中庸孔子之祖述憲章只是能全盡此向火之心體耳不放心者放失也不失此心體之全也著察者猶默識也默識此心體之全而存之也曰不放曰著察豈能於無思無爲上加得一毫今之所謂不放心所謂著察皆有所造作於心之內矣 復禮會語

○夫耳目口鼻形也而所以主夫耳目口鼻者性也或謂落形氣之性尚屬後天必求所謂未生以前者而完之夫曰未生矣則安用完之而又安所致力以是不得不托之想像想像則終非實見雖有呈露勢必難恆用功愈密入穴愈深夫耳之欲聲目之欲色無生之真機也然而視非禮之色聽非禮之聲則其中若有不自安者亦無生之真機也故君子之治性惟於吾心之所安者而必滿其量焉則凡欲聲欲色之欲無非真機之流動又焉往而不得性哉天地有盡此性無窮彼外生生而求無生面目者轉瞬之際已不可持能不朽乎 與王中石

○知味心也遇飲食則知味遇父知孝遇兄知悌遇孺子

入井知怵惕窮天徹地無非此知體充塞故曰致知焉盡矣○存心者能盡其心體之量者也盡其心體之量則知乃光大無遠不燭與章斗津○聖人本吾不容已之真心撫世酬物以事處事何其空也天地有盡此不容已之心實無有盡何其不磨也與趙紳父○近溪羅先生會講有僧在座近溪問之曰儒者言心言性言念言意言慮言才紛若繭絲諸微細惑試一一爲我破除僧久之謂近溪曰我今見近溪喚作近溪矣不知夫人作何稱謂曰稱相公曰父母云何曰稱行曰爲諸生時廣文云何曰稱字僧大聲向近溪云汝乃有許多名色近溪怳然下拜邱汝止述之謂父曰夫紛紛名號由人所稱信矣然令夫人喚先生名家公稱先生號先生能安之耶以斯知三千三百探之則漠然而無達之則森然而有強有其所無命之曰鑿強無其所有命之曰滅鑿與滅皆不可以爲道論名理○夫欲有二有不容不然之欲有心所沉溺之欲自不容不然者而言無論欲明明德之欲不可去卽聲色臭味之欲何可一日無何也皆天也自心所沉溺而言無論聲色臭味之欲不可不去卽行仁義之欲亦不可一日有何也皆障天者也去欲說○去欲特學中之一事耳譬如人君統六官治四海孰非其事而專以捕盜爲役一追胥之能耳何國之

能爲曰如子之說則心無事矣曰心自有事尋事持心障心實大如目之爲用本無所不睹若注視棘猴將迷天地凝神吳馬或失輿薪舍去欲去念等事則宇宙內事無非事矣仝上○耿先生謂學有三關始見卽心卽道方有入頭又見卽事卽心方有進步又要分別大人之事與小人之事方有成就我安福彬彬多談學者或從性體造作以爲明或從格式修撿以爲行或從聞見知解以爲得則於卽心卽道已遠又何論第二三關也復禮會語序○告子曰性無善無不善見天而不見人或曰性可以爲善可以爲不善見人而不見天或曰有性善有性不善則天與人互見其半惟孟子曰乃若其情可以爲善則知天知人一以貫之仝上

學憲萬思默先生廷言

萬廷言字以忠號思默南昌之東溪人父虞愷刑部侍郎受業於陽明先生登進士第歷禮部郎官出爲提學僉事罷官歸杜門三十餘年匿迹韜光研幾極深念菴之學得先生而傳先生自敘爲學云弱冠卽知收拾此心甚苦思強難息一意靜坐稍覺此中恰好有個自歇處如猿猴得宿漸可柔馴頗爲自喜一日讀易石蓮洞至艮思不出位恍有契證請於念菴師師甚肯之入仕後交遊頗廣聞見議論

遂雜心淺力浮漸爲搖眩商度於動靜寂感之間參訂於空覺有無之辨上下沉掉擬議安排幾二十年時有解悟見謂弘深反之自心終苦起滅未有寧帖處心源未淨一切皆浮幸得還山益復杜門靜攝默識自心久之一種浮妄熱鬧習心忽爾銷落覺此中有個正思惟隱隱寓吾形氣若思若無思洞徹淵澄廓然邊際敻與常念不同日用動靜初不相離自是精神歸併在此漸覺氣靜神安耳目各歸其所頗有天清地寧冲然太和氣象化化生生機皆在我真如遊子還故鄉草樹風烟皆爲佳境矣先生深於易三百八十四爻無非心體之流行不著爻象而又不離爻象自來說易者程傳而外未之或先也蓋深見乾元至善之體融結爲孩提之愛敬若先生始可謂之知性矣

萬思默約語

人於事上應得去是才未必是學須應酬語默聲色形氣之外於自心有個見處時時向此凝攝常若無事然一切事從此應付一一合節始是學心者人之神明所以爲天地萬物萬事之主雖無物未嘗一息不與物應酬故曰寂然不動感而遂通天下之故但其感處常寂至無而有甚微甚深不可測度必極潛極退藏庶其可見衆人心

常浮動隨物祇在事上安泊舍事如胡孫失樹無時寧息以事實心蔽塞天竅何由得見此體是以雜念紛紛全無歸泊心源不淨一切皆浮雖向好事亦是意氣意見總屬才質耳與真正性命生幾感通流行了無相干安得爲學○自人生而靜以上至日用見前渾成一片無分天人○坤者乾之用不坤則非乾故用九貴無首坤初惡堅冰夫資生之後形分神發類誘知開陽亢陰凝隨才各異不能皆順乾爲用於是必有保合太和之功蓋坤在人是意意動處必有物物必有類朋類相引意便有著重處便是陰凝是堅冰亦是有首失却乾陽本色所謂先迷失道也所以聖人於意動微處謹履霜之漸收斂精神時時退藏齋戒務以一陽爲主消蝕意中一點陰凝習氣喪類從乾使合中和所謂後順得常也到德不孤不疑所行方是黃裳元吉○堯舜兢業文王小心孔子一切有所不敢不如此則非乾乾所謂以誠敬存之也故學者先須識得乾元本體方有頭腦蓋坤以乾元爲主元是生理須時時有天地變化草木蕃意思以此意自存始不失乾元太始氣象故曰直方大不習無不利夫不習卽不學不慮是自然的如耳聽目明手持足行孩提啼笑愛敬何嘗習來自與天地變化同其妙用若待一一習得能做幾多事業動手便滯只區

區形局中一物而已故說敬必如明道所謂勿忘勿助未嘗致纖毫之力方是合本體工夫不似後儒拘滯於形局也○誠意工夫只好惡不自欺其知耳要不自欺其知依舊在知上討分曉故曰必慎其獨獨是知體靈然不昧處雖絕無聲臭然是非一些瞞他不得自寂然自照不與物對故謂之獨須此處奉爲嚴君一好一惡皆敬依著他方是慎○或謂致良知於事事物物就用說知止就是心止處說似有不同曰體用原是一心物我皆同此止未有心止物不得所止亦未有物得所止心不止者如處事一有不當則人情不安是物失所止自心亦便有悔吝不安處是吾心亦失所止須一一停當合天則人己俱安各得所止方謂之止非謂我一人能獨止也此正是致良知於事事物物也致良知於事事物物卽所謂知止也故知止致知是一個工夫○平天下平字最妙深味之令人當下恬然有與天地萬物同止其所氣象一道清泠萬古常寂學者須見此氣象格致誠正與修齊治皆行所無事不作頗僻不落方所人人孝弟慈便人人定靜安浪靜風平廓然無事總一個至善境界所謂安汝止也何等太平蓋古之帝王起手皆是平的意思故結果還他一個天下平後世不然多屬意氣意見有作功能自己心浪未平安能使人心太

平古人平的氣象未夢見在○知之爲知之不知爲不知是知也知
之不知之知是所知因感而有用之發也是知之知是能知不因感
有常知而常無知體之微也此體是古今天地人物之靈根於穆中
一點必不能自己之命脈夫子爲天地立心生民立命全是發明此
件聖門學者惟顏子在能知上用功終日如愚直要瑩徹心源透根
安立其餘多在所知上用力子貢所謂文章可聞皆是所知性與
天道不可聞者始是知體○顏子資高其初以爲事物不必留心便
要徑約直從形而上處究竟仰鑽瞻忽無有入處故夫子教他須一
一從事物上理會由博文方有依據事物透徹方是形而上者顏子
竭才做去久之豁然覺得何處有高堅前後渾然只當前自己一個
心視聽言動處處顯露不加減分毫無上下亦無前後故曰如有立
卓爾但顏子博約與後儒說不同博便是博那約的如處事必討自
心一個分寸如讀書必本自心一個是非如聖賢格言至論一一消
歸自心一切種種散見處皆見得從自心條理中出久之覺得只是
自己一個心凡不遷不貳不遠復皆在此一處分曉又何等約故自
博而約語有次第博卽是約理無先後同一時事若後儒所云博是
從外面討分明作兩截做精神耗蝕何由得卓爾○孔子一段生活

意思惟顏子得之最深故於言而悅在陋巷而樂却以如愚守之其餘則多執滯若非曾點說此段光景孔子之意幾於莫傳以三子照看便見點意活三子意滯於此反照自身便知自己精神是處一切不應執著識此便是識仁蓋生活是仁體〇喜怒哀樂之未發謂之中不是推深說正要見性命之實在人尋常喜怒哀樂中其未發就是那能喜怒哀樂的常自然在也明其至近至易也聖人位育功化皆從平常自在中來無爲而成不須造作所以謂之淡而不厭謂之中庸〇日間常令冲澹虛閒之意多便漸次見未發氣象〇費而隱正對索隱說言隱不必索就在面前用的便是日日用著他却又無些聲臭可睹聞得故曰費而隱也若費外有隱則須待索語大語小夫婦鳶魚何處不是費更有何空閑處可藏隱而待索耶〇性天皆心也只盡心便知性知天只存心便養性事天其實只一存字但存不容易須死生判斷始得故惟夭壽不貳修身以俟命自我立一切自做主宰方是存的工夫常存便是盡故夭壽不貳乃存心工夫極緊切眞實耳存久自明性天在我非存外更有一個知天養性立命之功也〇孩提愛敬世儒看作形生以後最初一竅發念最好處却小看了乾坤只是一個生理一個太和元氣故愛敬是乾坤骨髓生

人的命脈從這些子結聚方成人故生來便會愛敬不是生後始發此竅也不然既非學慮此念愛敬的從何處交割得來孟子深於易從資始處看透這消息故斷以性善若人深體此意則天地日月風雷山川鳥獸草木皆是此竅無物不是孩提無時不是孩提形色天性渾然平鋪故曰無他達之天下也○日間嘗驗心有所可又隱然若有以爲不可者有所不可又隱然若有以爲可者依之則吉不則凶悔吝是常若有一物居無事而默默在中爲酬應之主人僞都一毫移易他不得所謂未發之中道心惟微是也人豈有二心只精則一不精則二一則微二則危矣前有所可有所不可是有生習氣逐物慣習之心謂之人心胸中若有二物交搆相似故危後隱然以爲不可又以爲可是天則自然謂之道心萬事皆從此出而胸中常平淡靜深無有一事故微要之人心是客感客形耳總只是個道心故用功全在惟精所謂精者非精察之精乃精專之精也闇然收斂屏浮僞雜駁之累氣潛神凝胸中漸一一則微常微常顯是謂允執厥中○所謂一念羲圖者如處一事斂念注思是坤思而得之泰然行去是復或遇事念中太銳便挫斂是坤少間意氣和平做去是復懲忿窒慾皆然若能常自退藏則總是一個乾元自卷自舒自專自直

珍倣宋版印

先天在我○心急操之則二有馳者有操之者蓋渾而存之則一是謂立誠有道者神常勝形形雖槁自有一種在形骸之外油然襲人愈久愈有味蓋得之涵養之素也○學問養到氣下慮平見前便覺宇宙間廓然無一絲間隔無一毫事受用不可言說○日間涵養此心嘗有沖然恬愉和適不著物象之意始是自得○所謂元吉者元是一團生生之意若常是這意流行無處不吉易以知險簡以知阻不是要知險阻是常險阻處一味易簡之理應之自不見險阻耳蓋聖人隨處總一個乾元世界六十四卦皆要見此意○心體無量廣大不是一人一個心三才萬物亙古至今總在裏許存得便首出庶物萬國咸寧是謂立人極○詩稱文王之德必曰和敬和是敬之自然處敬便和也所謂自然亦非由勉心念雖紛雜天生有個恰好存處尋到恰好處自然一便是敬明道所謂勿忘勿助中間正當處也故存是合他自然恰好處非能強存若強存祇益紛擾即勉到至處亦是以敬直內○或曰先生恆言存心以下然歟曰然惡其牽於物而浮以強故下之則下近乎潛矣又言以息然歟曰然惡其作於爲而梏以亡故息之息則幾乎止矣曰抑之而愈亢息之而愈馳奈何曰抑之愈亢爲以有下下之不知心體之自下也乾所以爲潛也息

之愈馳爲以有息息之不知心體之本息也書所以稱止也潛則藏乎淵止則幾乎寂淵寂者天地之靈根學易之歸趣也然則兩者不一乎曰否息而後能下也是存之之妙旨也一且不可得而況不一乎嗟夫浮陽之亢緣慮之馳吾人習心流注久矣世方倚以立事而孰能息之孰能下之○存久自明何待窮索窮索是意路名言與性命之理無干蓋明處卽存處非存外別有理可明天地萬物古今萬事總自這裏來常存得便都在裏許志氣清明漸自顯露○思不出位思是能止位是所止云不出是常行而常止也然思是活物位有何形總天則自然耳親切體此無如儼若思三字蓋思則非無儼若則非有有無之間神明之位昭然心目○息止也生也纔息便生平旦雨露潤澤萬物功德遍天下倏忽之間從何處生來妙不可測知道者默成而已周程後儒者少知此理向有作思惟處理會功業終有方局爲不從廣生大生中來也○予官祠部與寮友至一寺中友問篤恭天下平意旨予未答時一僧端坐誦經誦畢起問訊就坐閒靜無一言目平視不瞬時又兩官人提爇柄者偕來意氣甚盛以語挑問之不答稍頃各默然又頃則皆有斂衽消歇意予留坐終日則皆茫然自失予因與友人言此便是篤恭天下平之理只患反己不

深不造至處耳今人不說此理要以聲色動人卽動亦淺然此理自周程後未有深信者使此僧當時答問往復這意思便都浮散了安能感人○心火也性本躁動炁生又不知費多少薪櫍蘊積之故光明外鑠附物蔓延思慮煩而神氣竭如膏窮燼滅其生幾何古之善養心者必求一掬清淨定水日夕澆浸之庶轉濁辱爲清涼化強陽爲和粹故大學定靜中庸淵泉孟子平旦之息大易艮背之旨洗心之密皆先此爲務潤身潤家國天下一自此流出不然卽見高論徹終屬意氣是熱鬧欲機人己閒恐增薪櫍耳但此水別有一竅發自天源洞無涯涘未可意取必闇然君子晦迹韜光抑氣沉心庶其冥會則天源濬發一點靈光孕育大淵之中清和渾合默收中和位育之效於眉睫閒肫肫浩浩淵淵造化在我蓋是資始以上生涯不作雲雨流行以後活計也○忠恕盡乾坤之理喜怒哀樂之未發謂之中中是心體凡事只如這個心做去便是恕明道曰惟天之命於穆不已不其忠乎天地變化草木蕃不其恕乎語最徹其餘都說麄了○予學以收放心爲主每少有馳散便攝歸正念不令遠去久之於心源一竅漸有窺測惟自覺反身默識一路滋味頗長耳○欲立欲達人有同情惟一向爲己則爲私積之則是天地閉賢人隱若能就

將此欲譬諸人人不必更別起念只本念上不動絲毫當下人己渾然分願各足便是天地變化草木蕃也然此在一念微處轉移毫忽便有誠僞王霸之辨故學貴研幾○誠無爲幾則有善惡何者凡動便涉於爲爲便易逐於有逐有則雖善亦麤多流於惡故學問全要研幾研者磨研之謂研磨其逐有而麤的務到極深極微處常還他動而未形者有無之間的本色則無動非神故曰誠神幾曰聖人○大學知是寂物是感意却是幾故必先誠意夫天地人總是個動幾自有天地此幾無一息不動一息不動則乾坤毀自有此人此意無一息不生不生則人心死但只要識得動而常寂之妙體耳非動外有寂卽動是寂能動處不涉於爲所動處不滯於迹便是真寂○易所謂位是安頓自己身子處身子安頓停當事事停當故曰位正當又曰以剛中皆安其身而後動之意若自身安頓不停當事事不當故曰位不當可見士君子處天下國家無論窮達先要安頓此身○或曰亂臣賊子已往安知懼曰此拘儒之見也萬古此君臣萬古此人心則亦萬古此一點懼心夫子視萬古如一息只覷得這點懼心昭然在天地間便自君臣上下各自悚懼各安其分各盡其職今亦猶古古亦猶今有何已往有何現在未來此皆世儒小見在形骸世

界上分別與論遷固之史何異

明儒學案卷二十一

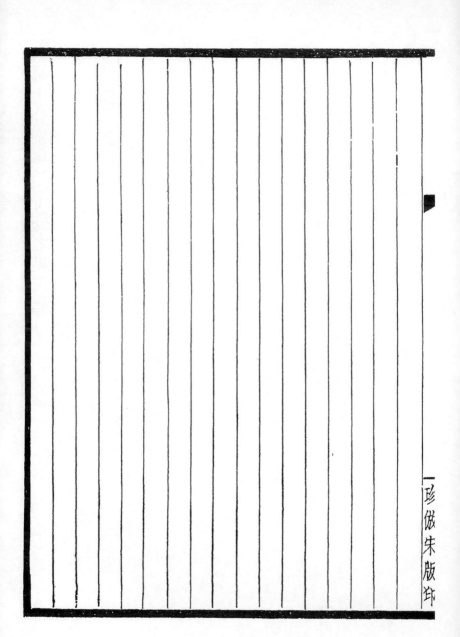

姚江黃梨洲先生著

豫章後學　夏鼎　熊育鑫　熊繩祖　熊育鏞　徐兆灜　周聯慶　熊榮祖　蕭兆柄　劉秉楨　李真賓　重刊

臬長胡廬山先生直

胡直字正甫號廬山吉之泰和人嘉靖丙辰進士初授比部主事出爲湖廣僉事領湖北道晉四川參議尋以副使督其學政請告歸詔起湖廣督學移廣西參政廣東按察使疏乞終養起福建按察使萬歷乙酉五月卒官年六十九先生少駘蕩好攻古文詞年二十六始從歐陽文莊問學卽語以道藝之辨先生疾惡甚嚴文莊曰人孰不好惡人胡以能好能惡歸之仁者蓋不得其本心則好惡反爲所累一切忿忿不平是先巳失仁體而墮於惡矣先生聞之憮然汗背年三十復從學羅文恭文恭教以靜坐及其入蜀文恭謂之曰正甫所言者見也非實也自朝至暮不漫不執無一刻之暇而時時覿體是之謂實知有餘而行不足常若有歉於中而絲毫不盡是之謂見歸

蜀以後先生之淺深文恭不及見矣先生著書專明學的大意以理在心不在天地萬物疏通文成之旨夫所謂理者氣之流行而不失其則者也太虛中無處非氣則亦無處非理孟子言萬物皆備於我言我與天地萬物一氣流通無有礙隔故人心之理卽天地萬物之理非二也若有我之私未去墮落形骸則不能備萬物矣不能備萬物而徒向萬物求理與我了無干涉故曰理在心不在天地萬物非謂天地萬物竟無理也先生謂吾心者所以造天地萬物者也匪是則黝沒荒忽而天地萬物熄矣故鳶之飛魚之躍雖曰無心然不過爲形氣驅之使然非鳶魚能一一循乎道也此與文成一氣相通之旨不能相似矣先生之旨既與釋氏所稱三界惟心山河大地爲妙明心中物不遠其言與釋氏異者釋氏雖知天地萬物不外乎心而主在出世故其學止於明心明則雖照乎天地萬物而終歸於無有吾儒主在經世故其學盡心盡心則能察乎天地萬物而常處於有只在盡心與不盡心之分義則以爲不然釋氏正認理在天地萬物非吾之所得有故以理爲障而去之其謂山河大地爲心者不見有山河大地山河大地無礙於其所爲空則山河大地爲妙明心中物矣故世儒之求理與釋氏之不求理學術雖殊其視理在天地萬物

則一也

胡子衡齊

理問

既曰在物爲理又曰處物爲義謂義非理也可乎既曰在物爲理又曰性即理也謂性爲在物可乎○理之說曷始乎詩曰我疆我理釋者曰理定其溝塗也謂人定之也非謂溝塗自定也然則謂理在溝塗可乎書曰燮理陰陽釋者曰燮理和調之也謂人調之也非謂陰陽之自調也然則謂理在陰陽可乎夫子贊易曰黃中通理言至正至中而理通焉未聞中正之在物也曰易簡而天下之理得言易知簡能而理得焉未聞知能之在物也曰聖人作易將以順性命之理夫子固明言性命之理而世必以爲在物何哉

虛實

世儒以萬理爲實天地實天地萬物實萬物君臣父子皆然唯其實而後天下不以幻視若惟求理於心則將幻天地萬物於無何有矣又何有於父子君臣哉胡子曰夫萬物之實豈端在物哉其謂實理即實心是也孟子曰萬物皆備於我即繼之曰反身而誠樂莫大焉若實理皆在於物則萬物奚與於我又奚能反身以求誠哉何則人

心惟誠則其視天地也實天地視萬物也實萬物父子之親君臣之義不可解於心者皆實理也若人心一僞彼且視父子君臣浮浮然也鳥覩父子君臣之爲實理哉彼其視天地萬物夢夢然也烏覩天地萬物之爲實理哉故曰不誠無物者此也世儒自幻視其本實之心而反瞿瞿焉索物以求理認外以爲實所謂以幻求幻其幻不可究竟矣

天人

程叔子言聖人本天釋氏本心本天者以爲道之大原出於天故天敘天秩天命天討天工天官咸自天定之非人心所得增損者也聖人本之故其求諸物理者將求出於天者以爲定也而人心之私不與焉彼釋氏三界惟心山河大地皆妙明心中物是獨以心法起滅乎天地視三界山河大地不足爲有無非本心者之誤歟胡子曰當皇降之衷天命之性固已在人心久矣聖人本天舍人心又孰爲本哉非心之外別有天也苟一私意奸於其間雖自悍夫行之必有歉然而不中慊雖自愚夫當之必有咈然而不中甘彼悍夫愚夫豈嘗考物理哉則心天者爲之也審如叔子之言則天之生物莫不有理而人心獨無理乎凡本心者卽有釋氏之失則此心固爲人之大祟

乎所謂皇極帝則明命天理皆當刳心剔性別有一物以索諸芬芬芸芸而後爲得也孟子謂仁義禮智根心愛親敬長爲良知皆非也夫苟不能自信其心爲天索諸芬芬芸芸以求之吾見其襞積磔裂膠固紛披不勝推測不勝安排窮搜愈精比擬愈似而天者愈離吾未見其能本也

心性

曰先儒以爲心者止於知覺而知覺所具之理爲性故其言曰能覺者心所覺者理覺虛而理實心虛而性實心性雖不可離尤不可混曰以知覺爲心以實理爲性固可謂之不混矣然以理爲在物則性亦當爲在物是性雖不與心混而不免與物淆矣其可通乎曰先儒有言性者心之理又曰心統性情則未嘗不以性具以心者也獨未認知覺爲性耳曰若是則先儒之語理與性也一以爲在物一以爲在心是在物在心其各居半焉已矣又可通乎嘗試譬之心猶之火性猶之明明不在火之表性猶火之明情猶明之光光不在明之後故謂火明光三者異號則可謂爲異物則不可也謂心性情三者異文則可謂爲異體則不可也性之文從心從生夫人心惟覺則生弗覺則弗生惟生則理弗生則弗理假令捧土揭木儼若人形而告之

曰是爲父子之親君臣之義蓋塊如也何者以土木無覺故也是以舍人心之覺則無性矣又焉有理哉是故仁義禮智非有物焉以分貯於中也則覺爲之宰也亦非有物焉以分布於外也則覺爲之運也方其宰也而無不運雖天下之至虛而無不實也方其運也而無不宰雖天下之至實而無不虛也故覺卽性非覺之外有性也性卽理非性之外有理也然則所覺者卽能覺者爲之也苟無能覺者則是捧土揭木而已爾亦烏有夫所覺者哉曰先儒又言覺於理則爲道心覺於欲則爲人心以覺語性安知其不覺於欲而爲人心歟曰若是烏足以言覺醫書以手足痿痹爲不仁言弗覺也誠覺則痛癢流行而仁理在其中矣豈覺之外而別有痛癢別有仁理哉是故覺卽道心亦非覺之外而別有道心也人惟蔽其本覺而後爲多欲爲人心當其爲多欲爲人心則雖有聞見知識辨別物理亦均爲痿痹而已而奚其覺然則謂覺爲覺於欲者非也曰釋氏以作用爲性若是則胡以異也曰吾儒之語性有專以體言者記所爲生而靜者是也有專以用言者所謂惻隱羞惡辭讓是非是也若獨以作用罪釋氏則孟子亦失矣夫覺性者儒釋一理也而所以異者則盡與未盡由分也

體用

曰道有體有用未有有體而無用有用而無體者也今子辨理以察而語性以覺無乃溺於用而遺於體歟曰古之君子語體而用無不存語用而體無不存以其心無不貫也豈若世儒語體則截然曰是不可爲用語用則截然曰是不可爲體語物語理必應體用而成四片不知文義愈析論辨愈執而道愈不明矣

循序

曰古之小學學於詩書禮樂未有先從事心性者也今子嘐嘐然惟心性之務先靈覺之獨切無乃紊先後之序乎曰古人以先本後末先始後終爲序未聞先末與終之爲序也種樹必先植其根治水必先濬其源心性者學之根與源也世儒反以先本爲非必欲窮索物理而豫求於末終是不爲紊也哉自天子至於庶人壹是皆以修身爲本若以理爲在物從物物而索之則上必不能通於天子下必不能通於庶人又奚足以言理

格物

曰東越訓格物曰正其不正以歸於正初學猝難了也曰致知在格物者蓋言古人之致其良知雖曰循吾覺性無感不應而猶懼其泛

也則恆在於通物之本末而無以末先其本夫是則知本即格物而致知之功不雜施矣其下文曰此謂知本此謂知之至也更不添一物字則格物之爲知本明矣夫子曰反求諸其身孟子曰反求諸己又曰萬物皆備反身而誠皆格物疏義也括而言之知本而已夫致知非遺本也而求其端用力孜孜反顧尤在於本而後能不泛也曰格物則然窮理何居曰窮之義盡也極也非謂窮索也窮理者即極夫天理之謂也誠極夫天理則人欲滅矣

博辨

問博文約禮曰文者學之事也至不一者故稱博莫非文也而莫不有吾心不可損益之天則以行乎其間者禮是已禮至一者也故稱約苟不約禮則文失其則雖博而非學矣是故散之視聽言動者博文也存之勿非禮視聽言動者約禮也

明中

語其藏則渾渾淵淵空空一者不得不一非必合之而後一也語其放則井井斤斤暌暌殊者不得不殊非必析之而後殊也吾惟虞人之不理一也奚虞分之不殊哉又豈先析之爲殊後合之爲一哉苟無分殊則不得謂理一無理一又孰爲理之使分殊也何則理者吾

心之爍爍者也以其至一理至不一者也非謂漫漶而靡所區分之之爲物也

徵孔

儒者必曰先知後行夫子十五而學三十而立則爲先行四十不惑則爲後知其與先知後行之訓又自悖矣儒者以窮至物理爲入門所謂窮其當然與其所以然皆始學事也今訓不惑則謂知其所當然訓知天命則謂知其所以然是孔子以四五十之年乃得爲始學之事則在學者爲過早而在孔子爲過晚矣不又悖之甚乎

續問

氣有陰陽五行糅雜不一者也二五之氣成質爲形而性宅焉性者卽維天之命所以宰陰陽五行者也在天爲命在人爲性而統於心故言心卽言性猶言水卽言泉也泉無弗淸後雖汨於泥淖澄之則淸復矣性無弗善後雖汨於氣質存之則善復矣由是觀之性是性氣質是氣質又烏有氣質之性哉且古未聞有兩性也性之文從心從生今夫物斃矣其質猶存而生奚在人之初死其氣猶存而生奚在然則謂氣質有性者贅也亦舛也○合吾之本心卽爲無私卽爲合天○問龍溪有直達性眞惡名埋沒一世弗恤之語然否曰君子

復其性真固不知前有譽而趨之後有毀而避之若欲冒毀以達性真是前後皆意之矣非真體也君子卽有不得已蒙世之大詬固皆付之無意而天下後世亦未嘗不終諒其心精也何者以人心至神故也○問學以聚之曰聚卽凝聚之謂非襞積而聚之之謂也○問獨知曰夫獨知者宰夫念慮而不以念慮著貫乎動靜而不以動靜殊也愼之義猶愼固封守之謂功在幾先於時保之者是也若曰必待動念於善惡而後愼之則不愼多矣○門人問曰先生奚學曰吾學以盡性至命爲宗以存神過化爲功性也者神也神不可以意念滯故常化程伯子所謂明覺自然言存神也所謂有爲應跡言過化也今之語盡性者失之則意念累之也曰請下之曰以仁爲宗以覺爲功以萬物各得其所爲量以通晝夜忘物我爲驗以無聲無臭爲至曰復請下之曰以一體爲宗以獨知爲體以戒懼不昧爲功以恭忠敬爲日履以無欲達於靈明爲至曰若是則敢請事矣曰是與性命神化豈有二哉第見有遲速故功有難易習有生熟要之皆非可以意念滯也

申言

葢嘗觀之盈天地間升降闔闢凡有聚有散者疇非氣也而孰宰之

則帝天爲之宰焉者是命也卽理也故詩稱維天之命於穆不已者是也人生天地間呼吸作止凡有聚有散者疇非氣也而孰宰之則心覺爲之宰焉者是性也卽理也故書稱維皇上帝降衷下民若有恆性者是也故理之在人也宰之一心而達之天下不期而準主之一時而施之千萬世不約而協是我之知覺本通乎人之知覺本通於天下後世之知覺本非有我之所得私所謂以我爲主以覺爲性者本未爲非亦未爲私也覺卽理也然至於無準與權者則所謂感物而動失其本知本覺者也失其本知本覺而本知本覺之體固未亡也故精者此精也準與權者此爲之也○思未起而覺不昧卽喜怒哀樂未發之中○生平忿慾矜名諸病反觀尚未盡瘳所以然者只是依違在形骸上取滋味而不信有不依形之天味也向世界上爭勝負而不信有不著世之天勝也

困學記

予童頗質任嘗聞先府君論學而不知從事年十七遊學邑城讀書學舍遂致駘蕩喜放是歲臘先府君卒愈自放然慕奇名好談孔文舉郭元振李太白蘇子瞻文信國之爲人如文舉太白夢寐見之酷嗜詞章時傳李何詩文輒自倣效又多忿慾躁動不知檢嘗著格物

論駁陽明先生之說年十九與歐陽文朝同硯席最契時或覺非忽
自奮爲學要文朝（諱昌號蜀南庠生南野先生族孫）共爲之勉修一
二月不知方遂仍墮舊習嘉靖壬寅予年二十六方買居白鶴觀下
適歐陽南野先生（諱德字崇一號南野仕至禮部尚書謚文莊爲陽明先生高弟子）自鄉出邑城會友講學傾城士友往會而予獨否既
數日文朝則語予曰汝獨不可行造訪禮耶予乃隨文朝往訪先生
於普覺寺先生一見輒呼予舊字曰宜舉來何晚又問齒對若干先
生曰以汝齒當坐某人下予時見先生辭禮簡當不爲時態遂歸心
焉先生因講惟仁者能好人一章言惟仁者有生生之心故見人有
善若己有之而未嘗有作好之意故能好人見人有惡若瘝厥躬而
未嘗有作惡之意故能惡人今之人作好作惡則多爲好惡累未可
謂能好惡也予素有疾惡之病聞其言憮然若爲予設者已乃走拜
先生家從遊海智寺月餘自憂好放之習何能入道一日先生語以
立志曰明明德於天下是吾人立志處而其功在致吾之良知又曰
唯志真則吾良知自無蔽虧語若有契一日先生歌文公欸乃聲中
萬古心之句予一時豁然若覺平日習氣可除始定嚮往真意次年
癸卯春爲小試之迫此意雖未寢而志則馳矣秋舉於鄉歸見先生

又北行赴辭而先生屬望殷甚予亦頗承當及甲辰會試下第歸途與同侶者撓亂既歸雖復見先生然屢興屢仆第其中耿耿有不甘自已之念乙巳秋丁祖母承重憂丙午復同文朝及羅日表讀書龍洲（名鵬癸卯同鄉舉）因與康東洴公倡和（諱恕字求仁縣令）自遣而鄉學功愈弛至丁未爲先祖母卜兆致訟適先生起少宗伯予送至省城既歸復畢訟事自覺學無力因悔時日之過大病在好詞章又多忿慾三者交剸於胸中雖時有戰勝不能持久此予志不立之罪無可言也時年已三十一矣

丁未冬予忽有飄然遐舉離世之興及就友人王有訓語（名託號未菴一號石壁病農）有訓曰遐舉不如力學因偕予往訪羅念菴先生（諱洪先字達夫吉水人官贊善諡文恭）居石蓮洞既一月日聞先生語感發乃北面稟學焉先生初不甚喜良知亦不盡倍陽明先生之學訓吾黨專在主靜無欲予雖未甚契然日承無欲之訓熟矣其精神日履因是知嚴取與之義戊申春予遊韶太守陳公（諱大綸南寗人仕至太守）闢明經書院延教六邑諸俊又先延鄉縉紳鄧鈍峯居書院中爲侶（諱魯樂昌人官學正）陳公嘗從陽明先生學後專意元門予少病肺咳血怔忡夜多不寐則就拜陳公學元未有入鈍峯始

爲魏莊渠公（諱校官至祭酒崐山人）弟子亦遊南野先生門後專意禪宗予亦就鈍峯問禪鈍峯曰汝病乃火症當以禪治每日見予與諸生講業畢則要共坐或踞床或席地常坐夜分少就寢鷄鳴復坐其功以休心無雜念爲主其究在見性予以奔馳之久初坐至一二月寤寐間見諸異相鈍峯曰是二氏家所謂魔境者也汝平日忿慾利名種種念慮變爲茲相易所爲遊魂爲變是也汝勿異功久當自息四五月果漸息至六月遂寂然一日心忽開悟自無雜念洞見天地萬物皆吾心體喟然歎曰予乃知天地萬物非外也自是事至亦不甚起念似稍能順應四體咸鬯泰而十餘年之火症嚮愈夜間能寐予心竊喜以告鈍峯鈍峯曰子之性露矣久之雖寐猶覺凡寐時聞人一語一步皆了了鈍峯曰是乃通晝夜之漸也子勉進之可以出死生矣予乃問出死生何謂也鈍峯言不出死生則前病猶在予因是從鈍峯究出死生之旨若日有所悟又偕遊曹溪瞻六祖塔感異夢遂又有忘世意至秋越錢緒山公至韶陳公延留書院中（名德洪餘姚人陽明先生弟子）予甚喜請益然見錢公以憂制未大祥遽遠遊又乘青幃張皂蓋前呼導予心私計曰予雖學出世事亦未敢謂然也亡何冬盡予方圖歸因起念遂失初悟忽若痞悶雖極尋繹

宿見意象俱似而真體昏寒甚不自得述其故質於錢公錢公發明頗詳迄不當予意一日同諸君遊九成臺坐地方欠身起忽復悟天地萬物果非在外印諸子思上下察孟子萬物皆備程明道渾然與物同體陸子宇宙卽是吾心靡不合旨觀前所見灑然徹矣因自審曰吾幸滅宿障從此了事又何可更纏世網從事殘蠹致汨吾真耶既歸以先君方待吉淺土卜葬不果此中不自安又家人輩不善事老母致有不懌意予衷亦常怏怏無以遣已隱隱有儒釋旨歸之辨而猶未決也己酉家居因結邑中曾思健（諱于乾號月塘）羅東之（諱潮俱庠生）蕭天寵（名隆佑吏員官縣丞）及王有訓歐文朝爲會頗有興發至冬予赴會試與王武陽（諱壽有訓叔教諭）同舟昕夕唯論學方淬彭蠡值風濤夜作不能泊岸舟顛幾覆數矣同舟人士皆號達旦予獨命酒痛飲浩歌熟寢天明風稍定始醒同侶有詈予不情者予自若也庚戌落第後舍南翁先生宅一日以舟顛熟寢事請正先生曰此固甚難然謂仁體未也予曰仁體當何如曰臨危不動心而又能措畫救援乃仁體也予雖聆服然未繹其旨仲夏李石鹿公（名春芳字子實興化人官元輔）延予過其家訓諸子因盡聞王心齋公之學（諱艮字汝止安豐場人陽明先生高弟）誠一時傑出獨其徒傳

失眞往往放達自恣興化士以是不信學久之熟子履乃偕來問學立會冬杪予歸自儀眞發舟三日皆遇劇盜以風猛得脫同舟亦有泣者予獨計寇入則當倒橐輸他無虞也以是亦不爲動辛亥予挈家歸義和滄洲故居獨學寡侶力有少弛又明年壬子館虔舊習大作幾自墮至冬同歐陽曰穡赴會試諱紹慶號乾江南野先生仲子官工部主事時曰穡延思健赴京訓諸子亦在舟雖日常切琢而予放未瘳癸丑落第初擬就選學職至期悔止友人周仲含名賢宜號洞岩萬安人官至右布政使及思健曰穡咸勸予選而思健至拍案作色奮曰子母老不及時祿養非孝子勉從謁選得教句容既至方牽業舉日課諸士文而自以出世之學難語人又負高氣處上下多窒每自疚已乃疑曰豈吾昔所悟者有未盡耶時甲寅二月聞南野先生訃已爲位痛哭因念師資既遠學業無就始自悔數年弛放自負生平又負師門爲痛恨尋因作博文約禮題遂舍而思曰孔顏授受莫此爲切故必出此乃爲聖人之學而非此必非聖人之學者也於是反覆而思之平心而求之不敢徇近儒亦不敢參己見久之於先儒終不能強合其疑有四於近儒亦不能盡合其疑有三蓋先儒以窮理訓博文其說要推極吾心之知窮至事物之理子所最不能

無疑者以先儒語理專在物而不在人蓋理莫大乎五常之性曰仁義禮智信是也今以理爲在物而窮之此則五常之性亦在物不在人矣是人皆爲虛器無一理之相屬恐必不然此一疑也先儒訓復禮之禮曰人事之儀則天理之節文不知此天理仍在物耶抑在身耶如其在身則是先窮在物之理後復在身之理是果有二理矣恐亦不然此二疑也大學之道貴知本故曰知所先後則近道矣今語大學則反後身心而先物理竊恐聖門格物之旨易傳窮理之義不如此且此學通天子庶人若必欲窮盡物理吾恐天子一日二日萬幾庶人耕田鑿井皆有所不暇故孔子又曰周其所察聖人病諸孔子恆教弟子先孝弟行有餘力則以學文未聞先教人以窮盡物理者也此三疑也先儒所謂窮理則專以多聞多見爲事以讀書爲功然孔子則嘗以多聞多見爲知之次今乃獨舉其次者語顏子而其所語曾子子貢一貫之旨顏子不得與焉何其厚曾子子貢而薄顏子也恐亦不然況其對哀公並不言顏子聞見之多讀書之富唯獨稱曰不遷怒不貳過以此爲好學之實而已則顏子之所學者可知而博文亦必有在矣此四疑也凡此四疑予未敢一徇人己但反諸心誠有不能解者至若近儒訓致吾心良知於事事物物之間此雖

孔曾復生無以易也但訓在格物曰物者意之物格者正也正其不正以歸其正則似與正心之義微有相涉惟達者用功知所歸一若初學未達者用之恐不免增繳繞之病此一疑也嘗觀先儒言事事物物皆有至當不易之理先儒豈敢謾哉彼見學者多太過不及之弊故必求至當天則所在是欲爲堯舜之中箕子之極文王之則孔子之矩曾子之至善子思之中庸程伯子之停停當當者是也是其所疑者未可非但不知此至當此中此則此極此矩此至善中庸此停停當當者固出於心而通於物也非物有之也出於心者一致而百慮亦非必能應一物而膠定一則也此先儒之未達也今近儒懲而過之第云致其良知而未言良知之有天則以故承學之士惟求良知之變化圓通不可爲典要者而不復知有至當中極則矩至善中庸停停當當之所歸一切太過不及皆抹殺而不顧以致出處取予多不中節一種猖狂自恣妨人病物視先儒質行反有不逮可見近儒之訓亦不能無弊竊意顏子之約禮者必約諸此心之天則而非止變化圓融已耳此二疑也近儒又曰文者禮之見於外者也禮者文之存於中者也予則以文不專在外禮不專在中專以文在外則舍吾心又焉有天地萬物專以禮在中則舍天地萬物又焉有吾

心是文與禮均不可內外言也今之語良知者皆不免涉於重內輕外其言亦專在內不知夫子言禮而不言理者正恐人專求之內耳是近儒之訓亦似於孔顏宗旨未悉此三疑也子既有是疑因日夜嘿求孔顏宗旨纔若有明葢夫子因顏子求之高堅前後不免探索測度而無所歸著不知日用應酬卽文也文至不一者也而學之事在焉故博之以文俾知日用應酬可見之行者皆所學之事而不必探索於高深日用應酬準諸吾心之天則者禮也禮至一者也而學之功在焉故約之以禮俾知日用應酬必準諸吾心之天則而不可損益者乃爲學之功而不必測度於渺茫是無往非文則無往非禮無地可間而未可以內外言也無往非博則無往非約無時可息而未可以先後言也夫子教之如此故顏子學之亦無地可間無時可息無有內外先後其爲功非不欲罷不可得而罷也已而旣竭吾才所立卓爾此天則者昭然常存不復有探索測度之勞至是顏子之學始有歸著則凡學孔顏者舍此必非正脈子又悟克己復禮章卽博文約禮之實何則夫子教顏子從事於視聽言動卽博文也勿非禮視聽言動卽約禮也視聽言動不在禮之外勿非禮不在視聽言動之後是可見先儒言內外先後者固非而近儒涉於重內輕外者

亦未盡乃若出世之學一切在內則尤非也繇是用功似不落空日用應酬似稍得其理處上下亦似稍安浸悟南野先生所論仁體之旨始嘗出赴南都會友與何吉陽（諱遷德安人官至刑部侍郎）譚二華（名綸宜黃人今大司馬）二公遊又因唐荊川公（諱順之武進人官都御史念菴先生執友）枉顧衙舍遂偕晤趙大洲公（名貞吉內江人官至大學士）時見諸公論學似於博學之旨多有異同予雖未敢辨難然因是自信者多矣又二年丙辰予登第始得盡友海內諸學士相與劘切商訂要不能外此天則而迄不可以內外先後言之得此則顏氏之卓爾在我矣茍非此而謂之孔門正脈恐俱北指而南轅也異時歸以質諸念菴先生先生初恐予求諸意象則詰之曰今滿眼是事則滿眼是天則可乎予未敢悉也又數歲壬戌予在楚先生則移書示曰吾於執事博約之說洞然無疑斯學其有興乎已而再歸再請質於先生先生曰所貴足目俱到耳蓋恐予墮目長足短之弊也予既自蜀乞休三年復起督楚學遷西粵又東粵二十年間倏忽老矣尙自慚未有真得豈亦終墮足短之弊也與於今萬曆癸酉復乞休爲養益懼悠悠以爲古今莫予困也予曰及其知之一也及其成功一也則果何時耶遂記以自飭

與唐仁卿書

去冬承寄白沙先生文編因思足下素不喜言心學今一旦取白沙文表章之豈非學漸歸源不欲以一善名其志力不大且遠哉不穀昔嘗相期至再三之瀆者固知有今日也甚慰甚賀第令其間不共相究竟則徒負平日蓋先此有覩見是編者謂此書題評雖揚白沙其實抑陽明即語不干處必宛轉詆及陽明近於文致不穀不肯信已而將來編讀之良然如云近儒疑先生引進後學頗不惓惓嘗適觀陽明語意並無是說不知足下何從得之夫陽明不語及白沙亦猶白沙不語及薛敬軒此在二先生自知之而吾輩未臻其地未可代爲之說又代爲之爭勝負則鑿矣歷觀其評中似不免爲白沙立赤幟恐亦非白沙之心也古人之學皆求以復性非欲以習聞虛見立言相雄長故必從自身磨練虛心參究由壯逮老不知用多少功力實有諸己然後敢自信以號於人是之謂言行相顧而道可明若周子則從無欲以入明道則從識仁以入既咸有得而後出之孟子亦在不動心以後乃筆之書白沙先生一坐碧玉樓十二年久之有得始主張致虛立本之學一毫不徇於聞見彼豈謾而云哉陽明先生抱命世之才挺致身之節亦可以自樹矣然不肯已亦其天性嚮道

故也過嶽麓時謁紫陽祠賦詩景仰豈有意於異同及至龍場處困動忍刮磨已乃豁然悟道原本不在外物而在吾心始與紫陽傳註稍異及居滁陽多教學者靜坐要在存天理去人欲至虔臺始提致良知一體爲訓其意以大學致知乃致吾良知非窮索諸物也良知者乃吾性靈之出於天也有天然之條理焉是卽明德卽天理蓋其學三變而教亦三變則其平日良工心苦可從知矣亦豈謾而云哉不穀輩非私陽明也亦嘗平心較之矣曾聞陽明居龍場時歷試諸艱惟死生心未了遂製石棺臥以自鍊既歸遭謗則以其語置諸中庸中和章並觀以克化之今之學者非不有美行也其處困亨毀譽之間有是乎不穀有一族祖贛歸者每歸語陽明事頗悉今不暇細述但言渠童時赴塾學見軍門輿從至咸奔避軍門卽令吏呼無奔教俱乂手旁立有酒徒唱於市肆則貸其扑令教從讀者習歌詩卒爲善士又有啞子叩之則書字爲訓亦令有省今之學者非不有美政也其都尊位能勤勤於童子於市人於啞子有是乎夜分方與諸士講論少入噓噏間卽遣將出征已行復出氣色如常坐者不知其發兵也方督征濠也日坐中堂開門延士友講學無異平時有言伍公焚鬚小却暫如側席遣牌取伍首座中惴惴而先生略不見顏色

後聞濠就擒詢實給賞還坐徐曰聞濠已擒當不僞第傷死者多爾
已而武皇遣威武大將軍牌追取濠先生不肯出迎且曰此父母亂
命忍從與乎其後江彬等讒以大逆事叵測先生特爲老親加念其
他迄不動心異時又與張忠輩爭席卒不爲屈未嘗一動氣臨終家
人問後事不答門人周積問遺言微哂曰此心光明亦復何言今之
學者平居非不侃侃其臨艱大之境處非常之變能不動心有是乎
若非真能致其良知而有萬物一體之實者未易臻也先師羅文恭
至晚年始歎服先生雖未聖而其學聖學也然則陽明不爲充實光
輝之大賢矣乎獨當時桂文襄以私憾謗之又有以紫陽異同且不
襲後儒硬格故致多口迄無證據識者寃之昔在大舜尚有臣父之
譏伊尹亦有要君之誚李太伯詆孟子之欲爲佐命大聖賢則有大
謗議蓋自古已然矣足下豈亦緣是遂詆之耶抑未以身體而參究
之故耶夫吾黨虛心求道則雖一畸士未忍以無影相加而況於大
賢乎恐明眼者不議陽明而反議議者也編中云良知醒而蕩夫醒
則無蕩蕩則非醒謂醒而蕩恐未見良知真面目也又詆其張皇一
體吾人分也觀今學者只見爾我藩籬一語不合輒起戈矛幾曾有
真見一體而肯張皇於人者哉斯語豈無亦自左耶雖然足下今之

高明者也昔不喜心學今表章之安知異日不弁契陽明將如文恭之晚年篤信耶近百年內海內得此學表表褌於世者不鮮屢當權奸亦惟知此學者能自屹立今居然可數矣其間雖有靜言庸違者此在孔門程門亦有之於斯學何貶焉不穀辱公提攜斯道如疇昔小有過誤相咎不言今關學術不小曷忍嘿嘿固知希聖者舍己從人又安知不如往昔不假言而自易耶且知足下必從事致虛立本是日新得仍冀指示益隆久要豈謂唐突耶

又

前論白沙文編囋答想未達復承石經大學刻本之寄讀刻後考辯諸篇知足下論議勤矣締觀之嘻其甚矣僕本欲忘言猶不忍於坐視聊復言其概夫考辯諸作類以經語剪綴頓挫鼓舞見於筆端其大略曰修身爲本格物爲知本曰崇禮曰謹獨若亦可以不畔矣及竟其終篇繹其旨歸則與孔子孟子之學一何其霄淵相絕也夫大學修身爲本格物爲知本足下雖能言之然止求之動作威儀之間則皆末而已矣夫修身者非修其血肉之軀亦非血肉能自修也故正心誠意致知乃所以修動作威儀之身而立家國天下之本也格物者正在於知此本而不泛求於末也今足下必欲截去正心誠意

致知以言修身抹殺定靜安慮而飭末節則是以血肉修血肉而卒何以爲之修哉譬之瞽者以暮夜行於岐路鮮有不顛蹶而迷繆者是足下未始知修身亦未始知本也孟氏所謂行之不著習矣不察終身由之而不知道者正謂此耳將謂足下眞能從事大學可乎禮也者雖修身之事然禮有本有文此合內外之道蓋孔子言之也今足下言禮乃專在於動作威儀之閒凡涉威儀則諄切而不已一及心性則裁削而不錄獨詳其文而重違其本乃不知無本不可以成文姑不他言卽孔子論孝曰不敬何以別乎曰色難豈非有吾心之敬而後有能養之文不敬則近獸畜有吾心之愛而後有愉婉之文不愛則爲貌敬若足下所言似但取於獸畜貌敬而不顧中心敬愛何如也此可爲孝亦可爲禮乎易繫言美在其中而後能暢於四肢孟氏言所性根心而後能睟面盎背今足下但知詳於威儀而不知威儀從出者由美在其中所性根心也大學言恂慄威儀蓋由恂慄而後有威儀威儀豈可以聲音笑貌爲哉足下又曰言語必信容貌必莊論必准諸古者不論所得淺深而皆謂之誠若是則後世之不侵然諾與夫色莊象恭之徒皆可爲誠矣又如王莽厚履高冠色厲言方恭儉下士曲有禮意及其居位一令一政皆准諸虞典周禮據

其文未可謂非古也其如心之不古何哉此亦可爲誠耶況今昔之語心學者以僕所事所與言語曷嘗不信容貌曷嘗不莊動止曷嘗不准諸古且見其中美外暢根心生色優優乎有道氣象曷嘗不可畏可象而足下必欲以無禮坐誣之僕誠不知足下之所謂禮也記曰君子撙節退讓以明禮傳曰讓者禮之實今豈以攘臂作色詆訶他人者遂爲禮耶愼獨者愼其獨知朱子固言之矣惟出於獨知始有十目所視十手所指之嚴始有莫見乎隱莫顯乎微之幾夫是以不得不愼也今足下必以獨處訓之吾恐獨處之時雖或能禁伏麤跡然此中之憧憧朋從且有健於詛盟慘於劍鋋者矣足下又不知何以用其功也蓋足下惟恐其近於心不知愼之字義從心從真非心則又誰獨而誰愼耶未又言聖人諱言心甚哉始言之敢也夫堯舜始言道心此不暇論至伊尹言一哉王心周公言殫厥心書又曰雖收放心閑之惟艱曰乃心罔不在王室曰不二心之臣孔子則明指曰心之精神是謂聖此皆非聖人之言乎夫聖人語心若是詳也而足下獨謂之諱言是固謂有稽乎無稽乎於聖言爲侮乎非侮乎且曾孟語心亦不暇論卽論語一書其言悅樂言主忠信言仁言敬恕言內省不疚言忠信篤敬參前倚衡疇非心乎聖人之語心恐非

足下一手能盡掩也又謂聖人不語心不得已言思思果非心乎此猶知人之數二五而不知二五卽十也約禮之約本對博而言乃不謂之要約而謂之約束先立其大本對小體而言乃不謂之立心而謂之強立則欲必異於孔孟也是皆有稽乎無稽乎於聖人爲侮乎非侮乎又以求放心立其大見大心泰內重外輕皆非下學者事天下學子十五入大學凡皆責之以明德親民正心誠意致知之事豈有既登仕籍臨民久矣而猶謂不當求放心立大者聖門有是訓乎且今不教學者以見大重內則當教之以見小重外可乎此皆僕未之前聞也竊詳足下著書旨歸專在尊稱韓愈闖于諸儒之上故首序中屢屢見之夫韓之文詞氣節及其功在潮非不偉也至其言道以爲孟軻揚雄之道又以臧孫辰與孟子並稱及登華嶽則震悼呼號若嬰兒狀淹潮陽則疏請封禪甘爲相如良由未有心性存養之功故致然耳安得謂之知道賈逵以獻頌爲郎附會圖讖遂致貴顯徐幹爲魏曹氏賓客名在七子之列二子尤不可以言道足下悅其外便其文以爲是亦足儒矣則其視存養自得掘井及泉者豈不迂而笑之且拒之矣乃不知飾土偶獵馬捶者正中足下之說足下亦何樂以是導天下而禍之也且大古今學者不出於心性而獨逞其

意見如荀卿好言禮乃非及子思孟子詆子張子夏爲飲食賤儒況其他乎近時舒梓溪賢士也亦疑白沙之學將爲王莽爲馮道以今觀之白沙果可以是疑乎皆意見過也聞足下近上當路書極訾陽明加以醜詆又詆先師羅文恭以爲雜於新學是皆可忍乎僕不能不自疚心以曩日精誠不足回足下之左轅故也雖然猶幸人心之良知雖萬世不可殄滅子思孟子之道終不以荀氏貶至白沙陽明乃蒙聖天子昭察如日月之明豈非天定終能勝人也哉矧天下學者其日見之行存養自得者不鮮而在足下既負高明自不當操戈以阻善自當虛己求相益爲當也僕不難於默然心實不忍一恃疇昔之誼一恐真阻天下之善故不辭多言亦自旣厥心爾程子有言若不能存養終是說話今望足下姑自養積而後章審而後發有言逆心必求諸道僕自是言不再

姚江黃梨洲先生著

豫章後學 夏鼎 熊育鑫
熊繩祖 熊育鏞
徐兆瀾 周聯慶 重刊
熊榮祖 蕭兆柄
劉秉楨 李真實

忠介鄒南皐先生元標

鄒元標字爾瞻別號南皐豫之吉水人萬曆丁丑進士其年十月江陵奪情先生言伏讀聖諭朕學尚未成志尚未定先生而去墮其前功夫帝王以仁義爲學繼述爲志居正道之功利則學非其學忘親不孝則志非其志皇上而學之志之其流害有不可勝言者亦幸而皇上之學未成志未定猶可得儒者而救其未然也懷疏入長安門值吳趙艾沈以論奪情受杖先生視其杖畢出疏以授寺人寺人不肯接曰汝豈不怕死得無妄所論乎先生曰此告假本也始收之有旨杖八十戍貴州都勻衛江陵敗擢吏科給事中上陳五事培君德親臣工肅憲紀崇儒術飭撫臣又劾禮部尚書徐學謨南京戶部尚書張士佩罷之學謨者首輔申時行之兒女姻也既非時行所堪而

是時黨論方興謂趙定宇吳復菴號召一等浮薄輕進好言喜事之人與公卿大臣爲難大臣與言官相論訐不已先生尤其所忌故因災異封事降南京刑部照磨乙酉三月錄建言諸臣以爲南京兵部主事轉吏部歷吏刑二部員外刑部郎中罷官家居建仁文書院聚徒講學光宗起爲大理卿天啓初陞刑部右侍郎轉左都御史建首善書院與副都御史馮恭定講學羣小憚先生嚴毅恐明年大計不利黨人兵科朱童蒙言憲臣議開講學之壇國家恐啓門戶之漸宜安心本分以東林爲戒工科郭興治言當此干戈倥偬之際即禮樂潤色性命精微無裨短長先生言先正云本分之外不加毫末人生聞道始知本分內事不聞道則所謂本分者未知果是本分當否也天下治亂係於人心人心邪正係於學術法度風俗刑清罰省進賢退不肖舍明學則其道無由湛湛晴空鳶自飛魚自躍天自高地自下無一物不備亦無一事可少琳宮會館開目如林唄語新聲拂耳如雷豈獨礙此嘐嘐則古昔談先王之壇坫耶臣弱冠從諸長者遊一登講堂此心戚戚既罷計偕獨處深山者三年嗣入夜即兀坐深箐者六年浮沉南北棲遲田畝又三十餘年賴有此學死生患難未嘗隕志若只以臣等講學惟宜放棄斥逐之日以此澆其磊塊消其

抑鬱無聊之氣則如切如磋道學之語端爲濟窮救苦良方非盡性至命妙理亦視斯道太輕視諸林下臣太淺矣人生墮地高者自訓詁帖括外別無功課自青紫榮名外別無意趣惡聞講學也實繫有徒蓋不知不聞道即位極人臣勛勤旂常了不得本分事生是虛生死是虛死朽骨青山黃鳥數聲不知天與昭昭者飄泊何所此臣所以束髮至老不敢退墮自甘者也前二十年東林諸臣有文有行九原已往惟是在昔朝貴自岐意見一唱衆和幾付清流懲前覆轍不在臣等有旨慰留給事郭允厚言侍郎陳大道請恤張居正元標不悅修舊怨也先生言當居正之敗維時露章者何止數百其間不無望風匿影之徒臣有疏云昔稱伊呂今異類唾之矣昔稱恩師今仇敵視之矣當時臣無隻字發其隱豈至今四十餘年與朽骨爲仇乎虛名浮譽空中鳥影世不以大人長者休休有容之度教臣望臣如村樵里媪睚眦必報之流則未與臣習也郭興治又言元標無是非之心先生言興治蓋爲馮三元傳言發也三元初起官見臣臣語之曰往事再勿提起渠曰是非却要說明臣曰今之邊事家貝一錐鑿越講是非越不明白不如忘言爲愈蓋熊廷弼所少者惟一死廷弼死法不能獨無但皇上初登寶位纔二年所如尚書如侍郎中丞如

藩臬撫鎮諸臣纍纍藁街血腥燕市成何景象老成守法議獄緩死之意非過也是非從惻隱中流出是爲真心之是非即方從哲滿朝以酖毒爲言臣謂姑待千秋者亦是非不必太分明之一證也再疏乞歸始允未幾卒逆奄追削爲民奪誥命烈皇御極贈太子太保諡忠介先生自序爲學曰年少氣盛時妄從光影中窺瞯自以爲覺矣不知意氣用事去道何啻霄壤又七年再調刑部雖略有所入而流於狂路賴文潔鄧公來南提醒不敢放浪閱三年決計歸山十餘年失之繆悠又十餘年過於調停不無以神識爲家舍視先覺尚遠淨几明牕水落根見始知覺者學之有見也如人在夢既醒覺亦不必言矣學而實有之己亦不必言覺矣先生之學以識心體爲入手以行恕於人倫事物之間與愚夫愚婦同體爲工夫以不起意空空爲極致離達道無所謂大本離和無所謂中故先生於禪學亦所不諱求見本體即是佛氏之本來面目也其所謂恕亦非孔門之恕乃佛氏之事事無礙也佛氏之作用是性則離達道無大本之謂矣然先生即摧剛爲柔融嚴毅方正之氣而與世推移其一規一矩必合當然之天則而介然有所不可者仍是儒家本色不從佛氏來也

以情識與人混者情識散時如湯沃雪以性真與世游者性天融後如漆因膠以下皆龍華密證○五倫是真性命詞氣是真涵養交接是真心髓家庭是真政事父母就是天地赤子就是聖賢奴僕就是朋友寢室就是明堂平旦可見唐虞村市可觀三代愚民可行古禮貧窮可認真心疲癃皆我同胞四海皆我族類魚鳥皆我天機要荒皆我種姓○問爲之不厭曰知爾之厭則知夫子之不厭矣今世從形跡上學所以厭聖人從天地生機處學生機自生生不已安得厭○善處身者必善處世不善處世賊身者也善處世者必嚴修身不嚴修身媚世者也○學者有志於道須要鐵石心腸人生百年轉盼耳貴乎自立後生不信學有三病一曰躭閣舉業不知學問事如以萬金商做賣菜傭二曰講學人多迂闊無才不知真才從講學中出性根靈透遇大事如湛盧刈薪三曰講學人多假不知真從假中出彼既假矣我棄其真是因噎廢食也○問儒佛同異曰且理會儒家極致處佛家同異不用我告汝不然隨人口下說同說異何益○問如何得分明曰要胸中分明愈不分明須知昏昏亦是分明不可任清明一邊昭昭是天冥冥是天○馬上最好用功不可放過若待到家休息便是馳逐○老成持重與持位保祿相似收斂定靜與躲閑

避事相似謙和遜順與柔媚諂俗相似中間間不容髮非研幾者鮮不自害害人○說清者便不清言躬行者未必躬行言知性命便未知性命終日說一便是不一終日說合便是不合但有心求求不著便著○人只說要收斂須自有個頭腦終日說話終日幹事是眞收斂不然終日兀坐絕人逃世究竟忙迫○橫逆之來愚者以爲遭辱智者以爲拜賜毀言之集不肖以爲罪府賢者以爲福地小人相處矜己者以爲荊棘取人者以爲砥礪○目無青白則目明耳無邪正則耳聰心無愛憎則心正置身天地間平平鋪鋪不見崖異方是爲己之學○學者好說嚴毅方正予思與造物者游春風習習猶恐物之與我拂也苟未有嚴毅方正之實而徒襲其跡徒是與人隔絕○未知學人却要知學既知學人却要不知有學未修行人却要修行既修行人却要不知有修予見世之稍學修者嘵嘵自別於人其病與不知學修者有甚差別○予別無得力處覺得本分二字親切做本分人說本分話行本分事本分外不得加減毫末識得本分更有何事○道無揀擇學無精麤○下學便是上達非是下學了纔上達若下學後上達是作兩層事了○學問原是家常茶飯濃釅不得有一毫濃釅與學爭遠○孟我疆問如何是道心人心曰不由人力純

乎自然者道心也由思勉而得者人心也以下燕臺會記○我疆問孔子云正目而視之不可得而見也傾耳而聽之不可得而聞也故曰視於無形聽於無聲子思發之爲不覩不聞陽明又云若覩聞一於理卽不覩不聞也其言不同如此曰孔子懼人看得太麤指隱處與人看陽明恐人看得甚細指顯處與人看其實合內外之道也○識仁卽是格物龍華會記以下同○問識仁曰夫子論仁無過仁者人也一語當日我看仁做個幽深元遠是奇特的東西如今看來我輩在一堂之上卽是仁再無虧欠切莫錯過○問夫子只言仁之用何以不言仁之體曰今人體用做兩件看如何明得余近來知體卽用用卽體離用無體離情無性離顯無微離已發無未發非予言也孟子曰惻隱之心人皆有之至是非之心智也體會自見○問生機時有開發奈不接續何曰無斷續者體也有斷續者見也曰功將何處曰識得病處卽是藥識得斷處就是續○一堂之上有問卽答茶到卽接此處還添得否此理不須湊泊不須幫帖○問其心三月不違仁仁與心何所分別曰公適走上來問豈有帶了一個心又帶了一個仁來公且退以上元潭會記○恕者如心之謂人只是要如己之心不思如人之心如己如人均齊方正更說甚一貫○有言不能

安人如何算得修己曰我二十年前熱中亦欲安人今安不得且歸來我與公且論修己修己之方在思不出其位在素位而行公且素位老實以行誼表於鄉便是安人不然你欲安人別人安了你○塘南先生問佛法只是一死生動人故學佛者在了生死曰人只是意在作祟有意則有生死無意則無生死○歐陽明卿問曰釋氏不可以治天下國家曰子何見其不可以治天下國家曰樣樣都拋了曰此處難言有飯在此儒會喫釋亦會喫既能喫飯總之皆可以治天下國家子謂釋樣樣拋了故不可儒者樣樣不拋又何獨不能治天下國家 鐵佛會記 ○私慮不了私欲不斷畢竟是未曾靜未有入處心迷則天理爲人欲心悟則人欲爲天理○問天下歸仁曰子無得看歸仁是奇特事胸中只芝蔴大外面有天大子齋中有諸友與諸友相處無一毫間隔卽是歸仁與妻子僮僕無一毫間隔便是歸仁若舍見在境界說天下歸仁越遠越不著身 太朴會記 ○有因持志入者如識仁則氣自定有由養氣入者如氣定則神自凝又有由交養入者如白沙詩云時時心氣要調停心氣工夫一體成莫道求心不求氣須教心氣兩和平此是先輩用過苦功語 青原會記 ○問誠意之功須先其意之所未動而誠之若待善惡既動而後致力則已

晚矣果若此則愼獨之功從何下手曰國君好仁天下無敵無敵眞愼獨也人所不知己所獨知多流入識神去先其意之所未動而誠之愚謂既云未動誠將何下手莫若易誠而識之卽識仁之謂未發前觀何氣象意思善惡既動而後致力則已晚此爲老學者言初學者既發後肯致力亦佳問仁會錄○人心本自樂自將私欲縛私欲一萌時良知還自覺一覺便消除此心依舊樂樂便然後學學便然後樂○問生死曰子死乎曰未死曰何未死曰胸中耳目聰明色色如赤子時曰子知生矣知生則知死不必問我○問知天命曰日間問子以時義子必曰知問子以家宅鄉里事子必曰知此知之所在卽命卽陰陽五行之數亦天命說到知徹地少一件不得○名世不係名位每一代必有司此道之柄者卽名世也○求放心者使人知心之可求也心要放者使人知無心之可守也卑者認著形色一邊高者認著天性一邊誰知形色卽是天性天性不外形色卽仁者人也宗旨○予歸山十五年只信得感應二字○問復卦曰有人於此所爲不善開心告語之渠泫然泣下卽刻來復矣○問居德則忌曰卽如今講學先生不自知與愚夫愚婦同體只要居德所以取忌○有學可循是曰洗心無心可洗是曰藏密○除知無獨除自知無愼

獨○眞正入手時時覷不覩不聞是甚物識得此物眞戒愼不必言
矣○問年四十而見惡焉其終也已不知四十以後尚可爲善否曰
八十尚可況四十乎此俱從軀殼上起念○問邇日學者始學先要
個存守是未擇中庸而先服膺未明善而先固執證之博學審問之
說無當也曰學貴存守但存守之方不一故問辨以擇之蓋學而後
有問學卽存守也不學何問之有如行者遇岐路卽問問了又行原
非二事若謂不待存守而先擇則先未出門而空談路徑也鷺洲會
記○止原無處所止無可止則知止矣仁文會記○問心如何爲盡
曰盡者水窮山盡之謂人心原是太虛若有個心則不能盡矣○萬
古學脈人人所公共的漁樵耕牧均是覺世之人卽童子之一酙酒
處俱是學之所在若曰我是道而人非道則喪天地之元氣也○新
安王文軫戴仲曰丁酉南都參訪祝師認心不眞無可撈摸坐間日
影正照祝聞指曰爾認此日影爲眞日不知彼陰暗處也是眞日因
此有省曰爾道認心不眞無可撈摸不知無無可撈摸處便是眞心○
問吾人學問不勾手者正以有所把捉有好工夫做故也有把捉時
便有不把捉時有好工夫時便有不好工夫時曰此可與透身貼體
做工夫者商量若是此學茫茫蕩蕩且與說把捉做工夫不妨○問

不孝有五章曰看來個個犯此子輩不莊敬嚴肅卽是惰其四肢子四十以後出入不經我母之手非貨財私妻子乎飲食起居任從自便非從耳目之欲乎不受人言卽是鬬狠體貼在身時時是不孝○天地萬物皆生於無而歸於無一切蠢動含靈之物來不知其所自去不知其所往故其體本空我輩學問切不可向形器上布置一時妍好終屬枯落雖然空非斷滅之謂也浮雲而作蒼狗白衣皆空中之變幻所必有者吾惟信其空之體而不爲變幻所轉是以天地在手萬化生身今有一種議論只是享用現在纔說克治防檢便去紐揑造作日用穿衣喫飯卽同聖人妙用我竊以爲不然夫聖凡之別也豈止千里○仁者渾然與物同體如何證得學問只是不起意便是一體便是渾然所以乍見非有爲而爲也

講義

人若真仁直心而言爲德言根心而發爲生色不然強排道理遮飾有德皆巧言也危冠危服一面笑容皆令色也彼方自負道統自認涵養不知去仁何啻千山萬水到不如鄉里樸實老農老圃可與之入道巧言令色○仁之於父子義之於君臣禮之於賓主智之於賢者聖人之於天道非性之故物乎溫故○近世學者以知是知非爲

良知夫是非熾然且從流於情識而不自覺惡在其爲良知誨汝知之○仕學一道隱顯一心孝友卽是政事若曰居位別有有政事托辭以答或人則視政事孝弟爲兩事矣子奚不爲政○學道之士在世途極是不便向道不篤的易生退轉若眞信千古而得一知者猶比肩也何孤立之有不能自立東挨西靠口嘴上討得個好字眼前容易過誤却平生事業矣德不孤○伯夷是清伊尹是任柳下惠是和還有個器在汝器也○學不見體動輒落顯微二邊文章性天○學者若不從大光明藏磨勘露出精彩羣居終日雖說若何爲心若何爲性若何爲孔門之旨若何爲宋儒之旨是言不及義也終日依倚名節之跡彷彿義理之事是好行小慧也羣居終日○吾輩在此一堂講學所親就者大人不虛心受益却是狎大人所講究者聖言不虛心體貼却是侮聖言記得少年時在青原一友將四書諸論互相比擬一先正答曰總只是非禮之言畏天命○鄉愿一副精神只在媚世東也好西也好全在毀譽是非之中聖人精神不顧東不顧西惟安我心之本然超出毀譽是非利害之外鄉愿○德本明也人只爭一個覺耳須知人人具有至善只是不止一止而至善在是曰何以止無意必固我是已學不知止漫言修身如農夫運石爲糞力

愈勤而愈遠矣大學○學者一向說明德說親民說止至善說格物千言萬語旁引曲譬那個是宋儒說那個是明儒說縱說得伶俐與自家身心無干一到知止則水盡山窮無復可言說如此方謂之致知方謂之格物此謂之本知止○離已發求未發卽孔子復生不能子目覩中節之和卽知未發之中離和無中離達道無大本中和○何以謂之索隱今講學者外倫理日用說心性入牛毛者是已何以謂之行怪今服堯服冠伊川冠之類索隱行怪○一字卽吾道一以貫之之一聖人說道理零碎了恐人從零碎處尋道理說天德也說到一來說王道也說到一來正如地之行龍到緊關處一束精神便不散亂所以行之者一○善與人同不是將善去同人亦不是將人善來同我人人本有個個圓成魚遊於水鳥翔於天無一物能間之也善與人同○赤子之心真心也見著父母一團親愛見著兄弟一團懽欣何曾費些擬議思慮何曾費些商量大人只是不失這個真心便是聖學不明愁赤子之心空虛把聞見填實厭赤子之心真率把禮文遮飾儒者以爲希聖要務不知議論日繁去真心日遠無怪乎大人不多見也象山云縱不識一字終是還他堂堂大人赤子之心

從心所欲不踰矩世儒謂從者縱也縱其心無之非是此近世流弊竊謂矩方也從心所欲圓也圓不離方欲不離矩○心神物也豈能使之不動要知動亦不動耳寂感體用原未有不合一欲求合一便生分別去合一之旨愈遠○吾輩動輒以天下國家自任貧子說金其誰信之古人云了得吾身方能了得天地萬物吾身未了縱了得天地萬物亦只是五霸路上人物自今以往直當徹髓做去有一毫病痛必自照自磨如拔眼前之釘時時刻刻始無媿心○吾輩無論出處各各有事肯沉埋仕途便沉埋不肯沉埋即在十八重幽暗中亦自驤首青霄世豈有錮得人人自無志耳○夫道以爲有上天之載無聲無臭未嘗有也以爲無出往游衍莫非帝則未嘗無也有無不可以定論者道之妙也知道者言有亦可言無亦可不知道者言無著空言有滯跡○道心爲主者世情日淡世情日淡而後能以宰世不爲世所推移識情爲主者世情日濃世情日濃且不能善其身又安能善天下○敬者主一無適之謂夫所謂一者必有所指莊嚴以爲敬者涉於安排存想以爲敬者流於意識不安排而莊不意識而存此非透所謂一者不能一者無一處不到而不可以方所求無

一息不運而不可以斷續言知一則知敬知敬則知聖學矣○舜爲法天下自天下起念可傳後世自後世起念如今又只在自家一身一家起念較是非毀譽限在一鄉則結果亦在一鄉

給諫羅匡湖先生大紘

羅大紘字公廓號匡湖吉之安福人萬曆丙戌進士辛卯九月吳門爲首輔新安山陰具揭請立太子列吳門姓氏於首上怒甚吳門言不與聞特以閣中故事列名耳時先生以禮科給事中守科得本上疏糾之遂謫歸先生學於徐魯源林下與南皐講學南皐謂先生敏而善入衆人所却步躊躕四顧者先生提刀直入衆人經數年始入者先生先闖其奧然觀其所得破除默照以爲一念既滯五官俱墮於江右先正之脈又一轉矣野史言吳門歿其子求南皐立傳南皐爲之作傳先生大怒欲具揭告海內南皐囑申氏弗刻乃止按吳門墓表見刻南皐存眞集野史之非可勿辨矣

匡湖會語

心非專在內俯仰今古無非是心性非專是心耳目口鼻無非是性故知心量之無外則存心者不必專收於內知性體之無二則盡性者不必苦求於心一念迷卽爲放而心非自內出也一念覺則爲收

而心非自外來也當其視心卽在目心量如是眼量亦如是迷則皆迷悟則皆悟不必舍視而別求心也當其聽心卽在耳心量如是耳量亦如是迷則皆迷悟則皆悟不必舍聽而別求心也語默動靜周旋屈伸一切與心相印元氣充周於天地靈光徧照於宇宙必拘守一塊肉乃爲存心哉○旣曰氣質卽不是性旣云性便不墮氣質不識天命之性只管在氣質上修治所以變化不得○性之身之是千古兩派學脈一則視聽言動不離乎性一則視聽言動不離乎身堯舜惟精惟一允執厥中所謂成性存存道義之門此性之之學也湯武以義制事以禮制心以敬勝怠以義勝欲所謂修身道立履準蹈繩此身之之學也堯舜固是自然卽當其憂嗟咨歎兢業勞苦亦從性之來湯武固是勉然卽當其動罔不臧身安用利亦從身之發故學者初入門時劈空從性命上參求竟是性之之學起手從身心上操存終是身之之學○問夫子言仁何不直指仁體而必曰復禮何也曰乾之元亨利貞卽我性之仁義禮智元者善之長也亨者嘉之會也蓋乾元資始統天蕩蕩難名至於亨當巽離之交雲行雨施品物流行枝葉華蘤蒼翠丹綠雜然並陳所謂萬物皆相見也卽此相見者而資始統天之元灼然宇宙悟此而復禮歸仁不待贅辭矣故

繫傳曰顯諸仁○仁之渾然全體難於思求而其條理則有可覺悟故復禮卽歸仁仁一而已矣在目爲視在耳爲聽發於聲爲言運於身爲動此仁之條理所爲禮也舍禮之外無仁舍視聽言動之外無禮故一日之閒能於視聽言動忽然覺悟而仁之全體呈露矣問何以見天下歸仁曰人但看得仁大看得視聽言動小不知仁體隨在具足卽視而仁之體全在視卽聽而仁之體全在聽言動亦然姑以視明之今人在室見一室在堂見一堂在野見四境仰視而見高天之無窮俯視而見大地之無盡見親則愛見長則敬見幼則慈見入井之孺子則惻隱見釁鐘之牛則不忍孰非與吾之視爲一體者卽此一覺而天下歸仁不待轉盼矣五官之貌言視聽思也五倫之親義序別信也人皆生而具之日而用之所謂故也時時加之體認從此體認從此覺悟事親知人可以知天聰明聖智達乎天德是爲溫故而知新

蘭舟雜述 劉調父記

習俗移人非求友不能變一家有一家氣習非友一鄉之善士必不能超一家之習推之一國天下皆然至於友天下盡矣然一朝又有一朝之氣習非尙友千古不可以脫一世之習此孟子所以超脫於

戰國氣習之外也○吾輩無論友千古友四方此身自房中出到廳上便覺超然自廳上出到門外又覺超然○孔子去魯不以女樂而以燔肉其一段肫肫之仁淵深而不淺露容畜而不迫隘不倚於意見不倚於名節全是天德用事人則不免於有所倚矣○安土敦乎仁故能愛人各有所處之地所謂士也惟不安其所處之地則一室之內不勝異意我既嫌人人亦嫌我如之何能安乎仁而相親愛乎若安土者見處處皆好人人皆好是以能無不愛無不愛是謂敦厚以居仁○仁本與萬物同體只爲人自生分別所以小了古人天下一家中國一人非意之也其心量原自如此今處中國只爭個江西江西又爭個吉安吉安又爭個安福安福又爭個某鄉某鄉又爭個某里某里又爭個某姓某姓又爭個某房某房又爭個某祖父位下某祖父位下又只爲我一人終生營營不出一身一家之內此豈不是自小乎故善學者愈充之則愈大不善學者愈分之則愈小

姚江黄梨洲先生著

豫章後學 夏鼎 熊育鑫 熊繩祖 熊育鏞 徐兆瀾 周聯慶 熊榮祖 蕭兆柄 劉秉楨 李真實 重刊

中丞宋望之先生儀望

宋儀望字望之吉之永豐人由進士知吳縣入爲御史劾仇鸞擁兵居肘腋無人臣禮復劾分宜之黨胡宗憲阮鶚遷大理丞分宜中之出備兵霸州移福建大計歸以薦補四川僉事遷副使視福建學政陞參政入爲太僕大理卿巡撫南直隸僉都御史建表忠祠祀遜國忠臣表宋忠臣楊拜義墓卒年六十五先生從學於聶貞襄聞良知之旨時方議從祀陽明而論不歸一因著或問以解時人之惑其論河東白沙亦未有如先生之親切者也

陽明先生從祀或問

或有問於予曰古今學術自堯舜至於孔孟原是一個後之談學者何其紛紛也予答之曰自古及今人同此心心同此理所謂理者非

自外至也易繫曰天地之大德曰生人得天地生物之心以為心所為生理也此謂生理卽謂之性故性字從心從生程子曰心如穀種又曰心生道也人之心自有此個生理故其真誠惻怛之意流行於君臣父子兄弟夫婦朋友以至萬事萬物之間親親疏疏厚厚薄薄自然各有條理不俟安排非由外鑠是所謂天命之性真實無妄者也自堯舜以來其聖君賢相名儒哲士相與講求而力行者亦只完得此心生理而已此學術之原也○或曰人之心只有此個生理則學術亦無多說何至紛紛籍籍各立異論何也子曰子何以為異也曰精一執中說者以為三聖人相與授受萬世心學之原至矣成湯文武周公以後又曰以禮制心以義制事曰熙緝敬止曰敬以直內義以方外孔門之學專務求仁孟子又專言集義曾子子思述孔子之意作大學中庸聖門體用一原之學發明始盡至宋儒朱子乃本程子而疑大學古本缺釋格物致知於是發明其說不遺餘力說者謂孔子集羣聖之大成而朱子則集諸儒之大成其說已三百餘年至陽明先生始反其說初則言知行合一既則專言致良知以為朱子格物之說不免求理於物梏心於外此其說然歟否歟子答之曰上古之時人含淳樸上下涵浸於斯道而不自知伏羲氏仰觀俯察

始畫八卦以通神明之德以類萬物之情然當時未有文字學者無從論說至堯舜禹三大聖人更相授受學始大明其言曰人心惟危道心惟微惟精惟一允執厥中蓋此心本體純一不雜是謂道心卽所謂中也若動之以人則爲人心矣非中也微者言乎心之微妙也危則殆矣精者察乎此心之不一而一於道心也一者一乎此心之精而勿奪於人心也如此則能允執厥中天命可保矣此傳心之祖也以禮制心者言此心只有此個天理禮卽天理之謂也故制心者惟不欺此心之天理則心之體全矣以義制事者言天下之事莫非吾心流行之用制事者惟順吾心之條理裁制而不以己私與焉則心之用行矣此體用合一之說也若謂禮屬心義屬事是心與事二矣孟子曰心之所同然者何也謂理也義也說者謂在物爲理處物爲義審如此說是理與義果爲二物乎心外無理心外無義心外無物自我心之條理精察而言謂之理自吾心之泛應曲當而言謂之義其實一也熙緝敬止者言心本體自光明緝熙則常存此光明也敬止者言此心無動無靜無內無外常一於天理而能止也文王緝熙光明使此心之本體常敬而得所止故曰純亦不已文王之德之純此之謂也敬以直內者言心之體本直但能常主於敬則內常直

矣義以方外者言心之神明自能裁制萬事萬物但能常依於義則外常方矣敬者義之主宰在內而言謂之敬義者敬之裁制在外而言謂之義惟其敬義致一內外無間則德曰大而不習無不利矣故曰性之德也合內外之道也故時措之宜也嗟乎堯舜禹湯聖君也文王周公聖臣也古之君臣相與講究此學先後一揆其力量所到特有性反之不同耳若相傳學脈則千古一理萬聖一心不可得而異也時至春秋聖君賢相不作人心陷溺功利橫流孔子以匹夫生於其時力欲挽回之故與羣弟子相與講明正學惓惓焉惟以求仁爲至夫仁人心也卽心之生理也其言曰夫仁者己欲立而立人己欲達而達人解之者曰仁者以天地萬物爲一體手足痿痹卽爲不仁此仁體之說也當時在門之徒如予賜由求最稱高等然或膠擾於事功冒入於聞見孔子皆不許其爲仁惟顏子請事竭才直悟本體故孔子贊易之復曰有不善未嘗不知知之未嘗復行顏氏之子殆庶幾焉此知行合一之功孔門求仁宗旨孟子集義之說因告子以仁爲內是以己性爲有內也以義爲外是以己性爲有外也故孟子專言集義義者心之宜天理之公也言集義則此心天理充滿而仁體全矣大抵古人立言莫非因病立方隨機生悟如言敬義或止

言敬言忠恕或止言恕孔子答顏子問仁專在復禮至答仲弓又言敬恕要之莫非所以求仁也至於大學之書乃孔門傳授心法析之則條目有八合之則工夫一致蓋千古以來人心只有此個生理自其主宰而言謂之心自其發動而言謂之意自其靈覺而言謂之知自其著見而言謂之物故心主於身發於意統於知察於物卽是一時原無等待卽是一事原無彼此此大學本旨也家國天下莫非格物也格致誠正莫非修身也其實一也朱子既以致知格物專爲窮理而正心誠意工夫又條分縷析且謂窮理工夫與誠正工夫各有次第又爲之說以補其傳其言曰人心之靈莫不有知天下之物莫不有理惟於理有未窮故其知有不盡又曰心雖主乎一身而實管乎天下之理理雖散在萬事而實不外乎吾之一心說者謂其一分一合之間不免析心與理而二之當時象山陸氏嘗與反覆辨論謂其求理於物梏心於外非知行合一之旨兩家門人各持勝心遂以陸學主於尊德性而疑其近於禪寂朱學專於道問學而疑其涉於支離三百年間未有定論至我朝敬齋薛氏白沙陳氏起而知行合一之說稍稍復明我世宗皇帝始以陸氏從祀孔庭甚大惠也正德嘉靖間陽明先生起而與海內大夫學士講尋知行合一之旨其後

因悟大學中庸二書乃孔門傳心要法故論大學謂其本末兼該體用一致格物非先致知非後格致誠正非有兩功修齊平治非有兩事論中庸則謂中和原是一個不覩不聞卽是本體戒愼恐懼卽是工夫愼獨云者卽所謂獨知也愼吾獨知則天德王道一以貫之固不可分養靜愼動爲兩事也學者初聞其說莫不詫異旣而反之吾心驗之躬行考之孔孟旣又參之濂溪明道之說無不脗合蓋人心本體常虛常寂常感常應心外無理理卽是心理外無事事卽是理若謂致知格物爲窮理工夫誠意正心又有一段工夫則是心體有許多等級日用工夫有許多次第堯舜孔孟先後相傳之學果如是乎至於致良知一語又是先生平日苦心懇到恍然特悟自謂得千古聖人不傳之祕然參互考訂又却是學庸中相傳要語非是懸空杜撰自開一門戶自生一意見而欲爲是以立異也後來儒者不知精思反求徒取乎在物爲理之一語至析心與理而二之又謂生而知之者義理耳若夫禮樂名物古今事變亦必待學而知如此則禮樂名物古今事變與此心義理爲兩物矣此陽明先生所以力爲之辨而其學脈宗旨與時之論者委若冰炭黑白此又不可強爲之說也〇或曰陽明先生言知行合一其說詳矣其在六經亦有不甚同

處不可不辨傅說之告高宗曰非知之艱行之惟艱是知在先行在後易繫曰乾以易知坤以簡能是知屬乾行屬坤中庸言未發已發亦屬先後生知學知安行利行亦有等級大學物有本末事有終始知所先後則近道矣凡如此說皆可例推今陽明先生却云知之真切篤實處卽是行行之精察明覺處卽是知如此是知行滾作一個更無已發未發先後次第與古先哲賢亦是有間又如程子以格物爲窮理易繫亦言窮理盡性以至於命今陽明言格致誠正原是一事而極言格物窮理之說似爲支離其說可得聞歟子曰自天地生物以來惟人也得其秀而最靈所謂靈者卽吾心之昭明靈覺炯然不昧者也人自孩提以來卽能知愛知敬夫知愛知敬卽良知也知愛而愛知敬而敬卽良能也此謂不待慮而知不待學而能也極而至於參天貳地經世宰物以至通古今達事變亦莫不是循吾良知充吾良能非外此知能而別有 路徑也故曰大人者不失其赤子之心也此知行合一之原也傅說所謂非知之艱行之惟艱者言人主一日之間萬幾叢集多少紛奪多少牽引非真能以天地萬物爲心以敬天勤民爲事則怠樂易生生機易喪非不知賢士大夫之當親邪佞寵倖之當遠而有不能親不能遠者欲奪之也故爲人主者

惟在親賢講學養成此心知而必行不爲邪佞搖惑不爲寵倖牽引乃爲知而能行故曰知之非艱行之惟艱此傳說所以惓惓於高宗也乾以易知坤以簡能者天地之氣原是一個乾以一氣而知大始有始則終可知故曰易坤以一氣而作成物能成則始可見故曰簡若天地之氣各自爲用則感應不通二氣錯雜造化或幾乎息矣人心之生理卽乾坤之生理也率吾良知則無所不知故曰易則易知率吾良能則無所不能故曰簡則易從知者知乎此也能者能乎此也實一理也故曰易簡而天下之理得矣此又知行合一之旨也中庸未發已發云者言人心本體常虛常寂常感常應未應不是先故體卽是用已應不是後故用卽是體後來儒者正是此處看得不透却去未發上做守寂工夫到應事時又去做愼動工夫却是自入支離窠臼明道云心一也有指體而言者寂然不動是也有指用而言者感而遂通天下之故是也周子恐人誤認中和作先後看故曰中也者和也中節也天下之達道也孟子指親親敬長爲達之天下卽達道之說也親親敬長良知也達之天下良能也又何嘗有先後李延平令學者看喜怒哀樂未發以前氣象夫未發氣象卽孟子夜氣之說若未發之中原無氣象可言譬之鏡然置之廣室大衆之中無

所不照未嘗有動也收之一亙之內照固自在未嘗有寂也陽明先生政恐人於此處未透故其答門人曰未發之中卽良知也無前後內外而渾然一體者也有事無事可以言動靜而良知無分於有事無事也寂然感通可以言動靜而良知無分於寂然感通也動靜者所遇之時心之本體固無分於動靜也理無動者也動卽爲欲循理則雖酬酢萬變而未嘗動也從欲則雖槁心一念而未嘗靜也有事而感通固可以言動然而寂然者未嘗有增也無事而寂然固可以言靜然而感通者未嘗有減也其言發明殆盡矣生知安行學知利行等語乃就人品學問力量上看譬之行路者或一日能百里能六七十里能三四十里其力量所到雖有不同然同此一路非外此路而別有所知也同此一行非外此行而別有所行也但就知而言則有生知學知困知不同就行而言則有安行利行勉行不同故曰及其知之與其成功一也又何嘗截然謂知與行爲兩事哉大學本末始終先後等語極爲分曉蓋此心本體卽至善之謂至善者心之止處易曰艮其止止其所也學問工夫必先知吾至善所在看得分曉則生意流行曲暢旁通定靜安慮自然全備易所謂知至至之可與幾也知終終之可與存義也亦是此意先儒所謂知止爲始能得爲

終言一致也從生天生地生人以來只是一個生理由本達末由根達枝亦只是此個生理先儒謂明德爲本親民爲末本即體也末即用也民者對己而言此身無無對之時亦無無用之體體常用也民常親也明德者心之體也親民者明德之用也如明明德以事父則孝之德明明明德以事君則忠之德明此本末之說一以貫之陽明先生辨之已詳若夫知所先後則近道矣二句其義最精夫率性之道徹天徹地徹古徹今原無先後聖人全體此心通乎晝夜察乎天地亦無先後可言吾人心體與聖人何嘗有異惟落氣質以後則清濁厚薄迥然不同氣稟既殊意見自分仁者見之謂之仁知者見之謂之知百姓則貿貿焉日用不知而君子之道鮮矣大學一書發明明德親民而止於至善所謂至善者即本然之良知而明德親民之極則也是良知也至虛至靈無古今無聖愚一也故意念所動有善有不善有過有不及而本體之知未嘗不知也吾人但當循吾本然之良知而察乎天理人欲之際使吾明德親民之學皆從真性流出真妄錯雜不至混淆知此而後可以近道道即率性之道也苟或不知真性一脈而或入於空虛或流於支離如二氏五伯其失於道也遠矣中庸所謂知遠之近知風之自知微之顯可以入德意正如此

孔門作大學而歸結在於知所先後一語雖為學者入首而言然知之一字則千古以來學脈惟在於此此致良知之傳陽明先生所以喫緊言之故曰乃若致知則存於心悟致知焉盡矣若易言窮理盡性以至於命非所謂窮至事物之理之謂也理也性也命也一也明道云只窮理便盡性至命窮字非言考索卽窮盡吾心天理之窮故窮仁之理則仁之性盡矣窮義之理則義之性盡矣性天之命也窮理盡性則至命也所謂知天地之化育也且格物窮理之說自程朱以至今日學者孰不尊而信之今朱子或問具在試取其說而論之如云大學之道先致知而後誠意夫心之所發為意意之所在為物今曰先致知而後誠意則所知者果何物耶物果在於意之外耶又曰惟其燭理之明乃能不待勉強而自樂循理夫不待勉強而自樂循理聖人之事也豈誠意工夫又在循理之後耶又云學莫先於正心誠意欲誠意正心必先致知格物凡有一物必有一理窮而至之所謂格也格物亦非一端如或讀書講明道義或論古今人物而別其是非或應接事物而處其當否皆窮理也又曰窮理者非必盡窮天下之理又非止窮得一理便到但積累多後自當脫然有悟處如窮孝之理當求所以為孝者如何若一事上窮不得且別窮一事或

先其易者或先其難者但得一道而入則可以類推而通又謂今日格一物明日窮一理久則自然貫通此伊川先生窮理格物之說也今試反之吾心考之堯舜精一之旨與此同乎異乎夫人同此心心同此理理卽天理也學者所以學乎此心也如讀書窮理講論古今豈是不由意念所發輒去讀書講明古今之理如事親從兄豈是不由意念所發輒去窮究事親從兄之理或應接事物而處其當否不知舍意念則何從應接何從處得當否又謂今日格一物明日窮一理而不知所學工夫自志學至於不踰矩原是一個若必待盡窮事物之理而後加誠正工夫恐古人未有此一路學脈且人每日之間自雞鳴起來便將何理去窮何物去格又如一日事變萬狀今日從二十以後能取科第入仕途便要應接上下躬理民社一日之間豈暇去格物窮理方纔加誠正一段工夫又豈是二十年以前便將理窮得盡物格得到便能做得好官幹得好事只如此便覺有未通處若陽明先生論大學古本則謂身心意知物一事也格致誠正修一工夫也何也身之主宰爲心故修身在於正心心之發動爲意故正心在於誠意意之所發有善有不善而此心靈明是是非非昭然不昧故誠意在於致知知之所在則謂之物物者其事也格正也至也

格其不正以歸於正則知致矣故致知在於格物詩云天生蒸民有物有則孟子云萬物皆備於我夫大人之學以天地萬物爲一體者也故言物則知有所察意有所用心有所主是不可以先後彼此分也大學一書直將本體工夫一下說盡一失俱失一得俱得先生大學或問一篇發明殆盡而世之論者猶或疑信相半未肯一洗舊聞力求本心以至今議論紛然不一以愚測之彼但謂致良知工夫未免專求於內將古人讀書窮理禮樂名物古今事變都不講求此全非先生本旨夫大學有體有要不先於體要而欲從事於學謬矣譬之讀書窮理何嘗不是如我意在於讀書則講習討論莫非致知莫非格物吾意在於事親則溫清定省服勞奉養莫非致知莫非格物故物格則知至知至則意誠意誠則心正心正則身修此孔門一以貫之之學也晦翁晚年定論亦悔其向來所著亦有未到且深以誤己誤人爲罪其答門人諸書可考也至於伊川門人亦疑格物之說非程子定論具載大學或問中是其說在當時已未免異同之議非至今日始相牴牾也○或曰知行合一之說則既聞教矣先生又專提出致良知三字以爲千古不傳之秘何也予答之曰此先生悟後語也大學既言格致誠正中庸又專言愼獨獨卽所謂獨知也程子曰

有天德便可語王道其要只在慎獨意蓋如此孔門之學專論求仁然當時學者各有從入惟顏子在孔門力求本心直悟全體故易之復曰有不善未嘗不知知之未嘗復行顏氏之子殆庶幾焉此致良知一語蓋孔門傳心要訣也何也良知者吾人是非之本心也致其是非之心則善惡真妄如辨黑白希聖希天別無路徑孔子云道二仁與不仁而已出乎此則入乎彼大學所謂誠意中庸所謂慎獨皆不外此此致良知之學先生所以喫緊語人自以為學聖要訣意固如此吾輩當深思之○或曰陽明之學既是聖門正脈不知即可語聖人否予答之曰昔人有問程子云孟子是聖人否程子曰未敢便道他是聖人然學已到至處先生早歲以詩文氣節自負既有志此學乃盡棄前業確然以聖人為必可至然猶未免沿襲於宋儒之理語浸淫於二氏之虛寂龍場之謫困心衡慮力求本心然後真見千古以來人心只有此箇靈靈明明圓圓滿滿徹古今通晝夜無內外無動靜常虛常寂常感常應不出獨知真體故後來只提出致良知三字開悟學者竊謂先生所論學脈直與程子所謂已到至處非過也○或曰予謂我朝理學薛陳王三公開之然其學脈果皆同歟予答之曰三子者皆有志於聖人者也然薛學雖祖宋儒居敬窮理之

說而躬行實踐動準古人故其居身立朝皆有法度但真性一脈尚涉測度若論其人品蓋司馬君實之流也白沙之學得於自悟日用工夫已見性體但其力量氣魄尚欠開拓蓋其學祖於濂溪而所造近於康節也若夫陽明之學從仁體處開發生機而良知一語直造無前其氣魄力量似孟子其斬截似陸象山其學問脈絡蓋直接濂溪明道也雖然今之論者語薛氏則合口同詞語陳王則議論未一信乎學術之難明也已○或曰陽明之學吾子以爲得孔門正脈是矣然在當時其訾而議者不少至於剿擒逆濠其功誠大矣然至今尚憎多口此何故也予答之曰從古以來忌功妒成豈止今日江西之功先生不顧覆宗滅族爲國家當此大事而論者猶不能無忌心范陽之變元宗歎河北二十四郡無一忠義應者當時非顏魯公兄弟起則唐社稷危矣宸濠蓄謀積慮藉口內詔左右親信皆其心腹其後乘輿親征江彬諸人欲挾爲變先生深機曲算內戢凶倖外防賊黨日夜如對勁敵蓋先生苦心費力不難於逆濠之擒而難於調護乘輿之輕出也其後逆濠伏誅乘輿還京此其功勞誰則知之當其時內閣銜先生歸功本兵遂扼其賞一時同事諸臣多加黜削即桂公生長江西猶橫異議近來好事之徒又生一種異論至以金帛

子女議公此又不足置辨先生平日輕富貴一死生方其疏劾逆瑾備受箠楚閒關流離幾陷不測彼其死生之不足動又何金玉子女之云乎哉甚矣人之好爲異論而不反視於事理之有無也善乎司寇鄭公之言曰王公才高學邃兼資文武近時名卿鮮能及之特以講學故衆口交訾蓋公功名昭揭不可蓋覆惟學術邪正未易銓測以是指斥則讒說易行媢心稱快耳今人咸謂公異端如陸子靜之流嗟乎以異端視子靜則游夏純於顏曾思孟劣於雄況矣今公所論敘古本大學傳習錄諸書具在學者虛心平氣反覆融玩久當見之嗟乎使鄭公而愚人也則可鄭公而非愚人也則豈非後世之定論哉○或曰近聞祠部止擬薛文清公從祀王陳二公姑俟論定何也予荅之曰當時任部事者不能素知此學又安能知先生孔子大聖也其在當時羣而議者奚啻叔孫武叔輩孟子英氣下視千古當時猶不免傳食之疑我明理學尚多有人如三公者則固傑然者也乃欲進薛而遲於王陳其於二公又何損益陸象山在當時皆議其爲禪而我世宗朝又從而表章之愚謂二公之祀舉不足論所可惜者好議者之不樂我國家有此盛舉也

徵君鄧潛谷先生元錫

鄧元錫字汝極號潛谷江西南城人年十三從黃在川學喜觀經史人以爲不利舉業在川曰譬之豢龍隨其所嗜豈必膏粱耶年十七卽能行社倉法以惠其鄉人聞羅近溪講學從之遊繼往吉州謁諸老先生求明此學遂欲棄舉子業大母不許舉嘉靖乙卯鄉試志在養母不赴計偕就學於鄒東廓劉三五得其旨要居家著述成五經繹函史數爲當路薦舉萬曆壬辰授翰林待詔府縣敦趣就道明年辭墓將行以七月十四日卒於墓所年六十六時心宗盛行謂學唯無覺一覺無餘蘊九思九容四教六藝桎梏也先生謂九容不修是無身也九思不愼是無心也每日晨起令學者靜坐收攝放心至食時次第問當下心體語畢各因所至爲覺悟之先生之辨儒釋自以爲發先儒之所未發然不過謂本同而末異先儒言釋氏之學於敬以直內則有之矣義以方外則未之有也又曰禪學只到止處無用處又曰釋氏談道非不上下一貫觀其用處便作兩截先生之意不能出此但先儒言簡先生言繁耳

鄧潛谷雜著

近世心宗盛行說者無慮歸於禪乘公獨揭天命本然純粹至善爲宗異於諸法空相以格物曰可見之行以有物有則爲不過物之旨

異於空諸所有此公深造獨得之旨而元錫竊自附於見知者也今改而曰蕩清物欲竊以爲物不可須臾離誠者物之終始內而意心身知外而家國天下無非物者各有其則九容九思三省四勿皆日用格物之實功誠致行之物欲自不得行乎其中此四科六藝五禮六樂之所以教也復許敬菴〇曲禮稱敖不可長欲不可縱敖欲卽物不可長不可縱卽物之則不長敖縱欲卽不過乎物則去欲固格物中之一事同上〇心之著於物也神爲之也心之神上炎而外明猶火狀得膏而明得薰而香得臭腐而羶故火無體著物以爲體心無形著物以爲形而其端莫大於好惡物感於外好惡形於內不能內反則其爲好惡也作而平康之體微故聖門之學止於存誠精於研幾幾者神之精而明微而幽者也非逆以知來反以退藏未之或知也孔門之論性曰至善論幾曰動之微言好惡不作則無不康也無不平也神凝而定知止而藏又何感應之爲累矣夫浮由氣作妄緣見生者也氣之善者十之五見之善者十之三神爲氣揚知隨見流譬諸觀火乎目熒熒而心化矣故神不浮則氣歸其宅見不執則知反其虛古人所以日兢兢於克己舍己擇中用中而不能自已也

報萬思默〇古學平易簡實不離日用誠明二字實其樞紐近裏著

己時時從獨覺處著察俾與古人洞無間隔寄王秦關書○承諭學不分內外寂感渾然天則此極則語第云默自檢點內多遷移雖吾丈檢身若不及之誠而以真性未悟真功未精爲疑是猶惑於近學謂一悟皆真亦狃於故學爲功深始得耶又云過此一關想有平康之路似猶懸臆竊意平康之體卽所謂無內外寂感渾然天則近在目前不可得離者而人心之危無時無鄉卽在上聖猶之人也則心猶之人何能無遷移過則矣乎惟在上聖精一之功一息匪懈而所爲學者又精之一之無一息離乎平康正直之體故內外寂感渾然一天纔有流轉自知自克此古人所以死而後已者也一息離者肆矣安肆日偷於平康之則遠矣則平康實際固非可一悟皆真平康本體又豈緣功深而得耶寄王秦關書○昔東廓先生以先公墓表詣陽明公而虔州夜雪渙然仁體以爲世儒宗今我公以先公墓石詣敬菴公而苕溪暑雨淪浹深至當必有相觀一笑者答張覲屏書

○高公學南太學時二先生說盛行增城官南太宰稱湛氏學矣公往造業投刺見閽者擲筆抵掌歎蓋歆之也問焉指尺牘曰是赫蹏所請請書地直累千金者也公曰亟反吾刺是於所謂天理何居乎不見而反王門高第弟子官郎署名王氏學有聲公造焉於彈碁時

得其人慧而多機退歎曰卽多機而慧名良知弊安所極哉亦竟謝不復往於是就高陵呂先生於奉常邸學焉王稚川行狀○常存戒愼恐懼則心體自明勿任意必固我則物宜自順問知曰先自知問仁曰先自愛問勇曰先自強而以無自欺爲致知如惡惡臭如好好色爲格物尤吾所未發立本深矣二條同上○餘姚之論信本心之知已過故增城以爲空知增城以勿忘勿助之間卽爲天理故餘姚以爲虛見然餘姚言致知未嘗遺問思辨行傳之者過遂以爲空知增城言勿忘勿助時天理自見語固未嘗不確也蓋權衡已審而世有求端於一悟謂卽悟皆真有觀察卽爲外馳有循持卽爲行仁義則痛闢之以爲蔽陷虛蕩妨教而病道

論儒釋書

辱諭反覆於儒釋異同之辨開示覺悟厚幸厚幸自釋氏之說興而辨之者嚴且千數百年於此矣則聖學不明之過也聖學之不明者由於不擇而不精彼其爲道宏闊勝大其爲言深精敏妙其爲實曰用平等其爲虛交融徧徹其爲心十方三界其爲教宏濟普度漢拾其苴晉揚其瀾入唐來遂大發其窔奧世之爲儒學者高未嘗扣其閫奧卑未嘗涉其藩籬其甚者又陽攻其名而陰攘其實宜拒之者

堅而其為惑滋不可解也是故昌黎韓子推吾道於仁義而斥其教以為不耕不蠶不父不君有衞道功矣考亭朱子則謂以麄而角精以外而角內固無以大厭其心也至其卓然自信於精一不惑者代不數人而約之數端有以為主於經世主於出世而判之以公私者矣有以為吾儒萬理皆實釋氏萬理皆虛而判之以虛實者矣有以為釋氏本心吾儒本天而判之以本天本心者矣有以為妄意天性不知範圍天用以六根之微因緣天地而誣之以妄幻者矣有以為厭生死惡輪迴而求所謂脫離棄人倫遺事物而求明其所謂心者矣是舉其精者內者以剖析摘示俾人不迷於所向而深於其道者亦卒未能以終厭其心也夫聖人之學惟至於盡性至命天下國家者皆吾性命之物修齊治平者皆吾盡性至命中之事也不求以經世而經世之業成焉以為主於經世則有意矣佛氏之學唯主於了性明心十方三世者皆其妙覺性中之物慈悲普度者皆其了性命中之事也無三界可出而出世之教行焉以為主於出世則誣矣吾儒理無不實而無方無體易實言之無聲無臭詩實言之則實者曷嘗不虛釋氏理無不虛而搬柴運水普見真如坐臥行住悉為平等則虛者曷嘗不實釋氏之所謂心指夫性命之理妙明真常生化自

然圓融遍體者言之卽所謂天之命也直異名耳而直斥以本心不
無辭矣夫其爲妙明眞常之心也則天地之闔闢古今之往來皆變
化出入於其間故以爲如夢如幻如泡如影而其眞而常者固其常
住而不滅者也豈其執幻有之心以起滅天地執幻有之相以塵芥
六合也乎其生死輪迴之說則爲世人執著於情識沉迷於嗜欲頃
刻之中生東滅西變現出沒大可憐憫欲使其悟夫性命之本無生
死無輪迴者而拔濟之爲迷人設也其棄人倫遺事物之迹則爲世
人執著於情識沉迷於嗜欲相攻相取膠不可解故羣其徒而聚之
令其出家以深明夫無生之本而上報四恩下濟三塗如儒者之聚
徒入山耳爲未悟人設也至於枯寂守空排物逆機彼教中以爲支
辟見元見妙靈怪怳忽彼教中以爲邪魔而儒者一槩而委之於佛
彼方慈憫悲仰宏濟普度而吾徒斥之以自私自利彼方心佛中間
泯然不立而吾徒斥之以是內非外卽其一不究其二得其言不得
其所以言彼有啞然笑耳又何能大厭其心乎乃其豪釐千里之辨
則有端矣蓋道合三才而一之者也其體盡於陰陽而無體故謂之
易其用盡於陰陽而無方故謂之神其燦然有理謂之理其粹然至
善謂之性其沛然流行謂之命無聲無臭矣而體物不遺不見不聞

矣而莫見莫顯是中庸之所以爲體異教者欲以自異焉而不可得也聖人者知是道之盡於心是心若是其微也知此此而精之之謂精守此而固之之謂一達此於五品五常百官萬務之交也之謂明倫之謂察物變動不拘周流六虛矣而未始無典常之可揆成文定象精義利用矣而未始有方體之可執故無聲無臭無方無體者道之體也聖人於此體未嘗一毫有所增是以能立天下之大本有物有則有典有禮道之用也聖人於此體未嘗一毫有所減是以能行天下之達道立大本行達道是以能盡天地人物之性而與之參易象其理詩書禮樂春秋致其用猶之天然上天之載無聲無臭而四時百物自行自生也故窮神知化而適足以開物成務廣大悉備而不遺於周旋曲折幾微神明而不出於彝常物則五至三無而不外於聲詩禮樂上智者克復於一日夕死於朝聞而未始無密修之功中下者終始於典學恆修於困勉而未始無貫通之漸同仁一視而篤近以舉遠汎愛兼容而尊賢以尚功夫是以範圍不過曲成不遺以故能建三極之大中釋氏之於此體其見甚親其悟甚超脫敏妙矣然見其無聲臭矣而舉其體物不遺者一之於無物見其無覩聞矣而舉其生化自然者一之於無生既無物矣而物之終不可得無者

以非有非無而一之於幻妄既無生矣而生之終不可得盡者以爲不盡而盡而一之於滅度明幻之爲幻而十方三界億由旬劫者此無生之法界也明生之無生而胎卵濕化十二種生者此無生之心量也宏濟普度者此之謂濟也平等日用者此之謂平也圓覺昭融者此之爲覺也雖其極則至於粟粒之藏真界乾屎橛之爲真人噓氣舉手瞬目揚眉近於吾道之中庸而吾學之道中庸者終未嘗以庸其慮雖其授受至於拈花一笑棒喝交馳擬議俱泯心行路絕近於聖門之一唯而吾學之盡精微者終未嘗以嬰其心雖其行願至於信住迴向層次階級近於聖門之積累而聖門之詩書禮樂經緯萬古者終未嘗一或循其方雖其功德至於六度萬行普濟萬靈近於聖門之博愛而聖門之九經三重範圍曲成者終未嘗一以研諸慮蓋悟其無矣而欲以無者空諸所有悟其虛矣而欲以虛者空諸所實欲空諸有而有物有則有典有禮者不能不歸諸幻也欲空諸所實而明物察則惇典庸禮者不能不歸諸虛也故其道虛闊勝大而不能不外於倫理其言精深敏妙而不能開物以成務文中子曰其人聖人也其教西方之教也行於中國則泥誠使地毀中土人集靈聖神迹怪異理絕人區威證明顯事出天表信如其書之言然後

其教可得而行也今居中國之地而欲行西方之教以之行己則髡髮緇衣斥妻屏子苦節而不堪矯異而難行也然且行之斯泥矣以之處物則久習同於初學毀禁等於持戒衆生齊於一子普濟極於含靈必外於斯世而生而後其說可通也處斯世斯生而欲以其說通之斯泥也以之理財則施舍盛而耕桑本業之教荒以之用人則賢否混而舉錯命討之防失以之垂訓則好大不經語怪語神荒忽罔象之教作烏往而不泥哉今所居者中國堯舜禹湯文武之所立也所業者六經堯舜禹湯文武之所作周公仲尼之所述也所以處者人倫庶物堯舜禹湯文武周孔之所修而明也乃欲信從其教而揚詡之亦爲誕且惑矣況吾之修身格致以研精而不離明體誠正以守一而不違行願懲忿窒慾以去損而非有所減遷善改過以致益而非有所增愛惡不與以己而何有憎愛視聽一閑以禮而何有淨染精義至於入神理障亡矣利用所以崇德事障絶矣孝弟通於神明禮樂通於神化則舉其精且至者不旁給他借而足又何必從其教之爲快哉僕少而局方壯未聞道達者病其小廉曠者誚其曲謹約者病其汎涉乃中心恆患其有惑志也其於釋宗何啻千里而欲抽關鍵於眇微析異同於疑似祗見其不知量也然爲是縷縷者

念非執事無以一發其狂言

徵君章本清先生潢

章潢字本清南昌人幼而穎悟張本山出趨庭孔鯉曾從詩禮之傳句即對大學曾參獨得明親之旨十三歲見鄉人負債縲絏者惻然爲之代償與萬思默同舉業已而同問學有問先生近日談經不似前日之煩者先生曰昔讀書如以物磨鏡磨久而鏡得明今讀書如以鏡照物鏡明而物自見搆洗堂於東湖聚徒講學聘主白鹿洞書院甲午廬陵會講有問學以何爲宗曰學要明善誠身只與人爲善便是宗又問善各不齊安能歸併一路曰繼善成性此是極歸一處明善明此也如主敬窮理致良知言各不同皆求明性善之功豈必專執一說然後爲所宗耶又問會友如何得力曰將我這個身子公共放在大爐冶中煅煉其習氣銷鎔其勝心何等得力入青原山王塘南曰禪宗欲超生死何如曰孔子朝聞夕死周子原始反終大意終始皆無便是儒者超生死處鄒南臯曰今之學者不能超脫生死皆緣念上起念各有牽絆豈能如孔子之毋意必固我曰意必固我衆人之通患毋意必固我賢者之實功孔子則並此禁止而絕之矣御史吳安節疏薦少宰楊止菴奏授順天儒學訓導萬曆戊申年八

十二卒所著圖書編百二十七卷先生論止修則近於李見羅論歸寂則近於聶雙江而其最諦當者無如辨氣質之非性離氣質又不可覓性則與蕺山先師之言若合符節矣

章本清論學語

象山言宇宙便是吾心吾心便是宇宙南北海有聖人出焉此心同此理同也甚喜吾心得同聖人而作聖之功亦易爲力於是舉日用之功惟從心所欲既而覺師心之非也始悟孔子之從心所欲有矩在焉始悟象山所謂聖無不同者不徒曰心而曰理指盡心之聖人而言之也今吾未識眞心何敢遽同乎往聖往聖諄諄教人辨危微存亡之機求明此理之同然者以自盡焉耳然而未易辨也心之廣大舉六合而無所不包虎豹豺狼莫非生意而慈悲普度雖摩頂放踵在所必爲皆心之廣大也心之精微析萬殊而無所不入垢穢瓦礫莫非妙道而探索隱僻雖鉤懸鏤塵剖析虛空皆心之精微也心之神明千變萬化而無所不用縱横翕張莫非圓機而與世推移雖神通妙解倏忽流轉皆心之靈變也天理人欲同行異情焦火凝冰變幻靡定雖曰觀諸孩提之愛敬人生之初其心本無不善觀之行道乞人不受嘑蹴梏亡之後本心未泯不知此乃聖賢多方引誘或

指點於未喪之前或指點於既喪之後克念罔念聖狂攸分無非欲人自識其真心以自存也不然人莫不爲孩提也曾有漸長不爲物引習移者乎乞人不受嘑蹴曾有永保此心而勿喪者乎近之論心學者如之何競指衆人見在之心卽與聖人同也孔子之皜皜不可尙者以濯暴之而後有此也乃遽以衆人見在之習心未嘗暴濯者強同之立躋聖位非吾所知也○書曰惟皇上帝降衷於下民若有恆性是下民之恆性卽上帝之降衷孟子謂形色天性也是氣質卽天性也孔子有物有則卽形色天性之謂性固合有無隱顯內外精麤而一之者也後儒乃謂有氣質之性夫人不能離氣質以有生性不能外氣質以別賦也謂氣卽性性卽氣渾然無別固不可謂氣之外有性性之外有氣不免裂性與氣而二之何怪其分天地之性氣質之性而自二其性哉天地化生游氣紛擾參差萬殊故人之所稟清濁厚薄亦因以異是不齊者氣質也非氣質之性也氣質有清濁厚薄強弱之不同性則一也能擴而充之氣質不能拘矣陽明子曰氣質猶器也性猶水也有得一缸者有得一桶者有得一甕者局於器也水不因器之拘而變其潤下之性人性豈因氣質之拘而變其本然之善哉是氣也質也性也分言之可也兼言之可也謂氣質天

性可也謂氣質之性則非矣謂人當養性以變化其氣質可也謂變化氣質之性以存天地義理之性則非矣○問止之云者歸寂之謂乎曰於穆之體運而不息天之止也有密之衷應而無方人之止也寂而未嘗不感感而未嘗不寂顯密渾淪淵浩無際故易以動靜不失其時發明止之義也何可專以寂言耶曰以至善爲歸宿果有方體可指歟曰人性本善至動而神至感而寂虛融恢廓本無內外顯微之間而一有方所非至善也雖至善乃天理之渾融不可名狀而性善隨人倫以散見不待安排隨其萬感萬應各當天則而一真凝然無聚散無隱顯自爾安所止也曰知一也既云知止又云知本何也曰知爲此身之神靈身爲此神之宅舍是良知具足於身中惟本諸身以求之則根之著土自爾生意條達故止卽此身之止於善本卽此善之本諸身止外無本本外無止一以貫之耳○萬物皆備於我今之談者必曰萬物之理皆備我之性致知格物必曰致吾心之知窮在物之理不識聖賢著述何爲各一理字必待後人增之而後能明其說也易謂乾陽物坤陰物中庸不誠無物亦將加一理字而後明乎理一分殊言各有攸當也自物之本末言之天下國家身心意知物之分殊何如也自事之終始言之格致誠正修齊治平事之

分殊何如也然合天下國家身心意知而統之爲一物合格致誠正修齊治平統之爲一事而事之先惟在格物事物之理一爲何如也且大學之道探本窮源惟在格物而身爲物本一是皆以修身爲本聖賢垂訓何其詳切簡明一至此哉諒哉物一而已矣無而未嘗無有而未嘗有一實而萬殊萬分而一本故一言以盡天地之道曰其爲物不貳則其生物不測易曰乾知大始坤作成物又曰復以自知復小而辨於物合而觀之知果一乎否也物果一乎否也知之與物一乎否也真信其體之一則用自不容以不一皆不待辨而自明矣

○天命之於穆不已也人性之淵淵浩浩不覩不聞也欲從而形容之是欲描畫虛空而虛空何色象乎雖然虛空不可描畫矣而虛空萬物之有無不可以形容其近似乎彼由太虛有天之名則太虛即天也雷風雨雪亦莫非天也雷風之未動雨雪之未零寂然杳然一太虛而已矣時乎雷之震風之噓雨之潤雪之寒陰陽各以其時不其沖然太和矣乎自雷風雨雪之藏諸寂謂之爲太虛也太虛本含乎太和之氣謂其本無此雷風雨雪不可也何也及其有也由太虛而出非自太虛之外來也自雷風雨雪之動以時謂之爲太和也太和即寓於太虛之中謂其始有此雷風雨雪不可也何也方其無也

未嘗不太和特不可以太和名也是太虛之中本自有太和者在而太和之外未嘗別有太虛者存太虛太和名有不同天則一而已矣太虛太和亦一而已矣可見喜怒哀樂一人性之雷風雨雪也喜怒哀樂之未發謂之中非人之太虛乎發皆中節非人之太和乎太虛之中朕兆莫窺而無一不包無一非天未發之中沖漠無朕而何一不備何一非性乎故未發非無也特不可以有言也雖由己之所獨知也然默而識之無形之可覩無聲之可聞亦廓然太虛而已矣及一有所感遇可喜而喜遇可怒而怒遇可哀而哀遇可樂而樂發雖在我而一無所與記曰哀樂相生正明目而視之不可得而見也傾耳而聽之不可得而聞也則是發非有也特不可以無言也盎然太和而已矣是發與未發皆自喜怒哀樂言雖謂未發卽性之未發發卽性之發焉亦可也若舍此而別求未發之體則惑矣○言性之故如故吾故人故物故事皆因其舊所有者言之也仁義禮智非由外鑠我也我固有之也是以故言性也而故者以利爲本何也無乃性之故也乍見入井之怵惕睨視之顙泚而惻隱卽故之利也無乃性之故也乞人不受嘑蹴妻妾相泣中庭而羞惡卽故之利也孩提知能不待學慮乃其性之故莫不知愛敬其親長卽其故之利也雖梏

亡之後而夜氣之好惡相近亦莫非其故之利也惟其故之利所以
又曰乃若其情則可以爲善矣情善才亦善故之所以利也歟是利
之云者自然而然不容一毫矯強作爲於其間耳順情而動則利強
性而動則不利而鑿矣雖然戕賊杞柳搏激乎水其爲鑿易知也至
於性無善無不善不有似於故之利乎彼以無爲宗并情才知能悉
以爲流行發用而掃除之是其鑿也更甚夫不慮而知非無知也不
學而能非無能也無欲其所不欲如無欲害人之類是也并欲立欲
達而無之可乎無爲其所不爲如無爲穿窬之類是也并見義而不
爲焉可乎行所無事特無事智巧以作爲之云耳并必有事焉而無
之可乎○指點本體仁卽是心指點工夫義卽是路一事合宜卽此
心之運用也一時合宜卽此心之流行也然則事事合宜非卽事事
心在而爲仁之體事不遺乎時時合宜非卽時時心在而爲仁之與
時偕行乎○道之得名謂共由之路也南之粵北之燕莫不各有蕩
平坦夷之途而聖人仁義之途皆實地也在賢智者可俯而就在愚
不肖者可企而及愛親敬長日用不知而盡性至命聖人豈能舍此
而他由哉此教之所以近道之所以一也若二氏旣以虛寂認心性
因以虛寂爲妙道曰旁日月挾宇宙揮斥八極神氣不變曰光明寂

照無所不通不動道場周遍法界直欲縱步太虛頓超三界如之何可同日語也嘗觀諸天時物皆在其包涵遍覆中也然萬物異類矣並育不相害四時異候矣並行不相背孰主張是易曰乾知大始乾以易知宜乎有知莫天若也然天命本於穆也天載無聲臭也天之知終莫之窺焉人獨異於天乎故知一也在耳爲聽在目爲明在心爲思爲睿智也聲未接於耳聽與聲俱寂也然聽五聲者聽也雖既竭耳力隨其音響悉聽容之不淆焉似乎聽有定在矣卽此以反聽之聽則畢竟無可執也苟自以爲聽執之以辨天下之聲則先以自塞其聰何以達四聰乎色未交於目明與色俱泯也然見五色者明也雖既竭目力隨其形貌悉詳覩之不紊焉似乎明之有定方矣卽此以反觀之明則畢竟無可象也苟自以爲明執之以察天下之色則先已自蔽其明何以明四目乎思慮未萌睿智與事物而俱斂矣然神通萬變者思之睿也雖竭心思隨其事物以酬酢之而盡入幾微似乎睿智有所定矣卽此以自反焉睿則畢竟無可窺也若自以爲睿執之以盡天下之變則先已自窒其思何以無思無不通乎○天地萬物之理皆具此心人之所以爲人亦惟學存此心而已心寂而感者也感有萬端而寂貞於一是心之所以爲心又惟寂而已○

學箴四條一曰大學明德親民止至善中庸經綸立本知化育此是聖人全學庶幾學有歸宿一曰虞廷危微精一孔子操存舍亡此是心學正傳庶幾學有入路一曰顏子欲罷不能曾子死而後已此是爲學真機庶幾不廢半塗一曰明道每思彝倫間有多少不盡分處象山在人情物理事變上用工夫此是爲學實地庶幾不入異端

僉憲馮慕岡先生應京

馮應京字大可號慕岡盱眙人也萬曆壬辰進士授戶部主事改兵部稅監陳奉播惡楚中朝議恐地方激變移先生僉事鎮武漢黃三郡先生下車約束邑令於學宮曰邑故無鑛而每邑歲輸金四千餘緡豈天降地出乎吾以三尺從事矣於是邑令以無鑛移稅監稅監雖怒而無以難也卽走鄖襄以避先生辛丑孟春三司宴稅監陳奉兵舉炮思洩怒於先生百姓聚而譟之奉黨鈎其聚者殺傷百餘人先生因疏奉不法九大罪奉亦疏阻撓國課惡語相加詔遂逮先生下鎮撫司獄二楚之民叩闕鳴冤哭聲震地上不爲省先生在獄四年與同事司李何棟如華珏講學不輟甲辰始出卒於家先生師事鄒南皐其拘幽書草皆從憂患之際言其得力棟如字子極號天玉官至太僕寺卿亦講學於廣陵則先生之傳也

明儒學案卷二十四

明儒學案卷二十五

姚江黃梨洲先生著

豫章後學　夏鼎　熊育鑫
熊繩祖　熊育鏞
徐兆瀾　周聯慶
熊榮祖　蕭兆柄
劉秉楨　李真寶　重刊

南中王門學案

南中之名王氏學者陽明在時王心齋黃五岳朱得之戚南元周道通馮南江其著也陽明歿後緒山龍谿所在講學於是涇縣有水西會寧國有同善會江陰有君山會貴池有光岳會太平有九龍會廣德有復初會江北有南譙精舍新安有程氏世廟會泰州復有心齋講堂幾乎比戶可封矣而又東廓南野善山先後官留都興起者甚衆略載其論學於後其無語錄可考見者附此戚賢字秀夫號南元江北之全椒人嘉靖丙戌進士仕至刑科都給事中以薦龍谿失貴溪指謫官致仕陽明在滁州南元以諸生旅見未知信向其後為歸安令讀論學緒書始契於心遂通書受學為會於安定書院論學者千聖之學不外於心惟梏於意見蔽於嗜欲始有所失一念自反即

得本心在京師會中有談二氏者即正色阻之龍谿偶舉黃葉止兒啼公案南元勃然曰君是吾黨宗盟一言假借便爲害不淺龍谿爲之愧謝南元談學不離良知而意氣激昂足以發之馮恩字子仁號南江華亭人嘉靖丙辰進士陽明征思田南江以行人使其軍因束修爲弟子擢爲南道御史劾都御史汪鋐大學士張孚敬下詔獄會審鋐執筆南江立而庭辯論死其後減戍赦歸貢安國字元略號受軒宣州人師南野龍谿主水西同善之會緒山與之書曰昔人言鴛鴦繡出從君看莫把金鍼度與人吾黨金鍼是前人所傳實未繡得鴛鴦即嘵嘵然空持金鍼欲以度人人不見鴛鴦而見金鍼非徒使之不信併願繡鴛鴦之心亦阻之矣後官山東州守講學於志學書院查鐸字子警號毅齋涇縣人嘉靖乙丑進士爲刑科給事中不悅於新鄭外轉至廣西副使學於龍谿緒山謂良知簡易直截其他宗旨無出於是不執於見即曰虛不染於欲即曰寂不累於物即曰樂無有無無始終無階級俛焉日有孳孳終其身而已沈寵字思畏號古林宣城人登嘉靖丁酉鄉書官至廣西參議師事受軒受軒學於南野龍谿而返謂古林曰王門之學在南畿盍往從之於是古林又師南野龍谿在閩建養正書院在蘄黃建崇正書院近溪立開元之

會於宜州古林與梅宛溪主其席疾革有問其胸次如何曰已無物矣宛溪名守德字純甫官至雲南左參政其守紹興時重修陽明講堂以龍谿主之式祕圖楊珂之閭非俗吏也蕭彥號念渠戶部侍郎謚定肅涇縣人師事緒山蕭良幹字以寧號拙齋仕至陜西布政使師緒山龍谿水西講會之盛蕭氏之力也戚袞字補之號竹坡宣城人項城知縣初及東廓南野之門已受業龍谿龍谿語之曰所謂志者以其不可奪也至於意氣則有時而衰良知者不學不慮自然之明覺無欲之體也吾人不能純於無欲故有致知之功學也者復其不學之體也慮也者復其不慮之體也故學雖博而守則約慮雖百而致則一非有假於外也若見聞測識之知從外而入非良知之本然矣吾人謹於步趨循守方圓謂之典要致知之學變通周流惟變所適蓋規矩在我而方圓自不可勝用此實毫釐之辨也竹坡往來出入就正於師友者凡七八年於是始知意氣不可以爲志聞識不可以爲知格式不可以爲守志益定業益精其及人益廣也張棨字士儀號本靜涇縣人五歲口授諸書卽能了了夜聞雞聲呼其母曰小學云事父母雞初鳴咸盥漱今雞鳴矣何不起母笑曰汝纔讀書便曉其義耶曰便當爲之豈徒曉焉而已南野爲司成因往從之累

年不歸繼從東廓緒山龍谿歸而聚徒講學以收斂精神爲切要以對景磨瑩爲實功以萬物一體爲志願意氣眉睫之間能轉移人心章時鸞號孟泉青陽人河南副使學於東廓程大賓字汝見號心泉歙人貴州參政受學緒山緒山謂之曰古人學問不離七情中用而病痛亦多由七情中作程默字子木休寧人廣州府同知負笈千里從學陽明疾革指六經謂其子曰當從此中尋我莫視爲陳言也鄭燭字景明歙人河間府判及東廓之門人見其衣冠質樸以爲率真者曰率真未易言先須識真耳姚汝循字敘卿號鳳麓南京人嘉靖丙辰進士官終嘉定知州近溪嘗論明德之學鳳麓舉曰說云德猶鑑也匪翳弗昏匪磨弗明近溪笑曰明德無體非喻所及且公一人耳爲鑑爲翳復爲磨者可乎聞之遂有省浸浸悟入有妄子以陽明爲詬病鳳麓曰何病曰惡其良知之說也曰世以聖人爲天授不可學久矣自良知之說出乃知人人固有之卽庸夫小童皆可反求以入道此萬世功也子曷病殷邁字時訓號秋溟留守衛人歷官禮部侍郎與何善山遊與聞緒言所著有懲忿窒慾編姜寶字廷善丹陽人歷官南禮部尚書受業荊川之門

孝廉黃五岳先生省曾

長史周靜菴先生衝
明經朱近齋先生得之
太常周訥谿先生怡
督學薛方山先生應旂
襄文唐荊川先生順之
太常唐凝菴先生鶴徵
文貞徐存齋先生階
中丞楊幼殷先生豫孫

姚江黃棃洲先生著

豫章後學 夏鼎 熊有鑫 熊緺祖 熊育鏞 徐兆瀾 周聯慶 熊榮祖 蕭兆柄 劉秉楨 李真實 重刊

孝廉黃五岳先生省曾

黃省曾字勉之號五岳蘇州人也少好古文解通爾雅爲王濟之楊君謙所知喬白巖參贊南都聘纂遊山記李空同就醫京口先生問疾空同以全集授之嘉靖辛卯以春秋魁鄉榜母老遂罷南宮陽明講道於越先生執贄爲弟子時四方從學者衆每晨班坐次第請疑問至卽答無不圓中先生一日徹領汗浹重襟謂門人咸隆頌陟聖而不知公方釐理過恆視坎途門人擬滯度迹而不知公隨新酬應了無定景作會稽問道錄十卷東廓南野心齋龍谿皆相視而莫逆也陽明以先生筆雄見朗欲以王氏論語屬之出山不果未幾母死先生亦卒錢牧齋抵轢空同謂先生傾心北學識者哂之先生雖與空同上下其論然文體竟自成一家固未嘗承流接響也豈可謂之

傾心哉傳習後錄有先生所記數十條當是採之問道錄中往往失陽明之意然無如儀秦一條云蘇秦張儀之智也是聖人之資後世事業文章許多豪傑名家只是學得儀秦故智儀秦學術善揣摸人情無一些不中人肯綮故其說不能窮儀秦亦是窺見得良知妙用處但用之於不善耳夫良知爲未發之中本體澄然而無人僞之雜其妙用亦是感應之自然皆天機也儀秦打入情識窠臼一往不返純以人僞爲事無論用之於不善卽用之於善亦是襲取於外生機槁滅非良知也安得謂其末異而本同哉以情識爲良知其失陽明之旨甚矣

長史周靜菴先生衝

周衝字道通號靜菴常之宜興人正德庚午鄉舉授萬安訓導知應城縣以嗣耳疾改邵武教授陞唐府紀善進長史而卒年四十七陽明講道於虞先生往受業繼又從於甘泉謂湛師之體認天理卽王師之致良知也與蔣道林集師說爲新泉問辨錄暇則行鄉射投壺禮士皆斂衽推讓呂涇野鄒東廓咸稱其有純雅氣象當時王湛二家門人弟子未免互相短長先生獨疏通其旨故先生死而甘泉歎曰道通眞心聽受以求實益其異於死守門戶以相訾而不悟者遠

矣

周靜菴論學語

存心爲爲學之要知恥爲入道之機○學以成身而已其要只在愼獨博約知行皆愼獨工夫內事目也○凡學須先有知識然後力行以至之則幾矣○講學須脚踏實地敬義夾持此爲己規模大略夫君子之學終日終身只此一事蓋理不外乎一中卽吾中正之心是已無事時戒愼照管吾中正之心而常存有事時亦只戒愼凡事循吾中正之心而不雜是謂敬義夾持心外無理理外無事學者知不可須與離又何患脚踏不實乎○日用工夫亦是立志然須朋友講習則此意纔精健闊大纔有生意若三五日不得朋友相講便覺微弱遇事便會困亦時會忘今於無朋友相講之時還只靜坐或看書或行動凡寓目接身悉取以培養此志頗覺意思和適然終不如講學時生意更多也○上蔡嘗問天下何思何慮伊川云有此理只是發得太早在學者工夫固是必有事焉而勿忘然亦須識得何思何慮底氣象若不識得這氣象便有正與助長之病若認得何思何慮而忘必有事焉工夫恐有墜於無也須是不滯於有不墜於無方得學者纔曉得做工夫便要識認得聖人氣象蓋認得聖人氣象把做

準的乃就實地做工夫去纔不會差○事上磨錬一日之內不管有事無事只一意培養本原若遇事來感或自己有感心上既有覺安可謂無事但因事凝心一會大段覺得事理當如此只如無事處之盡吾心而已○正學不明已久不須枉費心力爲朱陸爭是非若其人果能立志決意要如此學已自大段明白了朱陸雖不辨彼自能覺得

明經朱近齋得之

朱得之字本思號近齋直隸靖江人貢爲江西新城丞邑人稱之從學於陽明所著有參元三語其學頗近於老氏蓋學焉而得其性之所近者也其語尤西川云格物之見雖多自得未免尙爲聞見所梏雖脫聞見於童習尙滯聞見於聞學之後此篤信先師之故也不若盡滌舊聞空洞其中聽其自融而覺如此得者尤爲真實子夏篤信聖人曾子反求諸己途徑堂室萬世昭然卽此可以覘其得矣

語錄

董蘿石平生好善惡惡甚嚴自舉以問陽明老師曰好字原是好字惡字原是惡字董於言下躍然○董實夫問心卽理心外無理不能無疑陽明老師曰道無形體萬象皆是形體道無顯晦人所見有顯

晦以形體言天地一物也以顯晦言人心其機也所謂心卽理者以其充塞氤氳謂之氣以其脈絡分明謂之理以其流行賦畀謂之命以其稟受一定謂之性以其物無不由謂之道以其妙用不測謂之神以其凝聚謂之精以其主宰謂之心以其無妄謂之誠以其無所倚著謂之中以其無物可加謂之極以其屈伸消息往來謂之易其實則一而已今夫茫茫堪輿蒼然隤然其氣之最麤者歟稍精則爲日月星宿風雨山川又稍精則爲雷電鬼怪草木花蘤又精而爲鳥獸魚龜昆蟲之屬至精而爲人至靈至明而爲心故無萬象則無天地無吾心則無萬象矣故萬象者吾心之所爲也天地者萬象之所爲也天地萬象吾心之糟粕也要其極致乃見天地無心而人爲之心心失其正則吾亦萬象而已心得其正乃謂之人此所以爲天地立心爲生民立命惟在於吾心此可見心外無理心外無物所謂心者非今一團血肉之具也乃指其至靈至明能作能知此所謂良知也然本無聲無臭無方無體此所謂道心惟微也此大人之學所以與天地萬物一體也一物有外便是吾心未盡處不足謂之學○問喜怒哀樂陽明老師曰樂者心之本體也得所樂則喜反所樂則怒失所樂則哀不喜不怒不哀時此眞樂也○楊文澄問意有善惡誠

之將何稽陽明老師曰無善無惡者心也有善有惡者意也知善知惡者良知也爲善去惡者格物也曰意固有善惡乎曰意者心之發本自有善而無惡惟動乎私欲而後有惡也惟良知自知之故學問之要曰致良知○或問客氣陽明老師曰客與主對讓盡所對之賓而安心居於卑末又能盡心盡力供養諸賓賓有失錯又能包容此主氣也惟恐人加於吾之上惟恐人怠慢我此是客氣人生不可不講者學也不可暫留者光陰也不能暫留甚爲可惜學不講自失爲人之機誠爲可恥自甘無恥自不知惜老至而悔不可哀乎孔子曰學如不及猶恐失之朝聞道夕死可矣旨哉○或問三教同異陽明老師曰道大無外若曰各道其道是小其道矣心學純明之時天下同風惟求自盡就如此廳事元是統成一間其後子孫分居便有中有旁又傳漸設藩籬猶能往來相助再久來漸有相較相爭甚而至於相敵其初只是一家去其藩籬仍舊是一家三教之分亦只似此其初各以資質相近處學成片段再傳至四五則失其本之同而從之者亦各以資質之近者而往是以遂不相通名利所在至於相爭相敵亦其勢然也故曰仁者見之謂之仁知者見之謂之知纔有所見便有所偏○天地萬物之機生生不息者只是翕聚翕聚不已故

有發散發散是其不得已且如嬰兒在母腹中其混沌皮內有兩乳端生近兒口是兒在胎中翕而成者也故出胎便能吸乳○人之養生只是降意火意火降得不已漸有餘溢自然上升只管降只管自然升非是一升一降相對也降便是水升便是火參同契真人潛深淵浮游守規中此其指也○或問金丹曰金者至堅至利之象丹者赤也言吾赤子之心也煉者喜怒哀樂發動處是火也喜怒哀樂之發是有物牽引重重輕輕冷冷熱熱煆煉得此心端然在此不出不入則赤子之心不失久久純熟此便是丹成也故曰貧賤憂戚玉汝於成動心忍性增益不能此便是出世此是飛昇沖舉之實謂其利者百凡應處迎之而解萬古不變萬物不離大人之心常如嬰兒知識不逐純氣不散則所以延年者在是所以作聖者在是故曰專氣致柔如嬰兒清明在躬志氣如神嗜欲將至有開必先所以知幾者在是所以知天者在是○太虛浮雲過化也乾乾不息於誠存神也存神則過化矣所過不化不存神也存神而過化所以與天地同流○此身之外一絲一縷皆粧綴故緊隨身不可須臾離者貧賤也或得或失者富貴也於其不可離者必求離之於其不可保者必欲得之此所以終身役役卒歸於惡也○三代教人年未五十者不得衣

帛未七十者不得食肉是天下莫非素縞也今自嬰兒時便厚味華衣豈知古人愛養生命之道佛法戒殺其徒不腥不錦意正如此若得天下知此風味便省許多貨財便有許多豐裕息貪息爭無限好處雍熙之風指日可見惜乎欲動情勝不能從也○往古聖人立言垂訓宗旨不同只是因時立教精明此性耳堯舜曰中湯文曰敬蓋以中有糊塗之景將生兩可之病故以敬爲宗提省人使之常惺惺也敬則易流於有意故孔子曰仁仁易無斷故孟子曰仁義仁義流而爲假仁襲義故周子曰誠誠之景乃本體無思無爲者也人不易明將流於訐直故程子復以敬爲宗敬漸流於孤陋故朱子以致知補之致知漸流於支離故先師明闡見與良知特揭良知爲宗千古聖學之要天地鬼神之機良知二字盡之矣混沌開闢之說亦是懸度只就一日晝夜昏明之間便可見戌亥時果人消物盡乎但自古至今生氣漸促其醇氣之耗智巧之深終非古比○或問事物有大小應之不能無取舍此正是功利之心千駟萬鍾之取予一念也衆人在事上見故有小大聖人卻只在發念處見故不論事物之大小一念不安卽不忍爲人無善可爲只不可爲惡有心爲善善亦惡也

近齋說陽明始教人存天理去人欲他日謂門人曰何謂天理門人請問曰心之良知是也他日又曰何謂良知門人請問曰是非之心是也○近齋言陽明云諸友皆數千里外來人皆謂我有益於朋友我自覺我取朋友之益爲多又云我全得朋友講聚所以此中日覺精明若一二日無朋友志氣便覺自滿便覺怠隳之習復生近齋說陽明逢人便與講學門人疑之歎曰我如今譬如一個食館相似有客過此喫與不喫都讓他一讓當有喫者○近齋說陽明在南都時有私怨陽明者誣奏極其醜詆始見頗怒旋自省曰此不得放過掩卷自反俟其心平氣和再展看又怒又掩卷自反久之真如飄風浮靄略無芥蔕自後雖有大毀謗人利害皆不爲動嘗告學者曰君子之學務求在己而已毀譽榮辱之來非惟不以動其心且資之以爲切磋砥礪之地故君子無入而不自得正以無入而非學也○近齋說陽明不自用善用人人有一分才也用了再不錯故所向成功○近齋曰昔侍先師一友自言覺工夫不濟無奈人欲間斷天理何師曰若如汝言工夫儘好了如何說不濟我只怕你是天理間斷人欲耳其友茫然○近齋解格物之格與陽明大指不殊而字說稍異予問曾就正否近齋歎曰此終天之恨也○近齋曰精麤一理精上用

功他日舉似則曰本無精麄○近齋曰三年前悟知止爲徹底爲聖功之準近六月中病臥忽覺前輩言過不及與中皆是汗漫之言必須知分之所在然後可以攷其過不及與中之所在爲其分之所當爲中也無爲也不當爲而爲者便是過便是有爲至於當爲而不爲便是不及便是有爲

恭節周訥谿先生怡

周怡字順之號訥谿宣州太平人嘉靖戊戌進士授順德推官入爲吏科給事中上疏劾相嵩且言陛下日事禱祀而四方水旱愈甚杖闕下繫錦衣衛獄歷三年上用箕神之言釋先生與楊斛山劉晴川三人未彌月上爲箕神造臺太宰熊浹極言不可上怒罷浹而復逮三人獄中又歷兩年內殿災上於火光中怳忽聞神語令釋三人者於是得釋家居十九年穆宗登極起太常少卿所上封事刺及內侍出爲山東僉事轉南京司業復入爲太常隆慶三年十月卒於家年六十四蚤歲師事東廓龍谿於傳習錄身體而力行之海內凡名王氏學者不遠千里求其印證不喜爲無實之談所謂節義而至於道者也

訥谿說陽明一日早起看天欲有事卽自覺曰人方望雨我乃欲天晴耶其自省如此○訥谿說東廓講學京師一士人誚之曰今之講學者皆服堯之服誦堯之言行桀之行者也東廓曰如子所言固亦有之然未聞服桀之服誦桀之言而行堯之行者也如欲得行堯之行者須於服堯之服誦堯之言者求之且不服堯之服不誦堯之言又惡在其行堯之行也士人愧服○訥谿謂司訓邵西林曰子憤士之不率教乎譬諸津濟游人喧渡則長年三老艤舟受直擇可而載若野岸舟橫客行不顧則招招舟子豈容自已凡教倦卽是學厭○西川問學曰信心○思不出位是不過其則○西川有所疑億曰莫猜度○士有改行者西川謂初念未眞曰不然惟聖罔念作狂君子小人何常之有○當此世界若無二三子未免孤立無徒

囚對

周子被罪下獄手有梏足有鐐坐臥有檲曰有數人監之喟然曰余今而始知檢也手有梏則恭足有鐐則重臥坐有檲則不敢以妄動監之衆則不敢以妄言行有鐐則疾徐有節余今而始知檢也

提學薛方山先生應旂

薛應旂號方山武進人嘉靖乙未進士知慈谿縣轉南考功陞浙江

提學副使其鑒識甚精試慈谿得向程卷曰今科元也及試餘姚得諸大圭卷謂向程曰子非元矣有大圭在已果如其言先生爲考功時寘龍谿於察典論者以爲逢迎貴溪其實龍溪言行不掩先生蓋借龍溪以正學術也先生嘗及南野之門而一時諸儒不許其名王氏學者以此節也然東林之學顧導源於此豈可沒哉

薛方山紀述

古之學者知卽爲行事卽爲學今之學者離行言知外事言學一念不敢自恕斯可謂之修一語不敢苟徇斯可謂之直一介不敢自汙斯可謂之廉○氣者所以運乎天地萬物者也有清則有濁有厚則有薄窮則變變則通故一治一亂皆非一日之積也○聖人制命賢者安焉不肖者逆焉○萬物皆備於我不可以物爲非我也然而有我則私矣萬物皆具於心不可以心爲無物也然而有物則滯矣○陰陽之氣凝者爲石流者爲水凝者無變信也流者無滯智也孔惡其硜窒也孟非其激逆也信立而通則不窒矣智運而正則不逆矣○畫者象也值其畫者變也潛龍勿用者辭也用其辭者占也斯義不明附會無不至矣○時之汙隆民之休戚其幾安在哉存乎士風之直與佞耳○改過則長善矣甘貧則足用矣○治世之教也上主

之故德一而俗同季世之教也下主之故德二三而俗異○義協則禮皆可以經世不必出於先王理達則言皆可以喻物不必授之故典○薛文清之佐大理王振引之也當時若辭而不往豈不愈於抗而得禍乎此崔後渠夢中所得之言○古諸侯多天子繼別之支子故不得犯天子以祭始祖大夫多諸侯繼禰之支子故不得犯諸侯以祭先祖漢唐以來則無是矣禮以義起報宜從厚今士大夫之家廟雖推以祭始祖亦可也○古者諫無官以天下之公議寄之天下之人使天下之人言之此其爲盛也

副使薛畏齋先生甲

薛甲字應登號畏齋江陰人也嘉靖乙丑進士授兵科給事中劾方士邵元節降湖廣布政司照磨歷寗波通判保定同知四川贛州僉事副使以忤相嵩拾遺免先生篤信象山陽明之學其言格物卽所以致知愼獨卽所以存養成物卽所以成己無暴卽所以持志與夫一在精中貫在一中約在博中恕在忠中皆合一之旨此學之所以易簡也先生曰古今學術至於陽明漸爾昭融天不假年不能使此公縷析條分以破訓詁之惑用是學者雖略知領悟而入之無從區區不自量妄意欲補其缺會集所聞總成一書名曰心學淵源菓傳

之來世以俟知者羲按陽明之格物謂致吾心良知之天理於事事物物則事事物物皆得其理意在於事親則致吾良知於事親之物去其事親之不正者以歸於正事親之物格而後事親之知至先生之格物以感物爲格不能感物是知之不致陽明以正訓格先生以感訓格均爲有病何不以他經證之意以知爲體知以物爲體毋自欺良知也好惡物也好惡至於自慊則致之至於物矣不忍堂下之牛良知也舉斯心而加諸彼則致之至於物矣蓋至於物則此知纔非石火電光所謂達之天下也此正致之之法與擴充同一義耳格當訓之爲至與神之格思同二先生言正言感反覺多此一轉所致者既是良知又何患乎不正不感乎

薛畏齋文集

陸子之學在先立其大朱子之學在居敬窮理學者若能存先立其大之心而務朱子之功則所謂居敬者居之心也所謂窮理者窮之心也則朱陸合一矣○論道者須精且詳精則理透詳則意完如惟精惟一之語更建中建極一貫性善數聖賢發明而理始徹豈非精耶又本之以六經輔之以四子而意始完然則精與詳信乎不可缺一也若孟氏以後歷千年而有象山有陽明可爲精矣而享年不永

不獲有所著述以示後人雖欲詳不可得也至於朱子字字而議句句而論可謂詳矣然改易大學而以格物爲窮物之理集義爲事事求合於義則與義襲而取者何以異耶循此而求之雖欲精亦不可得也○致知格物之說夫子傳之曾子曾子傳之子思而有明善誠身之論所謂明善卽致知也所謂誠身卽誠意也雖不言感物然獲上治民悅親信友乃其驗處卽格物也至子思傳之孟子則述師傳而推言之而曰至誠而不動者未之有也則格物之爲感物彰彰明矣夫不能感物者必其知有未致致有未盡也故孟子曰愛人不親反其仁治人不治反其智禮人不答反其敬反之者致之也此之謂致知在格物○釋氏之說心使人離垢明心其意未嘗不善也然不知心卽是理理不離事而過用其意至欲遠離事物以求心則其勢必至於反性情滅人倫爲一切襲取之法認其所謂漠然無情者爲心至於中庸精微之妙茫無所知而誤以幻天地絕人道者爲事知者所宜原其意以通之而約其過甚者以歸於中亦歸斯受之之意也○或問存心致知有分乎曰致知乃所以存心也

副使查毅齋先生鐸

查鐸字子警號毅齋寧國之涇縣人嘉靖乙丑進士授德安府推官

入爲刑科給事中爲新鄭所不喜參議山西劾歸復起分守河東有妖似獼言人禍福熒惑一方先生下教逐之妖輒遯去轉廣西副使致政歸先生受業於龍溪緒山墨守致良知宗旨故陽明之言格物謂致吾心良知之天理於事事物物則事事物物皆得其理先生言格物者順其帝則之流行不使一毫私意間雜於中苟無私意物不待格而自無不格其義一也然意有未盡蓋良知即是乾知物即是坤作成物之物天之生意乃其知也此生意遍滿兩間然不著土則空無所寄亦如野馬絪緼旋吹旋散故必乾坤合德然後能四時行百物生所以曰坤作成物人稟大始之氣此良知也苟不凝之於物只在想像恍忽之中但謂之弄精魂而已此致知之必在格物而後能有諸於己也先生亦言乾知即良知之真體坤作即良知之實用然良知必從格物而後成體彼石火電光豈可執以爲體乎

查毅齋先生集

學問須要歸根與天地相似天地之化雖流行不息然其凝寂者未嘗不在故天之斗柄地之潮汐四時之節候萬物之榮悴分毫不差試於定盤鍼驗之理論和風麗日迅雷烈風之時子午之向未嘗少差此可見天地之寂體此體人人俱足雖酬酢萬變而其寂然者常

存所謂主靜立人極也無窮事業皆從這些子中流出此學所以須從混沌立根也○人心之體只是寂感陽也剛也仁也皆感之體也陰也柔也義也皆寂之體也此機原從混沌中來無前無後無內無外無精無麤能悟此意則卽寂感存卽感寂存功夫本體當下俱是○吾人一身不是塊然一物通身莫非靈氣自身之所主謂之心自心之所發謂之意自意之明覺謂之知自知之應感謂之物其實總是一身分疏指出○或謂天下事變無窮良知安能盡知必加考索講求始得不知良知乃吾真心之所發也真心所在當考索者自會考索當講求者自會講求皆所不廢若當考索而不考索當講求而不講求便非良知○格物者循其良知之發擴充之以極其至內之念慮覺識外之視聽言動皆循其良知之天理而不使有一毫之虧蔽也物無方體知無方體格致之功亦無方體物無窮盡知無窮盡格致之功亦無窮盡日就月將自有不容已者○良知與知識不同良知是天命之性至善者也知識是良知之用有善有惡者也如石中有火擊石火出神觸神應一毫人力不得與焉卽乍見孺子入井皆有怵惕惻隱之心是也知識則火從石中出後延燒燎原此二者之辨也○文成在時親往其門者先生曰只一知字尙無下落至於

致字且休說起此致字卽孟子擴而充之充字此充字不是充之於天下乃由一偏而充之於全體須一偏之動處深造究竟廓然全體火然泉達皆指此幾之不息處○問情識與良知旣別陽明先生以知善知惡是良知此與情識何別曰善惡爲情識知者天聰明也不隨善惡之念而遷轉也情識者未必不從知來旣離其根則善惡自混其去知也遠矣○學者有守一念之明以爲功者此常惺惺法也靜時得力動卽茫蕩爲其有內外之分也不知此靈原無內外原無動靜乃吾人之真體卽道心之微也旣見此體則天地萬物自不爲礙惟此一靈獨往獨來一切感物惟以此靈應之色色俱是見在全無倚傍○良知一念之微從無聲無臭中出見此中色色俱有帝則不待安排不俟學慮格物者順其帝則之流行不使一毫私意間雜於中茍無私意物不待格而自無不格○戒懼原是本體覺悟而不戒懼則所悟者猶是虛見戒懼而非覺悟則戒懼者猶是強制○吾人本來真體原無分於寂感惟真體在我則無感時雖寂然不動自是心意盎然卽寂而感在也有感時雖應務紛紜自是條理安妥卽感而寂在也若只是寂感上調停則有事時易落於俗無事時易落於空矣○乾知卽良知之真體坤作卽良知之實用○龍德不可爲

首如寒暑往來循環無端將以寒爲首乎暑爲首乎故三統迭建子丑寅皆可爲首正見其無首處本義言陽剛不可爲物先非也○天命之性能生萬有不與萬有作對故謂之獨卽此心之靈是也此心之靈天理人欲毫忽莫掩又謂之獨知只是此靈作主不忘有事之謂知愼獨卽是良知時時不忘有事不爲氣習所蔽卽是致良知○太極生陰陽太極卽在陰陽之中陰陽生五行陰陽卽在五行之中五行生萬物五行卽在萬物之中不是別有一物懸虛在於某處則吾心之良知可知矣吾人日用應感雖千變萬化此心之明體不爲情遷不爲境易此虛寂之體原不出應感之中雙江念菴提出歸寂之說性體本寂又何事歸未免頭上安頭矣○易謂極深研幾不是幾前更有深處只是吾人從發後認幾爲氣習所隔見得幾淺故須極深深只是銷去習氣則眞體自露靈機自顯今人認幾從發後看又從念頭初動處看皆非愼獨眞脈○大學知止此止字卽易所謂止其所也止豈有定所至善卽吾人天命之性此知字非言語可接非思索可得是自心自證此心從天命來原是止的雖千變萬化吾之性體終不能遷動但吾人自作知見自作憧擾失却至善本體始不得止若時時刻刻從良知作主久之始信性體原是不動○夫神

周流六虛變動不居萬神一神也惟得形而附其實虛化神神化氣氣化形則形亦神之所生也世人不知此心原是神明不測種種從形上起念故神反爲形役不得靈透惟認得此神時時委順於神不以有我撓其間則神自靈透不昧自圓動不拘其出之自我者爲神功及之天地人物處爲神化皆神之所爲非我也○譬之石中有火擊石火出人但見擊出之火不知火原蘊於石中擊出之火有起滅石中之火無起滅若是擊出之火猶是眞體間不容髮今人多從延燒燎原處認火雖亦是火離根遠矣故元神識神雖是一個但有體用之別耳○蒙諭凡有習氣皆是意見未忘誠是但意見固不可有至於默識本來時時保任則不可無此體從無始以來不與諸有作對雖不離日用應感實與應感無與此中原無格式何所依倣原無好醜何所揀擇卽有習氣亦從此而銷雖知尙屬意見舍此無可用力但不令住於所見而已○吾人日用應感莫非天則但精神消散每多忽漫然其聲非散此心之靈未嘗不覺貴在因其所覺而凝聚之此心之覺處卽謂之復纔覺卽知凝聚不至流散卽謂之姤○人心之靈皎如白日天理人欲毫不容掩雖爲氣習所蔽纔一反求卽得本心如浮雲翳日貞明之體終不可易此知體也在致知而已致

知者自念慮之微以至事爲之著無非此知之貫徹卽謂之格物○吾人患在分心與事爲二見若視心是事視事是心凡事之委曲調停正是心之盡處稍分二見卽起厭煩心矣○人之言愼獨者多自善惡既分之後善求必爲惡求必去功夫已晚得力稍難須自善惡未分之前虛體上保任此體原不離應感自有烱然不昧處此卽所謂良知也○仙家所謂結胎豈眞有形亦只精神凝聚卽謂之聖胎○功夫全在未發之中上用性原是於穆吾心之主宰亦是常靜無一念之起性原是不已吾心之流行亦是常應無一息之間此心空空洞洞原不著事然此意綿綿密密常若有事如此久久習熟舊染氣習漸忘眞性漸露自然獨見本來面目○自天子以至於庶人各各有天地各各有萬物卽如庶人以一家爲天地以一家之人爲萬物若庶人性情不中不和喜怒哀樂發得過當卽一家天翻地覆人皆不安此卽是不位育推而一邑至天下又可知矣○易謂數往者順知來者逆易逆數也此卽周子主靜之意吾人日用只知順去不知逆返故多離根若良知作得主宰時時用不離體此用逆之學卽主靜意也

明儒學案卷二十五

姚江黃棃洲先生著

豫章後學　夏鼎　熊育鑫
熊繩祖　熊育鏞
徐兆瀾　周聯慶
熊榮祖　蕭兆柄
劉秉楨　李真實　重刊

襄文唐荊川先生順之

唐順之字應德號荊川武進人也嘉靖乙丑會試第一授武選主事丁內艱起補稽勳調考功以校對實錄改翰林編修不欲與羅峯爲緣告歸羅峯恨之用吏部原職致仕皇太子立選宮僚起爲春坊司諫上常不御朝先生與念菴浚谷請於元日皇太子出文華殿百官朝見上大怒奪職爲民東南倭亂先生痛憤時艱指畫方略於當事當事以知兵薦之起南部車駕主事未上改北部職方員外先生至京即陞本司郎中查勘邊務繼而視師浙直以爲禦島寇當在海外鯨背機宜豈可懸斷華屋之下身泛大洋以習海路敗賊於崇明沙陞太僕寺少卿右通政未上擢僉都御史巡撫淮揚先生方勦三沙賊江北告急乃以三沙付總兵盧鏜而擊賊於江北敗賊姚家蕩又

敗廟灣幾不能軍先生復向三沙賊遁至江北先生急督兵過江蹙之賊漸平會淮揚大祲賑饑民數十萬行部至泰州卒於舟中庚申四月一日也年五十四先生晚年之出由於分宜故人多議之先生固嘗謀之念菴念菴謂向嘗隸名仕籍此身已非己有當軍旅不得辭難之日與徵士處士論進止是私此身也兄之學力安在於是遂決龜山應蔡京之召龜山徵士處士也論者尙且原之況於先生乎初喜空同詩文篇篇成誦下筆卽刻畫之王道思見而歎曰文章自有正法眼藏奈何襲其皮毛哉自此幡然取道歐曾得史遷之神理久之從廣大胸中隨地涌出無意爲文而文自至較之道思尙是有意欲爲好文者也其著述之大者爲五編儒編左編右編文編稗編是也先生之學得之龍谿者爲多故言於龍谿只少一拜以天機爲宗以無欲爲工夫謂此心天機活物自寂自感不容人力吾惟順此天機而已障天機者莫如欲欲根洗淨機不握而自運矣成湯周公坐以待旦高宗恭默三年孔子不食不寢不知肉味凡求之枯寂之中如是艱苦者雖聖人亦自覺此心未能絕是天機流行不得不如此著力也先生之辨儒釋言儒者於喜怒哀樂之發未嘗不欲其順而達之其順而達之也至於天地萬物皆吾喜怒哀樂之所融貫佛

者於喜怒哀樂之發未嘗不欲其逆而銷之其逆而銷之也至於天地萬物澹然無一喜怒哀樂之交故儒佛分途只在天機之順逆耳夫所謂天機者卽心體之流行不息者是也佛氏無所住而生其心何嘗不順逆與流行正是相反既已流行則不逆可知佛氏以喜怒哀樂天地萬物皆是空中起滅不礙吾流行何所用銷但佛氏之流行一往不返有一本而無萬殊懷山襄陵之水也儒者之流行盈科而行脈絡分明一本而萬殊先河後海之水也其順固未嘗不同也或言三千威儀八萬細行靡不具足佛氏未嘗不萬殊然佛氏心體事爲每分兩截禪律殊門不相和會威儀細行與本體了不相干不可以此比而同之也崇禎初謚襄文

荊川論學語

近來談學謂認得本體一超直入不假階級竊恐雖中人以上有所不能竟成一番議論一番識見而已天理愈窮則愈見其精微之難致人欲愈克則愈見其植根之甚深彼其易之者或皆未嘗實下手用力與用力未嘗懇切者也與張士宜○古之所謂儒者豈盡律以苦身縛體如尸如齋言貌如土木人不得搖動而後可謂之學也哉天機儘是圓活性地儘是灑落顧人情樂率易而苦拘束然人知恣

睢者之爲率易矣而不知見天機者之尤爲率易也人知任情佚宕之爲無拘束矣而不知造性地者之尤爲無拘束也（與陳兩湖）○小心兩字誠是學者對病靈藥細細照察細細洗滌使一些私見習氣不留下種子在心裏便是小心矣小心非矜持把捉之謂也若以爲矜持把捉則便與鳶飛魚躍意思相妨矣江左諸人任情恣肆不顧名檢謂之洒脫聖賢胸中一物不礙亦是洒脫在辨之而已兄以爲洒脫與小心相妨耶惟小心而後能洞見天理流行之實惟洞見天理流行之實而後能洒脫非二致也（與蔡子木）○近來痛苦心切死中求活將四十年前伎倆頭頭放舍四十年前見解種種抹殺於清明中稍見得些影子原是徹天徹地靈明渾成的東西生時一物帶不來此物却原自帶來死時一物帶不去此物却要完全還他去然以爲有物則何覩何聞以爲無物則參前倚衡瞻前忽後非胸中不持世間一物則不能見得此物非心心念念晝夜不舍如養珠抱卵下數十年無滲漏的工夫則不能收攝此物完養此物自古宇宙間豪傑經多少人而聞道者絕歎其難也（與王道思）○嘗驗得此心天機活物其寂與感自寂自感不容人力吾與之寂與之感只是順此天機而已不障此天機而已障天機者莫如欲若使欲根洗盡則機

不握而自運所以爲感也所以爲寂也天機卽天命也天命者天之所使也立命在人人只立此天之所命者而已白沙色色信他本來一語最是形容天機好處若欲求寂便不寂矣若有意於感非眞感矣○出入無時莫知其向此眞心也非妄心之謂也出入本無時欲有其時則強把捉矣其向本無知欲知其向則強猜度矣無時卽此心之時無向卽此心之向無定體者卽此心定體也答雙江○中庸所謂無聲無臭實自戒謹不覩恐懼不聞中得之本體不落聲臭工夫不落聞見然其辨只在有欲無欲之閒欲根銷盡便是戒謹恐懼雖終日酬酢云爲莫非神明妙用而未嘗涉於聲臭也欲根絲忽不盡便不是戒謹恐懼雖使棲心虛寂亦是未離乎聲臭也答張甬川

○白沙靜中養出端倪此語須是活看蓋世人病痛多緣隨波逐浪迷失眞源故發此耳若識得無欲爲靜則眞源波浪本來無二正不必厭此而求彼也兄云山中無靜味而欲閉關獨臥以待心志之定卽此便有欣羨畔援在矣請且無求靜味只於無靜味中尋討毋必閉關只於開門應酬時尋討至於紛紜轇轕往來不窮之中試觀此心如何其應酬轇轕與閉關獨臥時還有二見否若有二見還是我自爲障礙否其障礙還是欲根不斷否兄更於此著力一番有得有

疑不惜見教也答呂沃州○近會一二方外人見其用心甚專用工最苦慨然有歎於吾道之衰蓋禪家必欲作佛不坐化超脫則無功道人必欲成仙不留形住世則無功兩者皆假不得惟聖賢與人同而與人異故爲其道者皆可假托溷賬自誤誤人竊意當時聖賢用心專而用工苦者豈獨百倍方外人之修鍊而已必有啞子喫苦瓜與你說不得者而世人乃欲安坐而得之以其世間功名富貴之習心而高談性命之學不亦遠乎與念菴○當時篡弒之人必有自見己之爲是而見君父之甚不是處又必有邪說以階之如所謂邪說作而弒君弒父之禍起者春秋特與辨別題目正其爲弒如州吁弒完一句即曲直便自了然曲直了然即是非便自分曉亂臣賊子其初爲氣所使昧了是非迷了本來君父秉彝之心是以其時惡力甚勁有人一與指點是非中其骨髓則不覺回心一回心後便自動憚不得蓋其真心如此所謂懼也舊說以爲亂臣賊子懼於見書而知懼則所懼者既是有所爲而非真心且其所懼能及於好名之人而不及於勃然不顧名義之人以爲春秋書其名脅持恐動人而使之懼此又只說得董狐南史之作用而非所以語於聖人撥轉人心之妙用也答姪孫○慈湖之學以無意爲宗竊以學者能自悟本心則

意念往來如雲物相盪於太虛不惟不足爲太虛之障而其往來相盪乃卽太虛之本體也何病於意而欲掃除之茍未悟本心則其無意者乃卽所以爲意也心本活物在人默自體認處何如不然則得力處卽受病處矣答南野○世間伎倆世間好事不可挂在胸中學之滲漏多正兜攬多耳昔人所以絶利一原不如是則不足以收斂精神而凝聚此道也答胡青崖○近來學者病痛本不刻苦搜剔洗空欲障以元妙之語文夾帶之心直如空花竟成自誤要之與禪家鬬機鋒相似使豪傑之士又成一番塗塞此風在處有之而號爲學者多處則此風尤甚惟默然無說坐斷言語意見路頭使學者有窮而反本處庶幾挽歸眞實力行一路乃是一貼救急良方答張士宜

○儒者於喜怒哀樂之發未嘗不欲其順而達之其順而達之也至於天地萬物皆吾喜怒哀樂之所融貫而後一原無閒者可識也佛者於喜怒哀樂之發未嘗不欲其逆而銷之其逆而銷之也至於天地萬物泊然無一喜怒哀樂之交而後一原無閒者可識也其機常主於逆故其所謂旋聞反見與其不住聲色香觸乃在於聞見聲色香觸之外其機常主於順故其所謂不覩不聞與其無聲無臭者乃卽在於覩聞聲臭之中是以雖其求之於內者窮深極微幾與吾聖

人不異而其天機之順與逆有必不可得而強同者中庸輯略序乾坤之心不可見而見之於復學者默識其動而存之可矣是以聖人於乾則曰其動也直於坤則曰敬以直內乾坤一於直也動本直也內本直也非直之而後直也蓋其醞釀流行無斷無續乃吾心天機自然之妙而非人力之可爲其所謂默識而存之者則亦順其天機自然之妙而不容一毫人力參乎其間也學者往往欲以自私用智求之故有欲息思慮以求此心之靜者矣而不知思慮卽心也有欲絕去外物之誘而專求諸內者矣而不知離物無心有患此心之無著而每存一中字以著之者矣不知心本無著中本無體也若此者彼亦自以爲求之於心者詳矣而不知其弊乃至於別以一心操此一心心心相捽是以欲求寧靜而愈見紛擾也明道語略序

太常唐凝菴先生鶴徵

唐鶴徵字元卿號凝菴荊川之子也隆慶辛未進士選禮部主事與江陵不合中以浮躁江陵敗起歷工部郎遷尙寶司丞陞光祿寺少卿又陞太常寺少卿歸起南京太常與司馬孫月峯定妖人劉天緒之變謝病歸萬曆己未年八十二卒先生始尙意氣繼之以園林絲竹而後泊然歸之道術其道術自九流百氏天文地理稗官野史無

不究極而繼乃歸之莊生逍遙齊物又繼乃歸之湖南之求仁濂溪之尋樂而後恍然悟乾元所爲生天地生人物生一生萬生生不已之理眞太和奧窔也物欲不排而自調世情不除而自盡聰明才伎之昭灼旁蹊曲徑之奔馳不收攝而瑩然無有矣語其甥孫文介曰人到生死不亂方是得手居常當歸併精神一路毋令漏洩先生言心性之辨今古紛然不明其所自來故有謂義理之性氣質之性有謂義理之心血氣之心皆非也性不過是此氣之極有條理處舍氣之外安得有性心不過五臟之心舍五臟之外安得有心心之妙處在方寸之虛則性之所宅也此數言者從來言心性者所不及也乃先生又曰知天地之間只有一氣則知乾元之生生皆是此氣乾元之條理雖無不清人之受氣於乾元猶其取水於海也海水有鹹有淡或取其一勺未必鹹淡之兼取未必鹹淡之適中也間有取其鹹淡之交而適中則盡得乾元之條理而爲聖爲賢無疑也固謂之性或取其鹹或取其淡則剛柔強弱昏明萬有不同矣皆不可不謂之性也則此言尚有未瑩蓋此氣雖有條理而其往來屈伸不能無過不及聖賢得其中氣常人所受或得其過或得其不及以至萬有不齊先生既言性是氣之極有條理處過與不及便非條理矣故人受

此過不及之氣但可謂之氣質不可謂之性若以之爲性則只言氣是性足矣不必言氣之極有條理處是性也無乃自墮其說乎然則常人有氣質而無性乎蓋氣之往來屈伸雖有過不及而終歸於條理者則是氣中之主宰故雨暘寒燠恆者暫而時者常也惟此氣中一點主宰不可埋沒所以常人皆有不忍人之心而其權歸之學矣

桃溪劄記

鶴徵避暑於桃溪偶校先君子所纂諸儒語要寄吳侍御叔行入梓時有觸發處隨筆記之以請於同志幸有以正之也

乾元所生三子曰天曰人曰地人何以先於地也地坤道也承天時行不得先天也故後則得主先則迷矣人却可先可後者故曰御天故曰先天而天弗違後天而奉天時世人皆謂天能生人不知生人者却是統天之乾元耳人生於乾元天地亦生於乾元故並稱之曰三才○中庸首言天命之謂性後又言思知人不可以不知天何也人與天並生於乾元乾元每生一物必以全體付之天得一箇乾元人也得一箇乾元其所得於乾元絕無大小厚薄之差殊中庸後面言詩云維天之命於穆不已蓋曰天之所以爲天也於乎不顯文王之德之純蓋曰文王之所以爲文也純亦不已天與文王毫髮不差

特在天名之曰不已在文名之曰純耳非其本來之同文王之純安能同天之不已哉然惟天則萬古不變而人不皆文也人不皆文且以爲天非人之所可及矣故告之曰在天爲命在人則謂之性其實一也故曰天命之謂性欲知人之性非知天之命不能知性之大也故曰思知人不可以不知天示人以盡性之則也太甲曰顧諟天之明命時時看此樣子也孟子亦曰知其性則知天矣斯所謂窮理盡性以至於命也○盈天地間一氣而已生生不已皆此也乾元也太極也太和也皆氣之別名也自其分陰分陽千變萬化條理精詳卒不可亂故謂之理非氣外別有理也自其條理之不可亂若有宰之者故謂之帝生之爲天則謂之命以乾坤之所由不毀言也生之爲人則謂之性以吾心含此生機言也天率是命而運則謂之天道人率是性而行則謂之人道借道路之道以名之也人以爲斯理斯道斯性斯命極天下之至靈非氣之所能爲不知舍氣則無有此靈矣試觀人死而氣散尚有靈否○心性之辨今古紛然不明其所自來古有謂義理之性氣質之性有謂義理之心血氣之心皆非也性不過是此氣之極有條理處舍氣之外安得有性心不過五臟之心舍五臟之外安得有心心之妙處在方寸之虛則性之所宅也觀製字

之義則知之矣心中之生則性也蓋完完全全是一個乾元托體於此故此方寸之虛實與太虛同體故凡太虛之所包涵吾心無不備焉是心之靈卽性也詩書言心不言性言性不言心非偏也舉心而性在其中舉性而心在其中矣蓋舍心則性無所於宅舍性則心安得而靈哉孟子曰盡其心者知其性也始兼舉而言之實謂知得心中所藏之性而盡之乃所以盡心也非知性則心又何所盡耶其不可分言益明矣試觀人病痰迷心竅則神不守舍亦一驗也○知天地之間只有一氣則知乾元之生生皆是此氣知乾元之生生皆此氣而後可言性矣乾元之條理雖無不清人之受氣於乾元猶其取水於海也海水有鹹有淡或取其一勺未必鹹淡之兼取未必鹹淡之適中也間有取其鹹淡之交而適中則盡得乾元之條理而爲聖爲賢無疑也固謂之性或取其鹹或取其淡則剛柔強弱昏明萬有不同矣皆不可不謂之性也凡可以學而矯之者其氣皆未甚偏至於下愚不移斯偏之極矣全以其困而終不能學也孔子謂之相近亦自中人言之耳上智下愚不與也然要之下愚而下則爲禽獸爲草木乾元生生之機則無不在也他不能同好生惡死之心同也蓋以乾元之氣無非生也○乾之象曰各正性命九五之文言曰本乎

天者親上本乎地者親下此則所謂各正矣然則雖聖人在上所過者化所存者神亦豈能使禽獸草木之靈同於人亦豈能使下愚之同於上智哉則已不害其爲各正矣○世儒爭言萬物一體盡人性盡物性參贊化育不明其所以然終是人自人物自物天地自天地我自我勉強湊合豈能由中而無間須知我之性全體是乾元生天生地生人生物無不是這性人物之性有一毫不盡天地之化育有一毫參贊不來即是吾性之纖毫欠缺矣則知盡人物贊化育之不容已矣○人見中庸遞言盡己性盡人性盡物性贊化育參天地似是盡己性外別有盡人物之性而盡人物之性外仍有參贊之功不知盡人物之性乃所以自盡其性而盡人物之性即所以參贊化育蓋緣吾人除卻生人生物別無己性天地除卻生人生物別無化育故至誠盡得人物之性方是自盡其性即是贊化育矣○何謂盡人性盡物性俾各不失其生機而已故曰各正性命保合太和乃利貞○聖人於盡人物之性以自盡其性未嘗時刻放過然子貢說起博施濟衆聖人卻又推開了曰堯舜其猶病諸蓋聖人能必得己所可盡處而不能必得時位之不可必博施濟衆非有加於欲立欲達之外也必須得時得位乃可爲之合下只有一個立人達人之心而已

○惟易標出一個乾元來統天見天之生生有個本來其餘經書只說到天地之化育而已蓋自有天地而乾元不可見矣然學者不見乾元總是無頭學問○孔子舍贊易之外教人更不從乾元說起故子貢曰夫子之言性與天道不可得而聞也及諸門弟子猶不能解直欲無言孔子總是善誘說來只是孔子的與學者絕無用處故孟子曰君子深造之以道欲其自得之也其教也曰勞之來之匡之直之輔之翼之皆所以使之自得耳爲學爲教舍自得別無入路欲自得舍悟別無得路孔子之無言乃所以深言之也晦菴先生謂以悟爲則乃釋氏之法而吾儒所無有不知其用字不同耳伊尹之先覺後覺則覺卽悟也聖門之生知學知困知則知卽悟也卽後儒之所謂察識亦悟也豈可以用字不同而論其有無哉○聖人到保合太和全是一個乾元矣蓋天下之物和則生乖戾則不生此無疑也乾元之生生亦只此一團太和之氣而已人人有此太和之氣特以乖戾失之中庸曰發而皆中節謂之和孟子曰其平旦之氣好惡與人相近也者幾希然則中節卽是和與人同卽是中節大學曰民之所好好之民之所惡惡之此之謂民之父母此所謂與人同所謂中節也然則求復其太和之氣豈在遠哉亦自其與人相近者察之而已

○自古聖人論學唯曰心曰性曰命並未有言氣者至孟子始有養氣之說眞見得盈天地只有一氣其所謂理所謂性所謂神總之是此氣之最清處清便虛便明便靈便覺只是養得氣清虛明靈覺種種皆具矣然所謂養者又非如養生家之養也以直養之而已必有事焉所謂養也正忘助皆暴也害也勿正心勿忘勿助長所謂直也然非可漫然得養也須要識得然後養得其識法則平旦之氣是也蓋氣原載此虛明靈覺而來養之所以使氣與虛明靈覺仍舊混然爲一不失其本來而已○盈天地間只有此氣則吾之氣卽天地萬物之氣也吾之性卽天地之命萬物之性也所以天地自天地我自我物自物者我自以乖戾塞其流通之機耳以直養則未發卽是中已發卽是和吾之氣吾之性仍與天地萬物爲一矣故曰塞乎天地之間故曰保合太和吾之氣吾之性至與天地萬物爲一此所謂純亦不已尙何仙佛之足言○仁生機也己者形骸卽耳目口鼻四肢也禮則物之則也中庸曰仁者人也孟子曰仁也者人也則人之形骸耳目口鼻四肢何莫非此生機而生我者卽是生天生地生人生物者也何以不相流通必待於克己復禮也人惟形骸耳目口鼻四肢之失其則斯有所間隔非特人我天地不相流通雖其一身生機

亦不貫徹矣故曰罔之生也幸而免苟能非禮勿視目得其則矣非禮勿聽耳得其則矣非禮勿言口得其則矣非禮勿動四肢得其則矣各得其則則吾一身無往非生機之所貫徹其有不與天地萬物相流通者乎生機與天地萬物相流通則天地萬物皆吾之所生生者矣故曰天下歸仁中庸曰凡有血氣者莫不尊親則歸仁之驗也○致知致曲之致卽孟子所謂擴而充之矣然必知皆擴而充之不知則所擴充者是何物故致知在得止之後致曲在明善之後皆先有所知而後致也知卽明德也此知豈曰人所本無哉情識用事而眞知晦矣卽有眞知發見於其間無由識矣故曰行矣而不著習矣而不察終身由之而不知其道者衆也非悟非自得何由知哉然徒曰致良知而未識所謂良知者何狀幾何不認賊作子也○東萊氏曰致知格物修身之本也知者良知也則陽明先生之致良知前人旣言之矣特格物之說眞如聚訟萬世不決何歟亦未深求之經文耳論格物之相左無如晦菴陽明二先生然其論明德之本明卒不可以異也私欲之蔽而失其明故大人思以明其明亦不可以異也則格物者明明德之首務亦明明德之實功也陽明以心意知爲物而格之則心意知不可謂物也晦菴謂事事物物而格之則是昧其

德性之眞知而求之聞見之知也涑水有格去物欲之說不知物非欲也近世泰州謂物物有本末之物則但知身爲本天下國家爲末之說皆可謂之格物皆可謂之明明德乎必不然矣詩云天生蒸民有物有則孟子曰物交物則引之而已則凡言物必有五官矣則卽格也格字之義以格式之訓爲正格式非則而何要知物失其則則物物皆明德之蔽物得其則則物物皆明德之用旣灼見其所謂明德而欲致之以全其明非物物得則何以致之孔子告顏子之爲仁曰非禮勿視非禮勿聽非禮勿言非禮勿動格物之功也視聽言動悉無非禮則五官各就其明矣明德尚何弗明哉此所謂物格而知至也中庸或生而知之以下六之字皆指性也生而知安而行是率性之謂道也學而知困而知求知此性而率之也舍率性之外別無道舍知性之外別無學學知困知者較之生知只是多費一倍工夫於未知之先耳及旣知之後與生知各各具足矣故曰及其知之一也世謂生知不待學故朱夫子於凡聖人好古敏求好學發憤皆以爲謙己誨人非也知而弗行猶勿知也卽曰安行在聖人自視未嘗不曰望道未見未嘗不曰學如不及卽舜之聞一善言見一善行沛然若決江河莫之能禦亦學也蓋行處卽是學處特視利與勉強者

能出於自然耳不可謂非學也○遵道而行卽是君子深造之以道不至於自得卽所謂半塗而廢也然自得亦難言矣深造以道可以力爲自得不可以力爲也卽有明師亦惟爲勞來匡直輔翼以使之而已不能必之也有言下卽得者有俟之數年而得者有終身不得者有無心於感觸而得者有有心於參求而得者有有心無心俱不得者及其得之也師不能必其時必其事己亦不能必其時必其事也學者須是辨必得之志則無不得者矣○盈天地之閒只有一氣惟橫渠先生知之故其言曰太和所謂道又曰知虛空卽氣則有無隱顯神化性命通一無二顧聚散出入形不形能推本所從來則深於易者也○宋人惟以聖人之好學爲謙己誨人遂謂生知無學後來宗門更生出一種議論謂一悟便一了百當從此使人未少有見輒以自足儒爲狂儒禪爲狂禪不知自凡民視之可使由不可使知行似易而知難自聖人視之則知猶易而行之未有能盡者也故曰堯舜其猶病諸蓋斯道之大雖極於無外而中則甚密無纖毫滲漏倘有滲漏則是有虛而不滿之處不足以爲大矣故中庸曰優優乎大哉言其充足之爲大也非學之密其功與之俱無滲漏何以完吾之大乎聖人之勉焉日有孳孳死而後已過此以往未之或知皆此

意也學其有止息乎此子貢請息而孔子告之以死也○孟子既曰持其志又曰無暴其氣似掃性宗之學既曰勿忘又曰弗助長似掃命宗之學孟子時佛法未入中國已豫為塞其竇矣至於勿助長人皆謂卽是義襲然孟子之自解曰助之長者揠苗者也揠苗者斷其根也夫義襲誠有害然何至斷根憬然悟幡然改則根本自在矣獨以為揠苗爲喻者自老氏御氣之說以至元門之煉氣皆是也蓋惟是則將氣矯揉造作盡失本來雖有人與說破直養之道念頭到處依然走過熟路矣奚復能直養哉此所以爲斷根也○管登之嘗分別學有透得乾元者有只透得坤元者此千古儒者所不能道語亦千古儒者所不可不知語透得坤元只見得盡人物之性是人當爲之事猶似替人了事惟透得乾元纔知盡人物之性是人不容不爲之事直見了自己事○少時讀孟子告齊宣好貨好色之說以爲聖賢教人點鐵成金手段及今思之乃知是單刀直入不著絲毫處與孔子欲立欲達只換得一個名目蓋舉得個與百姓同之一念便是民之所好好之矣○學莫嚴於似是之辨故中庸聖經之下首別君子小人之中庸孟子七篇之將終極稱鄉原之亂德則夫孔子誅少正卯之行僻而堅等語猶是可非可刺未足爲似也直至非之無非

刺之無刺則其似處真有不可以言語名狀分別者焉得不惑世誣民也故孔子於老子謂之曰猶孟子於鄉原謂之曰似皆春秋一字之斧鉞也然真實自爲之人反之吾心自有炯然不可昧者○古稱異端者非於吾性之外別有所謂異也端卽吾之四端耳蓋吾之四端非可分而爲道者也其出本於一源其道實相爲用見之未審執其一曰吾性如是吾道在是矣則非惟其三者缺焉而莫知卽其所見之一亦非吾之所謂一矣焉得不謂之異乎楊氏之始豈不自以爲仁卒至無父而賊仁莫大焉惟其不知吾之四端不可分而爲道也至於無忌憚之小人則與君子均竊其全矣惟竊其全則以吾性如是吾道在是無復顧忌天地惟吾所上下民物惟吾所顚倒而不得以拘曲之見繩之卒之與君子分背而馳遂有君子小人之別正由不知莫見莫顯之後有愼獨之功也曾子曰詩云戰戰兢兢如臨深淵如履薄冰而今而後吾知免夫小子此聖學之真血脈也○大學取於正心孟子曰勿正心何也正謂養氣則已正其源矣大學曰欲正其心者必誠其意意非自誠也如好好色如惡惡臭誠之也是正心者好惡之正也孟子曰平旦之氣其好惡與人相近也者幾希與人相近則好惡幾於正矣氣得其養則無時非平旦之氣無時非

好惡之正矣尙何有正心之功也此所謂正其源也苟氣之失養而徒欲正心則以心操心反滋勞擾心安可得而正哉○余訓愼獨之獨爲不與萬法爲侶至尊無對非世儒所謂獨知之地或曰人所不知己所獨知之說亦不可廢余因反復思惟乃知終不然也傳者引曾子十目十手之云則旣喫緊破此見矣小人正謂念之初發人不及知可爲揜飾故閒居爲不善見君子而揜之不知其念發時已是十目十手之所指視君子已見其肺肝矣藉令一念之發好善不如好好色惡惡不如惡惡臭則十目十手亦已指視卽欲挽回必不可得且旣欲挽回則較之小人之著善相去幾何反之此心亦必不慊故所稱獨者必是萬感未至一靈炯然在大學卽明德之明在中庸正喜怒哀樂未發之中也於此加愼乃可意無不誠發無不中節耳於此而不愼念之發如弩箭旣已離弦其中不中之機安得復由乎我也○一切喜怒哀樂俱是此生機作用除却喜怒哀樂別無見生機處○一切喜怒哀樂正是我位天地育萬物的本子故曰大本大學以好惡貫孝弟慈故以所惡於上毋以使下等語證之中庸以喜怒哀樂貫子臣弟友故以己所不欲勿施於人爲證○中庸一書統論性體大無不包其實際處全是細無不滿所以成其大大無不包

天命之謂性思知人不可以不知天是也既已知得時工夫却在細
無不滿處做故云君子之道費而隱自夫婦之與知與能以至天地
聖人之所不知不能莫非性體之所貫徹故凡達德達道九經三重
以至草木禽獸與夫天地鬼神至繁至賾莫非吾性體中一毫滲漏
不得者蓋凡爲乾元之所資始則莫非吾性之所兼該其大非是空
大實實填滿無有纖微空隙方是真大故既曰洋洋乎發育萬物峻
極於天又曰優優大哉禮儀三百威儀三千觀優優蓋充足而且有
餘其大斯無一毫虧欠耳不然少有虧欠處便是大體不全矣始知
學人見地尚有到處行顛真難得滿聖賢一生兢兢業業履薄臨深
皆只爲此彼謂一悟便一了百當真聖門中第一罪業也○孔子語
學曰約禮曰復禮禮是何物即易所謂天則詩所言物則也蓋禮之
所由名正謂事事物物皆有一個恰好至當處秩然有序而不可亂
處所謂則也恰好至當之處便是天理人心之至天理人心之至處
安得不約復此安得非仁○善解博文約禮之說無如孟子其言曰
博學而詳說之將以反說約也添却詳說二字便有歸約之路矣何
者說之不詳則一物自有一物一事自有一事判然各不相通惟詳
究其至當恰好處豈復有二乎哉世謂博即是約理無後先恐未究

竟○中庸內省不疚無惡於志正是獨處正是未發故曰人所不見
若省之念發時則十目所視矣安得尙言不見也知微之微正是莫
顯乎微之微猶非獨體蓋惟其知微之不可揜故於微之先求無惡
耳○孟子言必有事焉而勿正心勿忘勿助長也明道先生謂卽是
鳶飛魚躍氣象又云會得活潑潑地會不得只是弄精魄白沙先生
云舞雩三三兩兩正在勿忘勿助之間曾點此兒活計被孟子一口
打併出來千古以爲直道上乘妙語細繹之猶在活潑瀟灑赤地潔
潔淨淨窠臼未是孟子血脈乾元體段也○平旦之氣一念未起何
以好惡與人相近正所以指明獨體也惟是一念未著好惡明德之
明炯然暫露乃是大學知體中庸性體能好能惡能哀樂能喜怒之
本於此得正所以好惡與人近○人身之氣未嘗不與天通只爲人
之喜怒哀樂不能中節則乖戾而不和遂與太和之氣有閒隔果如
孟子所謂直養於本分上不加一分不減一分則一身之氣卽元始
生生之氣萬物且由我而各正性命天地且由我而參贊矣氣至於
此死生猶晝夜一闔一闢而已

明儒學案卷二十六

姚江黃棃洲先生著

豫章後學 夏鼎 熊育鑫 熊繩祖 熊育鏞 徐兆瀾 周聯慶 熊榮祖 蕭兆柄 劉秉楨 李真實 重刊

文貞徐存齋先生階

徐階字子升號存齋松江華亭人生甫周歲女奴墮之眢井小吏之婦號而出之則絶矣後三日甦五歲從父之任道墮括蒼嶺衣絓於樹得不死登嘉靖癸未進士第三人授翰林編修張羅峯欲去孔子王號變像設爲木主爭之不得黜爲延平推官移浙江提學僉事晉副使視學江西諸生文有顏苦孔之卓語先生加以橫筆生白此出楊子法言非杜撰也先生卽離席向生揖曰僕少年登第未嘗學問謹謝教矣聞者服其虛懷召拜司經局洗馬兼侍講居憂除服起國子祭酒擢禮部侍郎改吏部久之以學士掌翰林院事進禮部尚書召入直無逸殿廬撰青詞京師戒嚴召對傾枝柱分宜口上多用其言分宜恨之中於上先生贊玄恭謹上怒亦漸解加少保兼文淵閣

大學士參預機務滿考進武英殿大學士兼吏部尚書加少傅上所居永壽宮災徙居玉熙殿隘甚分宜請幸南城南城者英宗失國時所居上不悅先生主建萬壽宮令其子璠閱視當於上意進少師分宜之勢頗絀亡何而敗進階建極殿自分宜敗後先生秉國成內以揣摩人主之隱外以收拾士大夫之心益有所發舒天下亦頗安之而與同官新鄭不相能世宗崩先生悉反其疵政而以末命行之四方感動爲之泣下新鄭以爲帝骨肉未寒臣子何忍倍之衆中面折之在朝皆不直新鄭新鄭遂罷穆宗初政舉動稍不當人心者先生皆爲之杜漸宮奴不得伸其志皆不悅而江陵亦意忌先生以宮奴爲內主而去先生先生去而新鄭復相修報復欲曲殺之使其門人蔡春臺國熙爲蘇松副使批其室家三子皆在縲絏先生乃上書新鄭辭甚苦新鄭亦心動未幾新鄭罷三子皆復官天子使行人存問先生年八十矣明年卒贈太師謚文貞聶雙江初令華亭先生受業其門故得名王氏學及在政府爲講會於靈濟宮使南野雙江松溪程文德分主之學徒雲集至千人其時癸丑甲寅爲自來未有之盛丙辰以後諸公或歿或去講壇爲之一空戊午何吉陽自南京來復推先生爲主盟仍爲靈濟之會然不能及前矣先生之去分宜誠有功

於天下然純以機巧用事敬齋曰處事不用智計只循天理便是儒者氣象故無論先生田連阡陌鄉論雌黃卽其立朝大節觀之絕無儒者氣象陷於霸術而不自知者也諸儒徒以其主張講學許之知道此是回護門面之見也

存齋論學語

親親仁民愛物是天理自然非聖人強為之差等只如人身雖無尺寸之膚不愛然却於頭目腹心重於手足皮毛爪齒覺漸輕遇有急却濡手足焦毛髮以衞腹心頭目故此是自然之理然又不可因此就說人原不愛手足毛髮故親親仁民愛物總言之又只是一個仁愛也○人須自做得主起方不為物所奪今人富便驕貧便諂者只為自做主不起○程子云既思卽是已發故戒謹恐懼人都說是靜不知此乃是動處也知此則知所用力矣○為學只在立志志一放倒百事都做不成且如夜坐讀書若志立得住自不要睡放倒下去便自睡着此非有兩人也志譬如樹根樹根既立纔可加培溉百凡問學都是培溉底事若根不立卽培溉無處施耳○凡為善畏人非笑而止者只是為善之心未誠若誠自止不得且如世間貪財好色之徒不獨不畏非笑直至冒刑辟而為之此其故何哉只為於貪財

好色上誠耳吾輩爲善須有此樣心乃能日進也○心不可放者不是要使頑然不動只看動處如何若動在天理雖思及四海慮周萬世只是存若動在人欲一舉念便是放也人之虛靈應感無方故心只是動物所以說聖人之心靜者乃形容其常虛常靈無私欲之擾耳非謂如槁木死灰也吾輩今日靜功正須於克己上着力世儒乃欲深居默坐自謂主靜乎○今人見上官甚敬雖匍匐泥雨中不以爲辱及事父兄却反有怠惰不甘之意利欲薰心故也○人未飲酒時事事清楚到醉後事事昏忘及酒醒後照舊清楚乃知昏忘是酒清楚是心之本然人若不以利欲迷其本心則於事斷無昏忘之患克己二字此醒酒方也○知行只是一事知運於行之中知也者以主其行者也行也者以實其知者也近有以知配天屬氣行配地屬質分而爲二不知天之氣固行乎地之中凡地之久載而不陷發行而不窮者孰非氣之所爲乎○默識是主本講學是工夫今人親師友觀書冊等是講學事然非於心上切實理會而泛然從事口耳必不能有得得亦不能不忘故孔子直指用功主本處言之非欲其兀然高坐以求冥契也○道者器之主器者道之迹以人事言朝廷之上家庭之間許多禮文是器其尊尊親親之理是道以草木言許多

枝葉花實是器其生生之理是道原不是兩物故只說形而上下不說在上在下也○有言學只力行不必談說性命道德者譬如登萬仞之山必見山頭所在乃有進步處非可瞑目求前也除性命道德行個甚麼○人只是一個心心只是一個理但對父則曰孝對君則曰忠其用殊耳故學先治心心苟能治心則所謂忠孝時措而宜矣○人言千蹊萬徑皆可以適國然謂之蹊徑則非正路矣由之而行入之愈遠迷之愈深或至於榛莽荊棘之間而漸入窮山空谷之內去國遠矣況能有至乎故學須辨路徑路徑既明縱行之不能至猶不失日日在康莊也○大學絜矩只是一個仁心蓋仁則於人無不愛上下前後左右皆欲使不失所故能推己以及之所謂惟仁人能愛人能惡人先王有不忍人之心斯有不忍人之政者也學者須豫養此心始得

中丞楊幼殷先生豫孫

楊豫孫字幼殷華亭人嘉靖丁未進士授南考功主事轉禮部員外郎中出爲福建監軍副使移督湖廣學政陞河南參政入爲太僕寺少卿改太常華亭當國引先生自輔凡海內人物國家典故悉諮而後行由是士大夫欲求知華亭者無不輻輳其門先生謝之不得力

求出以右僉都御史巡撫湖廣卒官先生以知識即性習爲善者固此知識習爲不善者亦此知識故曰惡亦不可不謂之性又曰剛柔氣也即性也剛有善者焉有不善者焉柔有善者焉有不善者焉善不善習也其剛柔則性也竊以爲氣即性也偏於剛偏於柔則是氣之過不及也其無過不及之處方是性所謂中也周子曰性者剛柔善惡中而已矣氣之流行不能無過不及而往而必返其中體未嘗不在如天之亢陽過矣然而必返於陰天之恆雨不及矣然而必返於晴向若一往不返成何造化乎人性雖偏於剛柔其偏剛之處未嘗忘柔其偏柔之處未嘗忘剛即是中體若以過不及之氣便謂之性則聖賢單言氣足矣何必又添一性字留之爲疑惑之府乎古今言性不明總坐程子惡亦不可不謂之性一語由是將孟子性善置之在疑信之間而荀楊之說紛紛起廢矣

西堂日記

古詩云百年三萬日有能全受三萬日者幾人哉童兒戲豫暗撇十年稍丱便習章句以至學校之比較棘闈之奔走又明去了二三十年中間有能用力於仁者能幾時哉夫子自衞反魯子夏年二十九子游年二十八曾子最少皆已卓然爲儒就今觀之彼何人哉此何

人哉今人登第大概三四十歲人方有一二知向學者古之學者先學而仕故兩得之今之學者旣仕方學故兩失之然就三十登仕者言之若肯勵朝聞夕死之志學到五六十歲亦必稍別於流輩奈何志之不立恁地悠悠耶○人者天地之心天地者人之本人纔反本便知乾父坤母之義知天便知仁仁便能孝未有仁而不孝者若止言孝則未必有仁也人之愛父母也以其爲身之本也乾坤與父母初無二本故曰事天如事親知得一本則虞舜曾參原無天人之別訂頑正欲發此又被解得分析今人說孝曷嘗知有本來只是從幼見人親愛父母也去親愛父母豈有徹上徹下之道便做得成時若到得薛包王祥更無進步所謂可使由之者也孔子曰思事親不可以不知人思知人不可以不知天說仁孝者莫辨於此○古初生民大較與天相近堯非親桀非疎人之不能分天猶魚之不能離水也故動必本天言必稱天非以下合上之意中古聖人替以道字本欲易曉後人却只往道上求便覺與天稍隔一塵末世幷道字不識支離淆雜日日戴皇天履后土不知天地在於何處所以人小而天大遂謂禮樂爲顯鬼神爲幽肝肺爲內耳目爲外几席爲近燕貊爲遠詩云文王陟降在帝左右是在何處○人之一身卽理也深愛己者

須先識己識得在己何暇奉人今人爲不善欲害人爲穿窬非本心也以爲不如是不足以取勝於鄉黨之間故爲人而冒爲之其爲善者不忮不求亦非本心也以爲不如是不足以酬士大夫之義故亦爲人而強爲之是善固爲人而不善亦爲人也孟子曰人役莊子曰謏人此輩是也率性之理有何光景有何聲采天下之至淡在焉今人祇爲世情束縛不能埋頭反己理會性分只是揀題選事供奉他人耳目竟與自家無干孔子曰君子求諸己小人求諸人○性無善不善所謂人生而靜也程子曰人生而靜以上不容說性張子曰性未成則善惡溷是也其有善也是繼之者也所謂元者善之長無對者也性體空洞何嘗有孝弟來孝弟者善之有徵而易見者耳孩提之童無不知愛其親者知善者非知孝也有知則有善無知則無善也是習之初也由是而稍長未有妻子而慕父母是習於善以保其善也由是而慕少艾慕妻子以懟父母是習於不善以喪其善也其習爲善者固此知識其習爲不善者亦此知識知識卽性也故曰惡亦不可不謂之性民可使由之順帝之則也不可使知之不識不知也民用智則不能由聖人以人治人用智則鑿矣夫人安之難起之易聖人不使知之安之也老子曰道非明民將以愚之是以知爲明

之也○古之學者必有宗學無宗則無以一道德孔子既沒此時當立宗子夏子游子張欲事有若正此意也時年長莫如子貢學醇莫如曾子然子貢又獨居三年曾子年最少惟有若年亞子貢而學亦大醇故門人多宗焉使曾子稍能推之則宗立矣七十子之徒朝夕相依各陳孔子之業則微言豈易絕哉惟失此舉其後子夏居魏子張居陳子貢居齊漫無統一闕里散後諸賢再無麗澤之資西河之人疑子夏爲夫子而荀況莊周吳起田子方之徒皆學於孔子而自爲偏見惟其無以就正之耳漢時五經師傳最盛有數百年之宗彼經術耳且以有宗而傳我孔氏之道德再傳而失之者宗之散也余觀有若言行如魯論檀弓所載者最爲近道其論夫子出類處比之宰我子貢以聞見品題者自別故家語有古道之目左傳有稷門之望其沒也魯悼公弔之魯論一書出其門人所記爲萬世準繩後世只爲四科無名又被史記說得鄙陋而孝弟行仁之義記者之詞不達其意遂與伊川象山有異同之說不得列於十哲今躋子張而詘有若於東廡反居原憲南容之下豈禮也哉必有能正之者○周公不之魯次子世爲周公於畿內共和是也周之周召世爲三公猶魯之三桓世爲卿也故曰季氏富於周公非謂文公旦也○異哉公父

文伯之母也文伯之喪其妻哭之哀母以爲子之好內也而責之子之好內以訓其生則可也若夫沒而哭禮也蓋穆伯之喪穆姜以有禮稱然而皆枝葉也居夫之喪而往來於季康子之家嘵嘵辨論忘己之失而撓婦之得檀弓國語皆喜稱之豈草蟲卷耳之義相君孟姜之節爲非禮乎且曰朝哭穆伯後哭文伯以爲有不夜哭之禮夫寡婦不夜哭以男子之殯必於正寢夜行不便故輟以待旦非如漢人所謂避牀笫之嫌也古者哀至則哭何朝暮之有枝葉如此本根之撥可窺矣○鄉飲酒爲賓興而舉雖曰鄉飲實王朝之禮也故其樂歌先王事後家事始歌四牡皇華鹿鳴臣道也次南陔白華華黍子道也次閒魚麗由庚嘉魚崇丘南山由儀自臣道而推之治國之事也次合關雎葛覃卷耳鵲巢采蘋采蘩自子道而推之齊家之事也至於鄉射則州長所以演其鄉子弟而未及於王事止歌關雎以下而已蓋臣子之筮仕必有先公後私之心然後有事可做此聖人之意也○江河亦土也得水以名未嘗有水水流相禪一瞬不居非江河之有也人見江河之多水而孰知非其有哉惟其不有是以能生負舟充查蓄魚長龍爲世之需池沼者有其水者也故留之水性不遂而生道息故曰江河競注而不流○生之謂性性即氣也言氣

則不必言性伊川曰論性不論氣不備是二性也剛柔氣也卽性也
剛有善者焉有不善者焉柔有善者焉有不善者焉皆性也試以不
善者言之剛之惡必爲强梁而不爲陰忮柔之惡必爲陰忮而不爲
强梁陰忮者習也其不能互爲者以其根於性也使其人一旦幡然
焉則剛者必爲爽闓而不能爲縝密柔者必爲縝密而不能爲爽闓
是亦性矣故曰善惡皆天理也○三代而上體統正論議明不惟君
子有可用雖小人亦有可用性非瓦礫雖小人亦有寸長○上有主
張之者則亦揜庇其醜以技奉上之欲今之星卜醫巫皆出羲農豈
其自爲之算五行嘗百草哉亦衆人之能也後世則不然不惟君子
無以展布雖小人亦無以展布彼小人者雖無恁大見識就其所蘊
亦必平生之志欲有立於天下但秕政之朝蹊徑不一內以彌縫婦
寺之閒外以揣摩人主之隱精神心術竭盡於此以博其富貴榮寵
之私幾時能展布其平生之一二人見李林甫在位十九年以爲志
無不行不知幾時行得一事蓋其精力機巧能使祿山懾服假使得
用其才亦足以制范陽之命然其心方內蠱君慾外抗楊釗晝夜之
力窮於蹊徑何嘗得少用其才嗚呼鼓舞作用之人才非聖人其孰
能之○人畜羊豕逐豺虎善惡至明矣其所謂善惡抑物之情耶人

之情耶羊豕以其利於己也而愛之豺虎以其害於己也而憎之非天之生物果有所擇也天之賦物惟有生理騶虞之不殺豺虎之食人總是率性於人有何恩怨但鳥獸不可與同羣爲人計者惟遠之而已周公驅猛獸程子放蠍皆不殺之此處須理會天之生人生物是生理也其爲人爲羊豕爲豺虎是各正性命也豺虎而不吞噬則何以爲生哉且人之畜羊豕也豈惟愛之亦噬之而已矣佛戒殺聖人不戒殺此處難著愛憎字或曰人之食鳥獸也亦大之噬小與余曰大豈能噬小鼠之食肉鳥之啄牛蠅蚋之食人豈盡噬小哉此理相循無端人不能泥泥則無易矣○方長不折非止愛物只是養仁不獨賢者有此心也今人見折花捋蔬便自不忍及斬刈合抱就以爲當然了無顧惜其不忍之心沒於見材之可用也有欲故也惟有欲便不能充

明儒學案卷二十八

姚江黃棃洲先生著

豫章後學

夏　鼎　熊　育　鑫
熊　緼　祖　熊　育　鏞
徐　兆　瀾　周　聯　慶
熊　榮　祖　蕭　兆　柄
劉　秉　楨　李　真　實　重刊

楚中王門學案

楚學之盛惟耿天臺一派自泰州流入當陽明在時其信從者尚少道林闇齋劉觀時出自武陵故武陵之及門獨冠全楚觀徐曰仁同遊得山詩王文明應奎胡珊鳴玉劉獻德重楊礿介誠何鳳韶汝諧唐演汝淵龍起霄止之尚可攷也然道林實得陽明之傳天臺之派雖盛反多破壞良知學脈惡可較哉

僉憲蔣道林先生信

孝廉冀闇齋先生元亨

姚江黃棃洲先生著

豫章後學　夏鼎　熊育鑫
熊繩祖　熊育鏞
徐兆瀾　周聯慶
熊榮祖　蕭兆柄
劉秉楨　李真實　重刊

僉憲蔣道林先生信

蔣信字卿實號道林楚之常德人少而端嚴威暑未嘗袒裼不信形家術母歿自擇高爽之地以葬登嘉靖十一年進士第授戶部主事轉兵部員外郎出爲四川僉事興利除害若嗜欲有道士以妖術禁人先生召之術不復驗寘之於法陞貴州提學副使建書院二所曰正學曰文明擇士之秀出者養之於中而示以趨向使不汨沒於流俗龍場有陽明祠置祭田以永其香火湖廣清浪五衛諸生鄉試去省險遠多不能達乃增貴州解額使之附試尋告病歸御史以擅離職守劾之削籍後奉恩例冠帶閒住先生築精舍於桃花岡學徒雲集遠方來者即以精舍學田廪之先生危坐其中絃歌不輟惟家祭始一入城閒或出遊則所至迎請開講三十八年十二月庚子卒年

七十七屬纊時作詩曰吾儒傳性卽傳神豈向風塵滯此身分付萬
桃岡上月要須今夜一齊明先生初無所師授與蕫闇齋考索於書
本之間先生謂大學知止當是識仁體闇齋躍然曰如此則定靜安
慮卽是以誠敬存之陽明在龍場見先生之詩而稱之先生遂與闇
齋師事焉已應貢入京師師事甘泉及甘泉在南雍及其門者甚衆
則令先生分教之先生棄官歸甘泉遊南嶽先生從之彌月後四年
入廣東省甘泉又八年甘泉再遊南嶽先生又從之是故先生之學
得於甘泉者爲多也先生初看論語與定性西銘領得萬物一體是
聖學立根處三十二三時病肺至道林寺靜坐久之幷怕死與念母
之心俱斷一日忽覺洞然宇宙渾屬一身乃信明道廓然大公無內
外是如此自身與萬物平等看是如此始知向來領會元是思索去
默識尚遠向來靜坐雖有湛然時節亦只是光景先生自此一悟於
理氣心性人我貫通無二以爲六經具在何嘗言有個氣又有個理
凡言命言道言誠言太極言仁皆是指氣而言宇宙渾是一塊氣氣
自於穆自無妄自中正純粹精自生生不息只就自心體認心是氣
生生之心便是所言天命之性豈有箇心又有箇性此氣充塞無絲
毫空缺一寒一暑風雨露雷凡人物耳目口鼻四肢百骸與一片精

靈知覺總是此生生變化如何分得人我又曰宇宙只是一氣渾是一團太和中間清濁剛柔多少參差不齊故自形生神發五性感動後觀之知愚賢不肖剛柔善惡中自有許多不同既同出一個太和則智的是性愚者豈不是性善者是性惡者豈不是性孟子卻又何故獨言性善此處非功夫與天命合一不能知也動而無動靜而無靜一動一靜之間是天命本體造化所以神者在此故功夫到得勿忘勿助即便是此體那純粹至善的頭面便現出來便知性知天知柔知剛惻隱羞惡辭讓是非便隨感而應孟子言性善正是於此處見得又曰二五之精即是理無極之真原是氣無極之流行變易便爲二五之精二五之精妙合而凝便乾道成男坤道成女化生萬物知二氣五行與男女萬物本自無而有則知中正仁義之極由靜而立先生既從一動一靜之間握此頭腦謂動而未形有無之間所謂幾者聖賢戒慎恐懼正是於此精一用處即是體和處即是未發之中夫周子之所謂動者從無爲中指其不泯滅者而言此生生不已天地之心也誠神幾名異而實同以其無謂之誠以其無而實有謂之幾以其不落於有無謂之神先生以念起處爲幾念起則形而爲有矣有起則有滅縱極力體當只在分殊邊事非先生約歸理一之

旨也先生之論理氣心性可謂獨得其要而工夫下手反遠之何也

桃岡日錄

人除却血肉只有這一片精靈喚做心一動一靜之間正是這精靈元氣本體故心也者無知而無不知無爲而無不爲不當於心外更求知得此心者又是何物○只須在天命上立根久則氣質自會融化天命上立根時時約氣質歸於一動一靜之間卽氣質便是剛中柔中無聲無臭幾矣若只就氣質上強治何時得他融化○心亦是氣虛靈知覺乃氣之至精者耳心纔喜容色便喜纔怒容色便怒此便見心與氣貫通在未嘗二也○浩然之氣與夜氣平旦之氣同乃指精靈之心而言○智崇是心體高明處禮卑是應用中庸處智崇是理一處透徹禮卑是分殊處停當如釋氏見得本來是空亦是智崇却外人倫日用何處得禮卑古今賢者非無人倫日用處用功有個禮卑却於大本處未能見得便不是智崇合智禮乃是性之中正處中正乃可言天地合德要之聖學與釋氏智原是不同釋氏只要見一個空聖人却是於空處見萬物一體自身與萬物一例所以此心便無所不貫人倫日用何處容增減一毫故萬物一體之學卽智崇便已天下歸仁卽禮卑便是智之流行處非有二也○聖賢之學

全在好惡取舍上用力隨所好惡取舍此心皆不失其正便是存養○盈天地間有形之物皆同此氣此性生生之機無物不可見子思獨舉鳶魚以生生之機即其飛躍尤易見也只順這生生之機日用百爲無非天聰明用事○明道語游楊三子曰且靜坐三字極有斟酌蓋謂初學之心平日未嘗收拾譬如震盪之水未有寧時不教他默坐何緣認得此心元來清淨湛一能爲萬化根本認出來時自家已信得了方好教他就動處調習非是教人屏日用離事物做工夫乃是爲初學開方便法門也○赤子之心便是聖胎如何得不失須是戒慎恐懼知戒慎恐懼防非窒慾保守得這赤子時愛親敬長一點真切的心長在便自會生聰明睿智日漸純熟便自會由善信而美大美大而聖神充到萬物一體之極如堯舜光被四表亦只是元初愛親敬長真切的心非有別心譬如果核一點生意投之地便會長出根苗來這根苗便如赤子之心切不要傷害著他須是十分愛護這根苗便自會生幹生枝生葉生花實及長到參天蔽日千花萬實總只是元初根苗一點生意非別有生意曰赤子之心即可云未發之中否曰未發之中便已是寂然不動赤子如何說得寂然不動須是不失赤子之心則便是未發之中曰工夫全在不失上否曰不

失卽是知戒愼恐懼時時在幾上覺不然緣何會上達曰朱傳似謂不失了此心然後能擴充以至於大如何曰擴充二字本出孟子只不失赤子之心便是擴充四端便是致曲便是愼獨孔孟之學至易至簡○橫渠言形而後有氣質之性須要善看蓋其意謂剛柔合德者乃天命之性偏剛偏柔之性乃其形而後有者也善反之則剛中柔中之性存焉其曰氣質之性曰天命之性乃其言欠瑩處故不可不善看也後之儒者但泥其立言之失而不究其本旨一誤百和遂以爲眞有天命之性有氣質之性若然則氣質者果非大和之用而天命者果超然於二氣五行之外乎○凡看聖賢論學論義理處須是優柔厭飫久之乃能忽然覺悟到忽然覺悟却全不假思索安排矣強探力索卽是邪思何緣有見惟用而不用乃是正思也○虛無寂滅與權謀伯術皆是墮在一邊知有夜不知有晝知有晝不知有夜聖人從中道上行故終日有事實無一事終日有爲實未嘗爲情順萬事而無情此便是通乎晝夜之道而知○忠恕是體用合一的心聖人言心皆是合體用處皆要學者於幾上認心卽用卽體○心是人之神氣之精靈知覺者也命之曰心本取主宰之義心之活潑潑處是性故性字從心從生指生生之心而言者也○博文約禮不

是兩段工夫總於念纔起動而未形處惟精惟一則二者一齊俱致矣禮是心之本體文是感通燦然處此物元是純粹至善大學云止至善其實只在人止之耳失其止便如純陽之氣變而爲陰了此便是惡故周子揭無欲二字爲聖功之要非收拾此心到得動而無動靜而無靜處不得言無欲非無欲却何從見得性善○宇宙只是一氣渾是一個太和中間清濁剛柔多少參差不齊故自形生神發五性感動後觀之知愚賢不肖剛柔善惡中如臯陶論九德孔子所言柴參師由偏處自有許多不同既同出一個太和則知的是性愚者豈不是性善者是性惡者豈不是性孟子却又何故獨言性善此處非功夫與天命合一不能知也動而無動靜而無靜一動一靜之間是天命本體造化所以神者在此故工夫到得勿忘勿助之間即便是此體那純粹至善的頭面便現出來便知性知天知柔知剛惻隱羞惡辭讓是非便隨感而應孟子言性善正於此處見得荀韓諸子不知性正由不知此一段學問工夫如今只須用功不須想像他如何工夫到得眞默處即識之矣蓋氣一分殊即分殊約歸動靜之間便是本體先儒却以善惡不齊爲氣質性是理理無不善是氣質外別尋理矣○言忠信便該了靈明言靈明豈能該得忠信今人喜說

靈明把忠信只當死殺格子忠信是甚麼譬之水無絲毫泥滓十分澄澈便喚做忠信世間伶俐的人却將泥滓的水一切認作靈明六經具在何嘗言有個氣又有個理凡言命言道言誠言太極言仁皆是指氣而言宇宙渾是一塊氣氣自於穆自无妄自中正純粹精自生生不息謂之命謂之道謂之誠謂之太極總是這一個神理只就自心體認便見心是氣生生之心便是天命之性豈有個心又有個性問所當然所以然之說如何曰只一個心千事萬事總皆變化又何顯何微只形色便是天性○心無時不動獨正是動而未形有無之間所謂幾是也聖賢戒慎恐懼正是於此處精一此處精一即用處就是體和處就是未發之中○六經並不曾空空說聖人之心如何樣子都在事上見他心上面蒼然下面塊然中間萬象森然我此身却在空處立著這空處是甚麼都是氣充塞在無絲毫空缺這個便是天更向何處說天知眼前這空是天便知極四方上下往古來今渾是這一個空一個天無中邊無遠近亦便知眼前一寒一暑風雨露雷我此身耳目口鼻四肢百骸與一片精靈知覺總是這一個空生生變化世人隔形骸分爾汝隔藩牆分比鄰見得時便是剖破藩籬即大家已登堯舜孔子禹皐顏孟路上行矣何由見得收攝此

心到默處卽是天聰明便照破矣故曰盡其心則知性知天○磨礱細一番乃見得一番前日不認得是過處今日却認得是過○見得理一又須理會分殊不獨理會分殊非聖門之旨見得理一一言亦恐未盡學者若眞實默識得此體只要存更無事一片廣大的心自然做出無限精微○四時行百物生萬古是如此這便是於穆不已卽萬物觀之發生一番便又收歛收歛一番便又發生何曾一暫止息這於穆不已是甚麽是元氣如此故元氣者天之神理先儒謂陰陽是氣所以然者是理陰陽形而下太極形而上謂有氣別有理二之矣○問何以五性感動遂有善惡曰人生而靜以上純粹至善觀四時行百物生豈容更說形生神發五性感動便已非動而無動靜而無靜神理本體便隨所稟剛柔不齊分數發出來所以有慈祥巽順懦弱無斷邪佞嚴毅正固猛隘強梁許多不同故程子曰善惡皆天理謂之惡者本非惡然神理本體元只是無而已善學者約其情以復於靜則剛柔之氣皆變而復於中聰明睿知中正仁義出矣○無欲卽是盡心盡心是謂心無虧欠心無虧欠方說得心在二五之精卽是理無極之眞元是氣無極之眞流行變易便爲二五之精二五之精妙合而凝便乾道成男坤道成女化生萬物知二氣五行與

男女萬物本自無而有則知中正仁義之極由靜而立此圖書言不盡言之深意○有問主靜皆寂恐落空者曰似賢輩且落空亦不妨○戒慎恐懼之念時時不息不待言行事見而後有謂之前定定即誠也○戒慎恐懼乃是定時一點眞念所謂主宰者便是

孝廉冀闇齋先生元亨

冀元亨字惟乾號闇齋楚之武陵人陽明謫龍場先生與蔣道林往師焉從之廬陵踰年而歸正德十一年湖廣鄉試有司以格物致知發策先生不從朱註以所聞於陽明者爲對主司奇而録之陽明在贛先生又從之主教濂溪書院宸濠致書問學陽明使先生往荅之濠談王霸之畧先生昧昧第與之論學而已濠拊掌謂人曰人癡一至是耶一日講西銘先生反復陳君臣之義本於一體以動濠濠大詫之先生從容復理前語濠曰此生大有膽氣遂遣歸濠敗忌陽明者欲借先生以陷之逮至京師榜掠不服科道交章頌寃出獄五日而卒在獄與諸囚講說使囚能忘其苦先生嘗謂道林曰贛中諸子頗能靜坐苟無見於仁體槁坐何益觀其不挫志於艱危信所言之非虛也癸未南宮發策以心學爲譏餘姚有徐珊者亦陽明之門人不對而出先生之對與徐珊之不對一時兩高之而珊爲辰州同知

侵餉縊死時人爲之語曰君子學道則害人小人學道則縊死人羞稱之所謂蓋棺論定者非耶

明儒學案卷二十八

明儒學案卷二十九

姚江黃黎洲先生

豫章後學　夏鼎　熊育鑫　熊繩祖　熊育鏞　徐兆瀾　周聯慶　熊榮祖　蕭兆柄　劉秉楨　李真實　重刊

北方王門學案

北方之爲王氏學者獨少穆玄菴既無問答而王道字純甫者受業陽明之門陽明言其自以爲是無求益之心其後趨向果異不必列之王門非二孟嗣響卽有賢者亦不過跡象聞見之學而自得者鮮矣

文簡穆玄菴先生孔暉

教諭張弘山先生後覺

尚寶孟我疆先生秋

主事尤西川先生時熙

文選孟雲浦先生化鯉

侍郎楊晉菴先生東明

郡守南瑞泉先生大吉

明儒學案卷二十九北方全

姚江黃棃洲先生著

豫章後學　夏鼎　熊育鑫　熊緄祖　熊育鏞　徐兆瀾　周聯慶　熊榮祖　蕭兆柄　劉秉楨　李真賓　重刊

文簡穆玄菴先生孔暉

穆孔暉字伯潛號玄菴山東堂邑人弘治乙丑進士由庶吉士除簡討爲劉瑾所惡調南京禮部主事瑾敗復官歷司業侍講春坊庶子學士太常寺卿嘉靖己亥八月卒年六十一贈禮部右侍郎謚文簡陽明主試山東取先生爲第一初習古文詞已而潛心理學其論學云古人窮理盡性以至於命今於性命之原習其讀而未始自得之也顧謂有見安知非汩慮於俗思耶又云鑑照妍媸而妍媸不著於鑑心應事物而事物不著於心自來自去隨應隨寂如鳥過空空體弗礙又云性中無分別想何佛何老臨卒時有到此方爲了事人之偈蓋先生學陽明而流於禪未嘗經師門之煅煉故陽明集中未有問答乃黃泰泉遂謂雖陽明所取士未嘗宗其說而菲薄宋儒既寃

先生而陽明豈菲薄宋儒者且寃陽明矣一言以爲不知此之謂也

教諭張弘山先生後覺

張後覺字志仁號弘山山東茌平人仕終華陰教諭蚤歲受業於顏中溪徐波石深思力踐洞朗無礙猶以取友未廣南結會於香山西結會於丁塊北結會於大雲東結會於王遇齊魯間遂多學者近溪潁泉官東郡爲先生兩建書院曰願學曰見大先生聞水西講席之盛就而證其所學萬曆戊寅七月卒年七十六其論學曰耳本天聰目本天明順帝之則何慮何營曰良卽是知知卽是良良外無知知外無良曰人心不死無不動時動而無動是名主靜曰真知是忿忿自懲真知是慾慾自窒懲忿如沸釜抽薪窒慾如紅爐點雪推山填壑愈難愈遠

尚寶孟我疆先生秋

孟秋字子成號我疆山東茌平人隆慶辛未進士知昌黎縣歷大理評事職方郎中致仕起刑部主事尚寶寺丞少卿而卒年六十五先生少授毛詩至桑間濮上不肯竟讀聞邑人張弘山講學卽往從之因尚書明目達聰語灑然有悟鄒聚所周訥溪官其地相與印證所至惟發明良知改定明儒經翼去其駁雜者時唐仁卿不喜心學先

生謂顧涇陽曰仁卿何如人也涇陽曰君子也先生曰彼排陽明惡得為君子涇陽曰朱子以象山為告子文成以朱子為楊墨皆甚辭也何但仁卿先生終不以為然許敬菴嘗訪先生盈丈之地瓦屋數椽其旁茅舍倍之敬菴謂此風味大江以南所未有也先生大指以心體本自澄徹有意克己便生翳障蓋真如的的一齊現前如如而妙自在必克己而後言仁則宣父何不以克伐仁原憲耶弘山謂良即是知知即是良良外無知知外無良師門之宗傳固如是也此即現成良知之說不煩造作動念即乖夫良知固未有不現成者而現成之體極是難認此明道所以先識仁也先生之論加於識仁之後則可若未識仁則克己之功誠不可已但克己即是識仁顏子有不善未嘗不知知之未嘗復行也仁體絲毫不清楚便是不善原憲之克伐怨欲有名件可指已是出柙之虎兕安可相提而論哉

我疆論學語

心無方無體凡耳目視聽一切應感皆心也指腔子內為言者是血肉之軀非靈瑩之天君矣○天道曾有一刻不感時地道曾有一刻不應時人心曾有一刻無事時一刻無事是槁滅也故時時必有事亦時時未發未發云者發而無發之謂非可以有感無感論也○自

聖學不傳而性善之旨日晦入聖無門人是其見雖盡力洗滌渣滓
尚在以故終身盤桓只在改過間就其所造僅以小儒而止皆由克
去人欲復還天理之說誤之也人欲無窮去一日生一日去一年生
一年終身去欲終身多欲勞苦煩難何日是清淨寧一時耶來書云
有病不得不服藥是也有人於此養其元氣保其四肢血氣和平雖
有風寒暑濕不得乘間而入使不保元氣藥劑日來則精神日耗邪
氣日侵因藥而發病者日相尋焉終身病夫而已豈善養身者乎又
云必有主人方可逐賊此就多積者言耳若家無長物空空如也吾
且高枕而臥盜賊自不吾擾又何用未來則防既來則逐乎此兩喻
者乃志仁之說無欲之證也○曾子之學一貫之學也此曾子作大
學之宗旨也故析而言之曰脩身也正心也誠意也致知也格物也
若名目之不同合而言之則一也何也自身之神明謂之心自心之
發動謂之意自意之靈覺謂之知自知之感應謂之物心意知物總
而言之一身也正者正其身之心也誠者誠其心之意也致者致其
意之知也格者格其知之物也格致誠正總而言之脩身也道無二
致一時俱到學無二功一了百當此一貫之道也○道有本門路無
多岐會道以心不泥文字間性原有本利原無根端本澄源則萬派

千流一清徹底矣又何塵垢之染乎

主事尤西川先生時熙

尤時熙字季美號西川河南洛陽人舉嘉靖壬午鄉試歷元氏章丘學諭國子學正戶部主事終養歸歸三十餘年萬曆庚辰九月卒年七十八先生因讀傳習錄始信聖人可學而至然學無師終不能有成於是師事劉晴川晴川言事下獄先生時書所疑從獄中質之又從朱近齋周訥溪黃德良名驥考究陽明之言行雖尋常謦欬亦必籍記先生以道理於發見處始可見學者只於發動處用功故工夫即是本體不當求其起處濂溪之無極而太極亦是求其起處爲談學之弊堯舜之執中只是存心明道之識仁猶云擇術以白沙靜中端倪爲異學此與胡敬齋所言古人只言涵養言操存曷嘗言求見本體及晦翁惟應酬酢處特達見本根工夫一也靜中養出端倪亦是方便法門所謂觀喜怒哀樂未發以前氣象總是存養名目先生既掃養出端倪則不得不就察識端倪一路此是晦翁晚年自悔缺却平時涵養一節工夫者也安可據此以爲學的先生言近談學者多說良知上還有一層爲非此說固非然亦由當時學者以情識爲良知失却陽明之旨蓋言情識上還有一層耳若知良知爲未發之

中決不如此下語矣

擬學小記

經疑　人情多在過動邊此過則彼不及格物只是節其過節其過則無馳逐始合天則故能止艮知本體止乃見○義理無窮行一程見一程非可以預期前定也故但言致良知○天命者本然之真是之謂性無所使之無所受之○前輩以不睹不聞爲道體是不睹不聞爲道而睹聞非道矣下文何以曰莫見乎隱莫顯乎微耶竊詳此兩句蒙上道字來則所睹所聞者道也戒慎不睹欲其常睹恐懼不聞欲其常聞只是常存此心之意獨字卽道字愼字卽常睹常聞道無隱見無顯微天地間只有此故曰獨莫非此故曰獨○凡物對立則相形爲有二也道一而已見卽隱無有見乎隱顯卽微無有顯乎微見顯隱微物相有然道一而已故謂之獨○喜怒哀樂之未發謂之中既云未發豈惟無偏倚卽不偏不倚亦無可見指其近似但可言其在中而已故中和之中亦只是裏許之意○道理只是一個未發無形不可名狀多於下字影出之如人以魄載魂可指可名者魄也所以多重下一字忠心也忠無可指可指者信與恕事與行也皆就發用處說○喜怒哀樂本體元是中和的○莫非天也冬至祀天

祀生物之天也夏至祀地祀成物之天也故曰郊社之禮所以祀上帝也莫非天也不言后土非省文○視吾以觀吾由察吾安人欲無所匿矣以此待人便是逆詐億不信○吾道一以貫之貫該貫也言吾道只是一若謂一以貫萬是以此貫彼是二也道一而已萬卽一之萬也○舜禹有天下而不與行所無事也○執中之云猶言存心也堯之命契以教比屋之民者猶之與舜禹諸臣都俞吁咈於廟堂者也無二道也後世學者遂以存心爲常語而以執中爲祕傳豈心外有法抑心有二法耶○集義之集從隹從木說文鳥止木上曰集心之所宜曰義集義云者謂集在義上猶言卽乎人心之安也君子之學樂則行之憂則違之卽乎此心之安而已○擴充是去障礙以復本體不是外面增益來○春秋不立傳者凡春秋所書之事皆當時人所共知但傳說不同隱微之地爲姦雄所欺耳夫子直筆姦雄之真蹟實情而破其曲說使天下曉然知是非所在而不可欺而姦雄之計有所不能行故亂臣賊子聞之而懼○唐虞三代不知斷過多少事或善或惡可懲可勸若必事事爲之立傳何止汗牛充棟聖人之意正不在此故曰堯舜事業如浮雲過太虛春秋之作何以異是是非既明亦隨過隨化聖人之心固太虛也○道理只是一個諸

子論學謂之未精則可謂別有一種道理則不可聖人之學較之諸子只是精一亦非別有一道也○道理不當說起處若說起處從何處起便生意見○一氣流行成功者退曰互根是二本也○道理於發見處始可見學者於發動處用功未發動自無可見自無着力處○天地萬物皆道之發見此道不論人物各各有分覺即爲主則千變萬化皆由我出○道無方體耳得之而爲聲目遇之而成色學者各以聞見所及立論而道實非方體可拘也○聖人言工夫不言道體工夫即道體也隨人分量所及自修自證若別求道體是意見也○仁者以天地萬物爲一體無我也以天地萬物爲一體真我也分殊即理一學者泛應未能曲當未得理之一耳○學術差處只爲認方便爲究竟○衆人之蔽在利欲賢者之蔽在意見意見是利欲之細塵○性分上欠真切只因心有所逐○意有所便即是利昏惰亦是利意所便也○不求自慊只在他人口頭上討個好字終不長進○人雖至愚亦能自覺不是只不能改遂日流於汙下聖愚之機在此不在賦稟○萬物津液與河海潮汐是一氣萬物精光與日月星辰是一象象即氣之象氣即象之氣非有二也潮汐隨日月皆一氣之動也不當分陰陽看○學問是陶冶造化之功若在陰陽五行上

一 珍倣宋版印

立脚是隨物化也〇君子處盛衰之際獨有守禮安命是職分當爲舍是而他求皆無益妄作也〇格訓通解　陽明格物其說有二曰知者意之體物者意之用如意用于事親卽事親爲一物只要去其心之不正以全其本體之正故曰格者正也又曰致知在格物者致吾心之良知於事事物物也致吾心之良知於事事物物則事事物物皆得其理矣致吾心之良知者致知也事事物物皆得其理者物格也前說似專指一念後說則並舉事物若相戾者然性無內外而心外無物二說只一說也愚妄意格訓則物指好惡吾心自有天則學問由心心只有好惡耳頗本陽明前說近齋乃訓格爲通專以通物情爲指謂物我異形其可以相通而無間者情也頗本陽明後說然得其理必通其情而通其情乃得其理二說亦一說也但曰正曰則取裁於我曰通則物各付物取裁於我意見易生物各付物天則乃見且理若虛懸情爲實地能格物情斯盡物理而曰正曰則曰至兼舉之矣〇好惡情也好惡所在則物也好之惡之事也學本性情通物我故於好惡所在用工而其要則在體悉物我好惡之情蓋物我一體人情不通吾心不安且如子不通父之情子心安乎子職盡乎是以必物格而後知乃至也〇則字雖曰天則然易流於意見通

則物各付物意見自無所容蓋才着意見卽爲意見所蔽便於人情不通便非天則天則須通乃可驗故通字是工夫○物字只指吾心好惡說是從天下國家根究到一念發端處○雖師友之言亦只是培植灌漑我我亦不以此爲家當○質疑　學問起頭便是落脚只有意無意之間耳卽今見在工夫生死有以異乎豈別有一着必俟另說透也○致知知止二義只爭毫釐以止爲功則必謙虛抑畏其氣下以致爲功則或自任自是其氣揚雖曰同遊於善而其歸遠也只在意念向背之間若知知止則致卽止矣○天理人情本非有二但天理無可捉摸須於人情驗之故不若只就人情爲言雖愚夫愚婦亦可易曉究其極至聖人天地有不能盡也○日用常行間檢點卽心所安行之不必一一古格也且古格亦是當時卽心之所安之糟粕耳○道理在平易處不是古人聰明過後人是後人從聰明邊差了只此心真切則不中不遠○此志興起時自覺不愧古人更無節次及怠惰卽是世俗○沿襲舊說非講說則不明若吾心要求是當則講說卽是躬行非外講說另有躬行也若果洞然無疑則不言亦是講說倘未洞然而廢講說是鶻突也○道理只在日用常行間百姓日用但不知不自作主宰耳○問如何入門曰只此發問便是

入門○心體把持不定亦是吾輩通患只要主意不移定要如此譬之行路雖有傾跌起倒但以必至為心則由我也○本體無物何一何萬應酬是本體發用此處用工○凡應酬面前只一事無兩事況萬乎聖人得一故曲當常人逐萬故紛錯起於自私用智○做工夫的卽是本體○一向謂儒釋大同老師却說只爭毫釐愚意不爭毫釐也年來偶見無生要議談空甚劇忽悟云無情毫釐爭處在此○苟知父母之生成此身甚難則所以愛其身者不容不至而義理不可勝用矣○心地須常教舒暢歡悅若拘迫鬱惱必有私意隱伏○人物自得處俱是遊如鳶飛戾天魚躍於淵是性之本體遊而非此却是放失私意憂惱不為樂事○近談學者多說良知上還有一層此言自靜中端倪之說啟之夫良知無始終無內外安得更有上面一層此異學也○陽明雖夙成其言以江西以後為定○程子須先識仁之言猶云先須擇術云耳後人遂謂先須靜坐識見本體然後以誠敬存之若次第然失程子之意矣○今見在乍見皆有之幾而另去默坐以俟端倪此異學也○改過之人不遮護欣然受規才有遮護便不着底○蓍龜無言聖人闡之若非一體何以相契是故探賾者探吾心之賾索隱者索吾心之隱鉤吾心之深致吾心之遠審

乎善惡之幾謹於念慮之微而已○蓍龜知吉凶吉凶本善惡謂吉凶在彼善惡亦在彼乎趨吉避凶只爲善去惡而已○人情本然只是相親相愛如忠君孝親敬兄友弟刑家睦隣恤孤賑窮是上愛下下愛上不得已而去惡只爲保全善類莫非仁也若世人惡人全是勝心是亦不仁而已矣○喪禮哭踊有數主於節哀爲賢者設也人之忘哀必有分心處以致哀爲推極非制禮之本意○彼謂怒於甲者不移於乙固爲粗淺而謂顏子之怒在物不在己者亦爲無情○謂春生秋成則可謂春生秋殺不可殺機自是戾氣非性中所宜有○葬埋之禮起於其顙有泚則禍福之說疑其爲無泚者設猶佛氏之怖令蓋權教也彼之怖令雖若近誣猶能懼人於善而此之權教茫無理據乃至陷人於惡○解舜之深山野人者曰身與野人同心與野人異也噫使舜之心果與野人異也曷足以爲舜也蓋野人之心質實舜之心亦質實無以異也○王雲野云陽明曾說譬如這一碗飯他人不曾喫白沙是曾喫來只是不曾喫了以下紀聞○許函谷與陽明在同年中最厚別久再會函谷舉舊學相證陽明不言但微笑曰吾輩此時只說自家話還翻那舊本子作甚○人常言聖人憂天下憂後世故生許多假意懸空料想無病呻吟君子思不出位

只是照管眼下卽天下後世一齊皆在○凡有所相皆道之發見學者能修自己職分則萬物皆備於我無極太極只是此心此眞道之起處不必求之深幽玄遠也○物各合其天則乃止不合天則心自不安不安不止只因逐物

文選孟雲浦先生化鯉

孟化鯉字叔龍號雲浦河南新安人由進士授南戶部主事歷稽勳文選郎中萬曆二十年給事中張棟以國本外謫會兵科缺都給事中先生推棟補之上怒謫先生雜職西川旣傳晴川之學先生因往師之凡所言發動處用功及集義卽乎心之所安皆師說也在都下與孟我疆相砥礪聯舍而寓自公之暇輒徒步過從飲食起居無弗同者時人稱爲二孟張陽和作二孟歌記之罷官家居中丞張仁軒餽之亦不受書問都絕宦其地者欲蹤跡之而不得也

論學書

人者天地之心而人之心卽浩然之氣浩然者感而遂通不學不慮眞心之所溢而流也吾之心正則天地之心正吾之氣順則天地之氣順是故愛親敬長達之天下怵惕惻隱保乎四海愚不肖夫婦之與知與能察乎天地者以此君子居室言行之加民見遠動乎天地

者以此其功在於必有事其幾在於集義集義者卽乎心之所安不學不慮感而遂通者也時時卽心所安是謂時時集義時集義是謂時時有事時時有事是謂時時浩然時時浩然是謂時時爲天地立心是謂時時塞天地緣天地間本如是其廣大亦本如是其易簡或者知氣塞天地而不求諸心而不本之集義心非眞心氣非浩然欲希天地我塞難矣○心之發動處用工夫只是照管不着還是心之不定○要將講說亦只是口頭語又不能躬行意欲不用講說

侍郎楊晉菴先生東明

楊東明號晉菴河南虞城人萬曆庚辰進士授中書舍人歷禮科給事中掌吏垣降陝西照磨起太常少卿光祿寺卿通政使刑部侍郎乞休回籍天啓甲子卒年七十七先生所與問辨者鄒南皋馮少墟呂新吾孟我疆耿天臺張陽和楊復所諸人故能得陽明之肯綮家居凡有民間利病無不身任嘗曰身有顯晦道無窮達還覺窮則獨善其身之言有所未盡其學之要領在論氣質之外無性謂盈宇宙間只是渾淪元氣生天生地生人物萬殊都是此氣爲之而此氣靈妙自有條理便謂之理夫惟理氣一也則得氣清者理自昭著得氣濁者理自昏暗蓋氣分陰陽中含五行不得不雜揉不得不偏勝此

人性所以不皆善也然太極本體立二五根宗雖雜揉而本質自在縱偏勝而善根自存此人性所以無不善也先生此言可謂一洗理氣爲二之謬矣而其間有未瑩者則以不皆善者之認爲性也夫不皆善者是氣之雜揉而非氣之本然其本然者可指之爲性其雜揉者不可以言性也天地之氣寒往暑來寒必於冬暑必於夏其本然也有時冬而暑夏而寒是爲愆陽伏陰失其本然之理矣失其本然便不可名之爲理也然天地不能無愆陽伏陰之寒暑而萬古此冬寒夏暑之常道則一定之理也人生之雜揉偏勝卽愆陽伏陰也而人皆有不忍人之心所謂厥有恆性豈可以雜揉偏勝者當之雜揉偏勝不恆者也是故氣質之外無性氣質卽性也第氣質之本然是性失其本然者非性此毫釐之辨而孟子之言性善爲不可易也陽明言無善無惡者心之體東林多以此爲議論先生云陽明以之言心不以之言性也猶孔子之言無知無知豈有病乎此眞得陽明之肯綮也

晉菴論性臆言

盈宇宙間只是一塊渾淪元氣生天生地生人物萬殊都是此氣爲之而此氣靈妙自有條理便謂之理蓋氣猶水火而理則其寒暑之

性氣猶薑桂而理則其辛辣之性渾是一物毫無分別所稱與生俱生與形俱形猶非至當歸一之論也夫惟理氣一也則得氣清者理自昭著人之所以爲聖爲賢者此也非理隆於清氣之內也得氣濁者理自昏暗人之所以爲愚不肖者此也非理殺於濁氣之內也此理氣斷非二物也正惟是稟氣以生也于是有氣質之性凡所稱人心惟危也人生有欲也幾善惡也惡亦是性也皆從氣邊言也蓋氣分陰陽中含五行不得不雜揉不得不偏勝此人性所以不皆善也然此氣即所以爲理也故又命之曰義理之性凡所稱帝降之衷也民秉之彝也繼善成性也道心惟微也皆指理邊言也蓋太極本體立二五根宗雖雜揉而本質自在縱偏勝而善根自存此人性所以無不善也夫一邊言氣一邊言理氣與理豈分道而馳哉蓋氣者理之質也理者氣之靈也譬猶銅鏡生明有時言銅有時言明不得不兩稱之也然銅生乎明明本乎銅孰能分而爲二哉人性之大較如此如曰專言理義之性則有善無惡專言氣質之性則有善有惡是人有二性矣非至當之論也○氣質之性四字宋儒此論適得吾性之眞體非但補前輩之所未發也蓋盈天地間皆氣質也即天地亦氣質也五行亦陰陽也陰陽亦太極也太極固亦氣也特未落於質

耳然則何以爲義理之性曰氣質者義理之體段義理者氣質之性
情舉一而二者自備不必兼舉也然二者名雖並立而體有專主今
謂義理之性出於氣質則可謂氣質之性出於義理則不可謂氣質
之性與義理之性合併而來則不通之論也猶夫醋然謂酸出於醋
則可謂醋出於酸則不可謂醋與酸合併而來則不通之論也且氣
質可以性名也謂其能爲義理也氣質而不能爲義理則亦塊然之
物耳惡得以性稱之四字出於宋儒亦但謂補性之所未備而氣質
外無性恐宋儒亦不得而知也○王陽明先生云無善無惡者心之
體史玉池作性善說闢之余乃遺玉池書曰某往亦有是疑近乃會
得無善無惡之說蓋指心體而言非謂性中一無所有也夫人心寂
然不動之時一念未起固無所謂惡亦何所謂善哉夫子曰吾有知
乎哉無知也夫知且無矣何處覓善惡譬如鑒本至明而未臨於照
有何妍媸故其原文曰無善無惡者心之體非言性之體也今謂其
說與告子同將無錯會其旨歟

問孟子道性善是專言義理之性乎曰世儒都是此見解蓋曰專言
義理則有善無惡兼言氣質則有善有惡是義理至善而氣質有不
善也夫氣質二五之所凝成也五行一陰陽陰陽一太極則二五原

非不善之物也何以生不善之氣質哉惟是既云二五則錯綜分布自有偏勝雜揉之病於是氣質有不純然善者矣雖不純然善而太極本體自在故見孺子入井而惻隱遇嘑蹴之食而不屑氣質清純者固如此氣質薄濁者未必不如此此人性所以爲皆善也孟子道性善就是道這個性從古聖賢論性就只此一個如曰厥有恆性繼善成性天命謂性皆是這個性孟子云動心忍性性也有命焉則又明指氣質爲性蓋性爲氣質所成而氣質外無性則安得外氣質以言性也自宋儒分爲氣質義理兩途而性之義始晦豈惟不知人無二性而一物分爲兩物於所謂義理氣質者亦何嘗窺其面目哉故識得氣質之性不必言義理可也蓋氣質卽義理不必更言義理也識得氣質之性不必言氣質可也蓋氣質卽義理不可專目爲氣質也學者悟此則不惑於氣質義理兩說矣○善字有二義本性之善乃爲至善如眼之明鑑之明明卽善也無一善而乃善之所從出也此外有意之感動而爲善者如發善念行善事之類此善有感則生無感則無無乃適得至善之本體若有一善則爲一善所障而失其湛空之體矣這善字正是眼中金屑鏡中美貌美則美矣其爲障一也文成所云無善無惡者正指感動之善而言然不言性之體而言

心之體者性主其靜心主其感故心可言有無而性不可言有無也今曰出入無時莫知其鄉惟性之謂與則說不去矣

郡守南瑞泉先生大吉

南大吉字元善號瑞泉陜之渭南人正德辛未進士授戶部主事歷員外郎郎中出守紹興府致仕嘉靖辛丑卒年五十五先生幼穎敏絕倫稍長讀書爲文卽知求聖賢之學然猶豪曠不拘小節及知紹興府文成方倡道東南四方負笈來學者至於寺觀不容先生故文成分房所取士也觀摩之久因悟人心自有聖賢奚必他求一日質於文成曰大吉臨政多過先生何無一言文成曰何過先生歷數其事文成曰吾言之矣先生曰無之文成曰然則何以知之曰良知自知之文成曰良知獨非我言乎先生笑謝而去居數日數過加密謂文成曰與其有過而悔不若先言之使其不至於過也文成曰人言不如自悔之眞又笑謝而去居數日謂文成曰身過可免心過奈何文成曰昔鏡未開可以藏垢今鏡明矣一塵之落自難住脚此正入聖之機也勉之先生謝別而去闢稽山書院身親講習而文成之門人益進入覲以考察罷官先生治郡以循良重一時而執政者方惡文成之學因文成以及先生也先生致書文成惟以不得聞道爲恨

無一語及於得喪榮辱之間文成嘆曰此非真有朝聞夕死之志者
不能也家居搆湑西書院以教四方來學之士其示門人詩云昔我
在英齡駕車詞賦場朝夕工步驟追蹤班與楊中歲遇達人授我大
道方歸來三秦地墜緒何茫茫前訪周公跡後竊橫渠芳願言偕數
子教學此相將

明儒學案卷二十九

明儒學案卷三十

姚江黃梨洲先生著

豫章後學 夏鼎 熊育鑫 熊緗祖 熊育鏞 徐兆瀾 周聯慶 熊榮祖 蕭兆柄 劉秉楨 李真賓 重刊

粵閩王門學案

嶺南之士學於文成者自方西樵始及文成開府贛州從學者甚衆文成言潮在南海之涯一郡耳一郡之中有薛氏之兄弟子姪既足盛矣而又有楊氏之昆季其餘聰明特達毅然任道之器以數十乃今之著者唯薛氏學耳西樵名獻夫字叔賢弱冠舉進士爲吏部主事遷員外郎陽明起自謫所爲主事官階亞於西樵一日與語西樵有當於心卽進拜稱弟子未幾引疾歸將十餘年而大禮議起西樵自家上疏請追崇興獻帝后召入擢侍講學士至禮部尚書加太子太保復引疾歸起兼武英殿大學士未幾請歸歸十餘年卒贈太保諡文襄薛尚賢以學行著於鄉中離自虔歸述其所聞於陽明者尚賢說之遂稟學焉後官國子助教楊驥字仕德初從甘泉遊卒業於

陽明陽明方征橫水謂之曰破山中賊易破心中賊難未幾卒甘泉
謂其是內非外失本體之自然爲文哀之皇明書言誌墓非也楊仕
鳴與兄同學初錄所聞備載陽明之語陽明以爲不得其意其後直
書己意所得反印可之仕鳴言日用講求功夫只是各依自家良知
所及自去其障擴充以盡其本體不可遷就氣習以趨時好又謂東
廓曰公往治舉子業竭其才否東廓曰然曰今致良知亦竭其才否
東廓曰未能也曰微竭才曷由見卓爾竭才二字希顏之的也東廓
每舉斯語以告學者亦未幾卒粱焯字曰孚南海人登進士第官至
職方主事以諫南巡被杖武宗畜外國人爲駕下人曰孚以法繩之
不少貸日孚嘗過贛從陽明學辨問居敬窮理悚然有悟同門冀闇
齋死詔獄日孚棺斂之鄭一初字朝朔揭陽人弘治乙丑進士居紫
陌山閉門習靜召爲御史陽明在吏部因陳世傑請受學聞其說以
爲昔多岐而今大道也時朝朔已病人勸其緩學曰夕死可矣卒於
浙閩中自子莘以外無著者馬明衡字子莘莆人也父思聰死寧濠
之亂子莘立志勇猛與鄭善夫爲古文陽明曰草木之花千葉者無
實其花繁者其實鮮嘉靖三年以御史諫上隆興國而薄昭聖爲非
禮下獄削籍歸

行人薛中離先生侃

縣令周謙齋先生坦

明儒學案卷三十 粵閩全

姚江黃棃洲先生著

豫章後學 夏鼎 熊育鑫 熊繩祖 熊育鏞 徐兆瀾 周聯慶 熊榮祖 蕭兆柄 劉秉楨 李真實 重刊

行人薛中離先生侃

薛侃字尚謙號中離廣東揭陽人舉正德十二年進士疏乞歸養從學王文成於贛四年而後歸十六年授行人丁母憂服闋入京聞文成訃會同門南野諸子爲位而哭使山東謁孔孟廟刻杏壇講授儀尋陞司正張孚敬方用程篁墩舊議改孔廟從祀先生請增祀象山白沙允祀象山莊敬太子薨嗣位久虛先生私草一疏引祖制請於親藩中擇其親而賢者迎取一人入京爲守城王以俟東宮生長出封大國初以示光祿卿黃宗明宗明勸勿上已示其同年太常卿彭澤澤傾險人也時張孚敬夏言交惡澤方附孚敬欲借此以中言即袖其疏私於孚敬曰儲事上所諱言而侃與言同年若指侃疏爲言所爲則罪不可解矣孚敬以爲然先錄其稿進之於上曰言與侃之

謀如此姑勿發以待其疏入澤於是語先生曰張少傅見公疏甚喜
可亟上先生遂上上大怒逮至午門會官鞫其主使先生不服澤微
詞諷之使連染於言先生瞋目視澤曰汝謂張少傅有意余言趣我
上之於言何與都御史汪鋐黨孚敬攘臂謂言實使之言拍案大罵
幾欲毆鋐遂罷訊上復命武定侯郭勛大學士翟鑾司禮監官及九
卿科道錦衣衛官用刑重鞫先生曰以皇上之明猶爲彭澤所欺況
愚昧如侃者乎上乃出孚敬二密疏以示羣臣斥其冒嫉着致仕去
澤遣戍先生納贖爲民行至潞河遇聖壽節參議項喬行禮舟中有
報喬者曰小舟有服民服而具香案行禮者不知何等人也喬曰此
必薛中離訪之果然先生歸田從遊者百餘人十五年遠遊江浙會
念庵於青原書院已入羅浮講學於永福寺二十四年始還家門人
記所聞曰研幾錄周海門聖學宗傳云先生釋歸南過會稽見陽明
陽明曰當是時吾子如何先生曰侃惟一良知而已炯然無物也陽
明首肯之按先生釋歸在十年陽明之卒在七年安得歸而復見之
也世疑陽明先生之學類禪者三曰廢書曰背考亭曰涉虛先生一
一辨之然皆不足辨也此淺於疑陽明者也深於疑陽明者以爲理
在天地萬物吾亦萬物中之一物不得私理爲己有陽明以理在乎

心是遺棄天地萬物與釋氏識心無寸土之言相似不知陽明之理在乎心者以天地萬物之理具於一心循此一心卽是循乎天地萬物若以理在天地萬物而循之是道能弘人非人能弘道也釋氏之所謂心以無心爲心天地萬物之變化皆吾心之變化也譬之於水釋氏爲橫流之水吾儒爲源泉混混不舍晝夜之水也又其所疑者在無善無惡之一言考之傳習錄因先生去花間草陽明言無善無惡者理之靜有善有惡者氣之動蓋言靜爲無善無惡不言理爲無善無惡理卽是善也猶程子言人生而靜以上不容說周子太極而加之無極耳獨天泉證道記有無善無惡者心之體有善有惡者意之動之語夫心之體卽理也心體無間於動靜若心體無善無惡則理是無善無惡陽明不當但指其靜時言之矣釋氏言無善無惡正言無理也善惡之名從理而立耳旣已有理惡得言無善無惡乎就先生去草之言證之則知天泉之言未必出自陽明也二疑旣釋而猶曰陽明類於禪學此無與於學問之事豈容與之辨乎

語錄

語云朝聞道夕死可矣如何是聞道由知德者鮮矣如何是知德曾點漆雕開已見大意如何是見大意於此省悟一分是入頭學問省

悟十分是到頭學問却去閑理會何益○文王於庶獄庶慎罔敢知
知者何事孩提不學而知知從何來此可以見聖學矣○殺身成仁
舍生取義是忘軀求道之意後人不省指爲仗節死義之事則踈矣
治亂興亡是豈人人所遭者哉惟其重生則有欲舍生則無欲重生
是養口體者也成仁取義是養大體者也道本家常茶飯無甚奇異
好奇趨異反失之故賢智過求愚不肖不知求此道所以不明不行
也聖人揭個人莫不飲食鮮能知味正是平平淡淡日用常事然能
常知則心常在常明久而純卽與天地合德日月合明四時合序鬼
神合吉凶皆自目前進去非別有神通可歆慕者世人好怪忽近就
遠舍易求難故君子之道鮮矣○孟子只說是心足以王充之足以
保四海不失赤子之心此之謂失其本心此乃天地易簡之理古今
傳受之要加一些是世儒減一些是異學○後儒謂釋空老無爲異
非也二氏之蔽在遺倫不在虛無著空淪無二氏且以爲非以是罪
之故弗服也聖人亦曰虛明曰以虛受人亦曰無極曰無聲無臭雖
至玄渺不外彝倫日用卽聖學也安可以虛無二字歸之二氏以是
歸之二氏則心落形器守方隅泥文義此聖學之所以不明也○要
知此理人人可爲資質無有不可者但不肯耳精力無不足者只有

漏耳本體無有不見在者只自蔽耳於此覰破信及真可一立便起一得永得○高明博厚悠遠吾心之體本如是也有欲則昏下則淺狹則局促耳試於心平氣和以忿生慾發之時觀之自可見心平氣和萬境皆春忿生慾發一物難容此能覆載與不能之驗也○問致中和如何位得天地育得萬物曰識得天地萬物便見位育曰天地萬物亦有不識乎曰人之所見已隔形氣天地自天地萬物自萬物故每每有此疑天地萬物本吾一體有形屬地無形屬天統言之曰天地分之曰萬物今除了山川土石何者爲地除了日月星辰風雲雷雨寒暑何者爲天除了吾心之靈惡知天地惡有萬物故天由心明地由心察物由心造五倫本乎一身庶徵應乎五事故曰萬物皆備於我反身而誠樂莫大焉曰能盡其性則能盡人之性能盡人之性則能盡物之性○直甫問虛無乃老釋之非先生謂吾儒亦然終未安曰虛者太虛也太虛原無一物是虛無也天下萬物萬事豈能有外太虛者乎生生化化皆從此出爲人子能虛以事親則孝爲人臣能虛以事君則忠若實之以慕少艾私妻子懷寵計利則不能矣曰老釋之虛虛而虛吾儒之虛虛而實亦有辨曰如子之言是亦虛矣何謂不然且虛而虛虛而實之言亦未明須知離乎人倫物理而

虛無者二氏之謬也不離人倫日用而虛無者吾儒之學也○問古聖彙出後來成仙成佛者多成聖者寡何也曰此在教與學異也五三之世執中建極教簡而學專故人人君子後世中極之義不明孔子申一貫之旨一以上非顏不聞一以下遂分兩截尙謂且學貫未可學一其支離不經亦甚矣學者見爲繁難皆委心不能雖周程倡可學之要再傳復晦旣不得其門而入而辭章功利之習又從而薰爍之奈何有成若佛以見性仙以超昇學之者直欲作佛必求超昇件件放下其道雖偏其教簡徑其學精專以此成就者衆今知其然盡洗世陋直以易簡爲學以聖人爲歸然而不成未之有也○問聖愚一致始終本末同條共貫處何如曰孔子無言之教至精者也百姓日用飲食至麤者也然無言此虛明也日用飲食此虛明也故曰人莫不飲食鮮能知味也食能知味行能知步瞬能知存息能知養爲子知孝爲臣知忠至於知化知天一也○儒學不明其障有五有文字之障有事業之障有聲華之障有格式之障有道義之障五障有一自蔽眞體若至寶埋地誰知拾之間爲異學竊柄誰復顧之曰五者皆理所有曷謂障曰惟其滯有故障○良知自存自照渾無方體無涯限若着個良知亦是障○或問聖可學與曰可或問聖不可

學與曰不可然則何以自戾乎曰學其可學斯可學已學其不可學斯不可學已胡謂可曰求盡吾心而已矣胡謂不可曰求全其才而已矣夫求盡吾心者懲吾忿窒吾慾遷吾善改吾過窮吾之神知吾之化自有而自爲之夫誰謂不能求諸易者也求全其才者天有所短地有所長智有所不及神有所不通九官弗兼其能堯舜其猶有病求諸難者也舍難就易可謂善學也已○大游問治世以何爲緊要曰只有這件緊要世人事事緊要只爲這件不緊要曰法度亦莫可廢曰徒善徒法有明訓矣然善無定善以不戾本然爲善法無定法以遂善成物爲法○王道即是天德即是眼前學問廓然大公物來順應一言盡矣自其廓然名曰天德自其順應名曰王道非有甚高難行之事書曰無有作好遵王之道無有作惡遵王之路作是作意爲之非廓然順應者也無作無偏是無意必將迎之私用舍舉措自得其宜此其性情用功豈人不能也不爲耳後世將王道比作天上事看講來做去務求高出反致著善著法與此相背如何做得三代時事○問理欲不明曰賊是人做的人是天生的未達曰自不欺心有甚欲不明自不違天有甚理不明○無染則本體自淨無著則應用自通故經綸大經立大本知化育只在夫焉有所倚一倚便不

能○子思戒慎恐懼工夫聖人只道個敬顏子非禮勿視聽言動於乾卦只道個閑禮經正目而視之無他見傾耳而聽之無他聞在成湯曰顧諟而已顧諟只是一照只是良知常在其功一也而照尤易曉一照體用爲一無內外無動靜無久近始學下手此照也通乎晝夜知性知天此照也問顧諟何如緝熙曰顧諟亦卽緝熙但顧諟照則明照上著力緝熙自明自照無二無息已得其本然者也故曰反觀內照曰大人以繼明照於四方○所向有物卽爲物縛所存有善卽爲善累○不言而信信是何物不動而敬敬見何處吾心之本體卽是誠卽是忠信卽是一此體常存便是主一便是思誠學不明世儒只在可見可聞有思有爲上尋學舍之便昏憒無用力處○問讀書之法曰程子謂求經義皆栽培之意栽培必先有根以根爲主既栽既培自有生生之意是讀書時優游諷詠得書之益不讀時體貼充養尤得書之益也今人讀書以書爲主心爲奴隸做精務博反爲心害釋卷則茫然均爲亡羊皆非栽培之意也○學未知頭腦不是認賊作子便是指玉爲石○後儒紛紛理氣之辨爲理無不正而氣有不正不知以其條理謂之理以其運用謂之氣非可離而二也○文章性與天道乃形而上下之意非有彼此非有先後淺深也但未

悟者見其文章而已悟了莫非性也莫非天也更無差別○以心安心卽不安有心可安亦不安○客有問知識不足故其心未明者先生曰去其知識則明矣○子夏篤信聖人不如漆雕開之求自信冉有說夫子之道不如顏子於言無不說○問學須博求乃能有見曰見個甚麽曰見道曰見道如見天或隔一紗或隔一紙或隔一壁或隔一垣明暗不同其蔽一也欲見須是闢開垣壁徹了紗紙便自見何須博求博求正爲未闢未徹耳舍此而言博求是記醜而博者也非聖賢之學○問喜怒哀樂未發氣象曰未發謂中中節爲和一齊見在分析不得若以時地分得開便是體用二源形影爲二物蓋和非順適人意之謂不戾本體之謂也○過出無心聖賢不免後人看得太重反生文過遂非之惡曾子易簀古今稱美然易時是則用時非非過乎殛鯀爲是則任鯀爲非非過乎○或問學莫先義利之辨曰古之所謂義與利者不可見也不可聞也子之所謂義與利者可見耳可聞耳夫自可見可聞而辨之則其所是者似是也非天下之真是也其所非者似非也非天下之真非也是故捧檄而喜喜可見也孝不可見也故雖張奉之賢不能不失之毛義其迹鄙也一物釋西伯物可見也忠不可見也故雖商紂之暴不能不轉移於閎天其

機微也是故見其可見聞其可聞則義可襲也過可文也聲音笑貌可以爲於外也見所不見聞所不聞則莫見乎隱矣莫顯乎微矣誠之不可揜矣然則不可見不可聞者何也心體也可見可聞者何也事迹也心體是則事迹皆是矣心體非則事迹皆非矣故知堯然後知堯步知舜然後知舜趨知孔非以周流知顏非以簞瓢也以步學堯非堯矣以趨學舜非舜矣以周流學孔非孔矣以簞瓢學顏非顏矣曰夫然則自見自聞耳奚以見聞於人乎曰欲見於人欲聞於人此義利之所以弗明也夫義罔常在利罔常行尊周非義乎以其爲己則霸矣好貨非利乎以其同民則王矣故古之君子戒慎不覩恐懼不聞未嘗求見求聞也而卒無弗見無弗聞今之君子修邊幅避形迹守信果墜適莫將以求見而卒無可見將以求聞而卒無可聞善乎先正之言曰無所爲而爲者義也有所爲而爲者利也此依心體與顧事迹之異也又曰有意於爲公皆私也公私義利之辨明則聖學其庶幾乎○或問陽明先生於侃曰其學類禪信有諸曰否禪之得罪聖人也有三省事則髡焉去欲則割愛焉厭世則遺倫焉三者禪有之而陽明亦有之乎曰弗有曰聖學之異於禪者亦有三焉以言乎靜無弗具也以言乎動無弗體也以言乎用之天下無弗能

也是故一本立焉五倫備焉此陽明有之而禪亦有之乎曰弗有然則曷疑其爲禪也乎曰以廢書以背朱以涉虛也曰噫子誤矣不然以告者過也先生奚廢書乎昔者郭善甫見先生於南臺善甫嗜書者也先生戒之曰子姑靜坐善甫坐月餘無所事復告之曰子姑讀書善甫憝而過我曰吾滋惑矣始也教慶以廢書而靜坐終也教慶廢坐而讀書吾將奚適矣侃告之曰是可思而入矣書果學乎孔子之謂子貢曰汝以予爲多學而識之者與非也予一以貫之學果廢書乎孔子贊易曰君子多識前言往行以畜其德是可思而入矣故言之弗一教之因材而篤也先生奚廢書乎然則背朱則何居曰先生其遵之甚者爾豈曰背之云乎孟子曰王之好樂甚則齊其庶幾乎夫今之樂非古之樂也而孟子以爲庶幾何也彼其於樂孰無好好之而已聽之而已稱美之而已好之弗甚者也若體其和推其意而得乎樂之本則必妙之乎聲容之外者矣先生於朱子亦若是焉爾烏在其爲背也乎且朱子遵程者也其爲本義多戾易傳孔子孟子述古者也其稱詩書多自爲說先生之於朱亦若是焉爾惡在其爲背也乎然則涉虛何謂也曰子以虛爲非乎以偏於虛而後爲非乎夫以虛爲非則在天爲太虛在人爲虛明又曰有主則虛曰君子

以虛受人曰聖人虛之至也今子以虛為禪而必以勿虛為學則糟粕足以醉人之魂而弗靈矣骨董足以膠人之柱而勿清矣藩籬格式足以掣人之肘而勿神矣曰若然則儒釋奚辨曰仙釋之虛遺世離倫虛而虛者也聖賢之虛不外彝倫日用虛而實者也故沖漠無朕而曰萬象森然是故靜無勿具也視之不見聽之弗聞而曰體物不遺是故動無弗體也神無方而易無體而曰通乎晝夜而知斯良知也致之之極時靡勿存是故無方無體虛之至也至虛而後不器不器而後無弗能

縣令周謙齋先生坦

周坦號謙齋羅浮人也仕為縣令自幼有志聖賢之學從學於中離出遊湖湘維揚新泉天真天關以親講席衰老猶與徐魯源相往復其論學語云日之明也必照於物有不照者陰霾之蔽也心之知也必格乎物有不格者物欲之蔽也又云一陽生於下為復內陽外陰為泰於復則曰見天地之心於泰則曰內健而外順是可見學不遺乎外而內者其本也故曰復德之本也惟復則無妄而剛來主於內矣此內健之為泰也又云不可於無喜怒哀樂覓無聲無臭只喜怒哀樂中節處便是無聲無臭所在又云瞑目靜坐此可暫為之心體

原是活潑流行若長習瞑坐局守空寂則心體日就枯槁非聖人之心學也又云白沙之學以自然爲宗至謂靜中須養出端倪吾人要識得靜中心體只是個澄然無事炯然不昧而已原無一物可着若謂靜中養出端倪則靜中又添出一端倪矣且道體本是自然但自然非意想可得心下要自然便不是自然也

明儒學案卷二十

珍做宋版邦

明儒學案卷三十一

姚江黃棃洲先生著

豫章後學　夏　鼎　熊育鑫　熊纓祖　熊育鏞　徐兆瀾　周聯慶　熊榮祖　蕭兆柄　劉秉楨　李真實　重刊

止修學案

見羅從學於鄒東廓固亦王門以下一人也而別立宗旨不得不別爲一案今講止修之學者興起未艾其以救良知之弊則亦王門之孝子也

姚江黃棃洲先生著

豫章後學　夏鼎　熊育鑫　熊繩祖　熊育鏞　徐兆瀾　周聯慶　熊榮祖　蕭兆柄　劉秉楨　李真實　重刊

中丞李見羅先生材

李材字孟誠別號見羅豐城人南京兵部尚書謚襄敏遂之子登嘉靖壬戌進士第授刑部主事歷官至雲南按察使金騰故患緬而孟養蠻莫兩土司介其閒叛服不常先生用以蠻攻蠻之法遣使入蠻莫誘令合孟養襲迤西殺緬之心膂大朗長緬酋遂攻迤西孟養告急先生命將士犄角之土司大破緬於遮浪之上叩闕謝恩貢象二以功陞撫治鄖陽右僉都御史先生與諸生講學諸生因形家言請改參將公署爲書院遷公署於舊學許之事已定參將米萬春始至萬春政府門生也嗾士卒爲亂先生方視事擁入逼之守備王鳴鶴持刀向萬春厲聲曰汝殺李都爺我殺汝乃得免事聞先生閑住而萬春視事如故明年萬曆戊子雲南巡按蘇瓚逢政府之意劾先生

破緬之役攘冒蠻功首級多僞有旨逮問上必欲殺之刑部初擬徒再擬戍皆不聽言者強諍上持愈堅法吏皆震怖刑部郎中高從禮曰明主可以理奪乃操筆爲奏曰材用蠻敗緬不無闢地之功據揭申文自抵罔上之罪臣子報功失實死有餘辜君父宥罪矜疑人將効命天子視奏頗爲色動長繫十餘年發戍閩中遂終於林下先生初學於鄒文莊學致良知之學已稍變其說謂致知者致其知體良知者發而不加其本體之知非知體也已變爲性覺之說久之喟然曰總是鼠遷穴中未離窠臼也於是拈止修兩字以爲得孔曾之真傳止修者謂性自人生而靜以上此至善也發之而爲惻隱四端有善便有不善知便是流動之物都向已發邊去以此爲致則日遠於人生而靜以上之體攝知歸止止於人生而靜以上之體也然天命之真卽在人視聽言動之閒卽所謂身也若刻刻能止則視聽言動各當其則不言修而修在其中矣使稍有出入不過一點簡提撕修之工夫使之常歸於止而已故謂格致誠正四者平鋪四者何病何所容修苟病其一隨病隨修著書數十萬言大指不越於此夫大學修身爲本而修身之法倒歸於格致則下手之在格致明矣故以天下國家而言則身爲本以修身而言則格致又其本矣先生欲倒歸

於修身以知本之本與修身爲本之本合而爲一終覺齟齬而不安也性情二字原是分析不開故易言利貞者性情也無情何以覓性孟子言惻隱羞惡辭讓是非卽是仁義禮智非惻隱羞惡辭讓是非之上又有一層仁義禮智也虞廷之言道心卽中也道心豈中之所發乎此在前賢不能無差先生析之又加甚耳卽如先生之所謂修亦豈能舍此惻隱羞惡辭讓是非之可以爲主宰者而求之杳冥不可知者乎上天之載無聲無臭至矣此四端者亦曾有聲臭乎無聲無臭猶不足以當性體乎猶非人生而靜以上乎然則必如釋氏之所謂語言道斷父母未生前而後可以言性也止修兩挈東瞻西顧畢竟多了頭面若單以知止爲宗則攝知歸止與聶雙江之歸寂一也先生恐其隣於禪寂故實之以修身若單以修身爲宗則形色天性先生恐其出於義襲故主之以知止其實先生之學以止爲存養修爲省察不過換一名目與宋儒大段無異反多一張皇耳許敬菴曰見羅謂道心人心總皆屬用心意與知總非指體此等立言不免主張太過中固是性之至德舍道心之微更從何處覓中善固是道之止宿離心意與知卻從何處明善性無內外心亦無內外體用何從而分乎高忠憲曰大學格致卽中庸明善所以使學者辨志定業

分剖為己為人之界精研義利是非之極要使此心光明洞達無毫髮含糊疑似於隱微之地以為自欺之主不然非不欲止欲修而氣稟物欲拘蔽萬端皆緣知之不至也工夫喫緊沉著豈可平鋪放任說得都無氣力兩公所論皆深中其病有言先生出獄戍閩仍用督府威儀敬菴撫閩城外迎之勞問埀涕頃之正色曰蒙聖恩得出猶是罪人當貶損思過奈何一路震耀豈待罪之體先生艴然曰迂闊蓋先生以師道自任不因患難而改不知者謂其不忘開府門面則失之矣

論學書

百步激於寸括燕粵判於庭除未有種桃李而得松柏之實者毫釐千里此學之旨趣所以必謹其初也大學之所以先知止程門之所以先識仁者其意亦由此也乎故嘗以為合下的工夫即是到底的學問到底的學問只了結得合下的工夫自昔聖賢懇懇諄諄分漏分更辨析研窮者豈有他事只是辨此毫釐耳 上徐存齋

○捉定修身為本將一副當精神儘力倒歸自己凝然如有持屹然如有立恍然常若有見翼翼小心昭事上帝上帝臨汝毋貳爾心視聽言動之間時切簡照提撕管歸於則自然嗜欲不得干狂浪不得奪常止常

修漸近道理切不可將本之一字又作懸空之想啓卜度支離之證於坦平地無端橫起風波躭延歲月所云月在澄潭花存明鏡急切撈摸不著者正坐此病也（答弟孟乾）○精神兩字去本體尙隔一層心之精神謂之聖先輩謂非孔子之語今人動欲辨體只爲一向以知爲體故概以游揚活潑者當之此程伯子所以謂認得時活潑潑地認不得時只是弄精魂也（答朱汝欽）○挈出修身爲本齊家不作家想治國不作國想平天下不作天下想自然意念不分漸近本地（答丁重甫）○大率一到發靈後終日終夜只是向外馳走聞聲隨聲見色隨色卽無聲色在前亦只一求思前忖後所以去性轉遠故就性一步則無非善者無非正者離性一步反是（答李汝潛）○六經無口訣每謂只有艮其背一句其實卽是知止但大學說止善似止無定方易說艮背似止有定所以背爲頑然不動之物如宋儒之說未足以盡艮背之妙因而指曰陰方名曰北極如世所云又不免落於虛元之見予嘗看剝復兩卦同爲五陰一陽但陽在內能爲主則陰無不從陽者故爲復陽在外不能爲主則陰無不消陽者故爲剝知陰陽內外之辨而知止之妙可得識剝復消長之機而艮背之理可求艮背者非專向後只是一個復暫復爲復常復爲艮晦翁云自有

人生來此心常發無刻無時不是向外馳走非知止如何收拾得非艮其背如何止宿得不獲其身不見其人內外兩忘渾然執中氣象此艮背所以爲千聖祕密也知止執中蓋是一脈相傳故程伯子以謂與其是內而非外不若內外之兩忘內外兩忘不專形容未感時氣象無我無人廓然而大公物來而順應心溥萬物而無心矣常止矣仁敬孝慈信隨感流行自然發皆中節真所謂不識不知順帝之則也○人豈有二心人知之知其無二心而虞廷授受何以有人心道心之別須知有二者心無二者性有二者用無二者體此堯之命舜所以只說允執厥中也危微者以言乎其幾也道心人心者以言乎其辨也惟精者何正有見於道心人心之不一而恐其或二於中也惟一者何正有慮於道心人心之不一而欲其常一於中也常一常精厥中允執乃無適而非道心之流行而中常用事矣中庸曰率性之謂道故道心者中之用事也劉子所謂人受天地之中以生湯亦曰維皇上帝降衷於下民若有恆性民之中天之命也故子思直以喜怒哀樂之未發者當之從古言中未有若此之端的者大學直將心意知物列在目中歸本修身歸止至善意亦如此獨所云道心人心者似正審幾之要大學不及之耳不知心何爲而用正爲其有

不正而正之也意何爲而用誠爲其有不誠而誠之也知物皆然正而誠者卽所謂道心也不正不誠者卽所謂人心也但虞廷之所言者略而大學之所列者詳頭面稍不同致讀者未解耳執字昭然與止不異蓋皆不是影響卜度轉換遷移之法答陳汝修○知卽是行行只是知此知行所以本來合體也知到極處只體當得所以行行到極處只了當得所以知此知行所以本來同用也○陽明以命世之才有度越千古之見諸所論著者無一非學聖之真工而獨其所提揭者以救弊補偏乃未愜孔曾之矩要今致知二字雖並列於八目之中而知本知止乃特揭於八目之外以致知爲知本於理固所不通謂知止卽致知於用亦有未協必欲略知本而揭致知五尺童子知其不可孔子之所以開宗立教者舍知本之外別何所宗曾氏所以獨得其宗者舍知本之外別何所學三省則修之矩矱一貫則止之淵源世之學致知者旣不肯認多識之科而知上立家其致則一失在於習陽明之熟而不覺其信之深於孔曾反入之淺也答董磬山○二十年前曾見一先輩謂乾知卽良知不覺失笑乾主始物坤主成物知者主也昔賢之解不謬就令作知字看亦如知府知州之類謂乾知此事卽乾管此事也豈得截斷乾知謂天壤間信有乾

知與良知作證印乎果然則坤作成物又將何以截之何以解之此真可謂欲明良知而不復究事理之實且不察文理矣乾陽物也坤陰物也程子曰乾者天之性情乾坤兩字已是無名之名而又謂乾有知杜撰無端可爲滋甚曰然則如子所云乾知既無良知亦無有乎曰非然也知一也不可以體用分然慮不慮判矣則良不良之所由分譬之情一也亦不可以體用分然有爲無爲判矣則善不善之所由別情固性之用知亦心之發也鄙所謂分別爲知者是也雖良知亦分別也孩提之愛敬非良知乎知親知長知愛知敬分別也乍見之怵惕惻隱非良知乎知孺子之入井知可矜憐分別也故知爲分別無分於知之良與不良也若以良知爲體又曰良知卽是天之明命則大學一經之內於致知之外又揭至善又點知本則所謂本與善者又將安所屬乎若云知卽是本大學只合說知知又安得說知本若云知卽是善大學只合說知止又安得說止善易曰一陰一陽之謂道繼之者善也成之者性也性亦何名只合說善故孟子道性善大學說至善中庸要明善以謂不用乎善則不能誠乎身也正是不知止於至善則不能修乎身也豈可強心之用爲體抑天之命爲知困知記曰天吾未見其有良知也地吾未見其有良知也日月

珍倣宋版印

星辰吾未見其有良知也山川草木吾未見其有良知也求其良知而不得安得不置天地萬物於度外乎其言似朴其理卻是大率與萬物同體者乃能同萬物之體與萬物作對者卽不能同萬物之體知親知長畢竟愛行於親而敬行於長也有分別卽有彼此非所謂與萬物作對者乎而欲持之以同萬物之體以是爲大人之學所以立教開宗復命歸根之宗竅也可乎不可乎曰然則如子所云知果無分於良與不良則將任其知之良不良而亦無貴於良知矣乎恐於理不盡也曰不然孟子曰人之所不慮而知者其良知也良知之名雖云起自孟子而指點良知之親切者亦莫過於孟子世之學者但漫曰良知良知曾不思知之所以良者自何而良所以不良者自何而不良知知之所以良者自於不慮則學之在我者亦當反之於不慮而後可以致知之必良乃直於知上立家用上磨擦分別上求討是欲以求不慮之名而先求之以有慮之實也而可乎孔子曰吾有知乎哉無知也又曰蓋有不知而作之者我無是也以知爲體孔子不聞知及者當求其所及之事而知非體也仁守者當求其所守之事而仁非體也此等仁知又就用之德看蓋指能擇者爲知而能守者爲仁也不可便執爲實體也智譬則巧亦同此類若必執智爲

體則所謂聖與仁者又將安所屬乎譬之大學言知本矣又言知止矣孟子言知性矣又言知天矣若脫却止本而直謂大學以知立教以知爲體遺去性天而直謂孟子以知立教以知爲體不幾於不揣其本而齊其末按圖之似而直指之爲駿也乎故大學未嘗廢知也只不以知爲體蓋知本非體也大學未嘗不致知只不揭知爲宗蓋知本亦不可爲宗也惓惓善誘一篇經文定萬古立命之宗總千聖淵源之的只是教人知本只是教人知止身心意知並列於八目之中特揭修身不復及心意知也此豈無謂而然無所見而爲是說乎此其中真有千聖不傳之祕而非豪傑之士必欲繼往聖開來學爲天地立心爲生民立命者不足以與聞乎斯義也○從古立教未有以知爲體者明道先生曰心之體則性也伊川先生曰心如穀種仁則其生之理也橫渠先生曰合性與知覺有心之名亦是性爲心體之見晦菴先生曰仁者必覺而覺不可以名仁知果心之體也謂知即性可乎仁爲生理生理即性也覺不可以名仁知獨可以名仁乎知不可以名仁又可以爲心之體乎釋氏本心聖人本天蓋伊川先生理到之語古有以公私辨儒釋者有以義利辨儒釋者分界雖清卒未若本心本天之論爲覆海翻蒼根極於要領也故其斥釋氏也

專以知覺運動言性謂之不曾知性此固章句士所熟聞而熟講者乃獨於學問之際欲悉掃成言以附一家之說盡違儒訓以徇釋學之宗恐少有仁心者有所不忍也吾儒惟本天也故於性上只是道得一個善字就於發用之際晛其善之條理於惻隱也而名其仁於羞惡也而名其義於辭讓也而名其禮於是非也而名其智亦總之只是一個善而已未嘗云有善無不善將善與不善對說也有仁無不仁將仁與不仁對說也義禮智亦準此後儒則曰無善無惡者心之體此無他則以其就知上看體知固有良亦有不良夫安得不以無善無惡者爲心之體乎今有玉焉本無瑕也只合道得一個白字不可云有白而無黑也有水焉本無汙也只合道得一個清字不可云有清而無濁也清濁對說必自混後言之善惡對說必由動後有之告子學問非淺只爲他見性一差遂至以義爲外何以明之公都子曰告子曰性無善無不善也以無善無不善爲性正後儒之以無善無惡爲心之體也在告子則闢之在後儒則宗之在釋氏則謂之異端在後儒則宗爲教本唯鄙之論似頗稍公而友朋之間又玩而不信也公者何卽所云諸所論著者無一而非聖學之真功而獨其所提揭者以救弊補偏乃未愜孔曾之心要吾輩善學先儒者有志

聖學者學其諸所論著學聖之真功可也而必併其所提揭者不諒其救弊補偏之原有不得已也而直據以爲不易之定論也可乎心齋非陽明之徒乎其聖學之真功心齋不易也未聞併其所提揭者而宗之不易也雙江非陽明之徒乎其聖學之真功雙江不易也亦未聞併其所提揭者而宗之不易也今而敢廢陽明先生學聖之真功則友朋間宜羣訾而議之矣苟未廢學聖之真功而獨議其所提揭也則心齋雙江兩先生固已先言之矣歸寂非雙江旨乎而修身爲本則非鄙人所獨倡也常有言匹夫無罪懷璧其罪貧子說金人誰肯信僕今日之謂也僕少有識知亦何者而非陽明先生之教之也念在學問之際不爲其私所謂學公學公言之而已矣求之心而不得雖其言之出於孔子未敢信也亦陽明先生之教也〇上天之載無聲無臭戒慎恐懼要歸不覩不聞昭昭靈靈者斷不是體然除却昭昭靈靈亦無別可用以入止地之法門矣攝知歸止原是不得已而形容之語易詞言之卽是個攝靈歸空攝情歸性也但不可如此道耳悟得此則兩者俱是工夫悟不得則兩者俱成病痛 答朱鳴洪

〇知常止自能慮不必更添覺字本常立卽是敬不必更添敬字 答賴維新

〇本末始終括盡吉凶趨避之理三百八十四爻其所判

吉凶趨避有一不是此知所先後者乎知所先後則步步皆吉倒亂了本末始終之序則步步皆凶所謂幾者動之微吉之先見者也通是一個止法此其所以能定能靜能安者吉先從本立宗不至流到末上只一到末上卽神聖工巧亦無有善著矣答友○一步離身卽走向玉皇上帝邊去亦非是蓋以我對上帝則上帝亦末也答涂清甫○學問只有工夫雖主意亦工夫也但有自歸宿言者有自條理言者自歸宿上說工夫恰好是個主意自條理上做主意恰好說是工夫此止爲主意修爲工夫原非二事也譬之作文未有無主意而可落筆亦未有非落筆修詞順理成章而可以了却主意者也意到然後詞到詞順然後理明不可將主意視作深修詞視作淺又不可謂修詞有可下手而主意則無可用工夫也至於無工夫處是工夫又自是止之深處修之妙手所謂不識不知順帝之則者也答李汝潛○丁巳秋侍東廓老師於清原會上時講不善非才之罪廓翁命某某曰世間事但屬伎倆知解者信乎有能有不能此所以可諉罪於才若夫爲子而不孝爲臣而不忠是所謂爲不善也豈亦可云才不能孝才不能忠而直以不善之罪諉之於才乎○靈之體雖本虛而靈之用必乘氣發竅之後後天之分數居多故任靈則必至從質

從質則其流必至滅天除卻返本還源歸性攝知別無可收拾之處
○學問之講只在辨宗之難宗在致知則雖說知本說知止一切以
知爲體宗在知本則雖用致知用格物一切以止爲歸○主致知是
直以有睹聞者爲本體矣以有睹聞者爲體而欲希不覩聞之用恐
本體工夫未易合一也答詹養澹○自有天地以來此氣常運自有
人生以來此心常發晦翁此言僕竊以爲至到之語未有孤坐兀兀
寂然如枯木倚寒巖無一生發者也書云惟天生民無主乃亂彼言
雖爲命世者發吾徒學問之方豈不知是此大學所以必先知止也
知得止則不論動靜閑忙自然常有事幹翼翼小心昭事上帝不顯
亦臨無射亦保矣○從古立教未有以知爲體者余二十年前卽不
信之矣故有致知者致其知體之說良知者發而不加其本體之知
者也非知體也辛酉之歲又覺其非復爲性覺之說今思之總是鼠
遷穴中未離窠臼陽明先生曰良知卽是未發之中卽是寂然不動
廓然而大公的本體儘力推向體邊其實良知畢竟是用豈可移易
大率救敝補偏陽明先生蓋是不得已而爲說已大有功於當世矣
今亦何煩更論只學者入頭本領處不得不當下討明白耳間復書
存翁有云先儒曰乃若致知則存乎心悟致知焉盡矣鄙人則曰乃

若知本則存乎心悟知本焉至矣蓋在致知則以知爲體在知本則以知爲用以致知爲宗則所喫緊者要在求知以知本爲宗則所喫緊者又當明本矣肯信此學直截從止上求竅本地歸宗無端更疊牀上之牀架屋下之屋則所云籠內之光籠外之光知覺之知德性之知與夫或以獨知爲良知或以獨之一字爲良知總屬閑談俱可暫停高閣倘猶未信斯言則烟波萬頃滅沒由君附贅懸疣疑團正結真令千佛禁口七聖皆迷豈予末學區區立語斯須所能判決舊答敬菴有云昔之支離者不過支離於訓解今之支離者乃至支離於心體夫支離於訓解昔賢猶且憂之而況支離於心體乎此語真可爲痛傷者也儒者之論學事事歸實釋氏之論學事事歸空事事歸實蓋直從立教開宗合下見性處便實直說到無聲無臭不覩不聞至隱至微處亦無往而非實也故善所必有豈可言無惡所本無又不待說無善則仁義禮智從何植種惻隱羞惡辭讓是非從何發苗無善無惡既均則作善作惡亦等蓋總之非吾性之固有也見性一差弊蓋至此推原其故則以其只就用上看體直於知覺運動之中認其發機之良者據之以爲天命之體豈知天之發露固有人之作用亦多不然則何以同一心也端緒之危微稍分而道心人心截

然若兩敵者乎卽此而觀則知知覺運動不可言性儒者之學斷須本天程朱之論固自有理之到處者也答塗清甫○纔說知本便將本涉虛元纔說知止便爾止歸空寂纔說修身爲本却又不免守局拘方徇生執有此學所以悟之難也答李思忠○體則萬物皆備用則一物當幾格物者格其一物當幾之物也鄙人誠有是說亦因學不明本者故將格物懸空講之無有事實有不得已而爲之言其實合家國天下通爲一身自是萬物皆備固無煩於解說在家修之家在國修之國在天下修之天下亦自是一物當幾何所容其擬議云然者若有似於言之近工描畫支離亦恐漸遠本實落舊見解此鄙人所以不甚道也只實實落落與他挈出知本爲歸宗知止爲入竅使人隨事隨物而實止之實修之卽所云格致誠正者一切並是實事實功豈不痛快簡易心無不正不必更動正的手脚有不正焉而修之卽止之矣意無不誠不必更動誠的手脚有不誠焉而修之卽止之矣知無不致不必更動致的手脚有不致焉而修之卽止之矣物無不格不必更動格的手脚有不格焉而修之卽止之矣是皆所謂格物也致知也然齊家也齊其固有之家治國也治其固有之國平天下也平其固有之天下非因齊治均平之事至而後有是家國

天下也此吾所以謂之體則萬物皆備也然當其齊家也不可二之國矣當其治國也不可二之天下矣雖均平齊治之事交至於吾前而吾所以應之者其當幾之際畢竟只是一物而已雖誠正格致之用屢遷變動不居若甚無有典要而究其當幾之際吾所以格之者亦畢竟只是一物而已此吾所以謂之用則一物當幾也格物者格其一物當幾之物也可謂理不然乎答李汝潛○癸亥前曾因讀易偶有觸於本末始終之序於時全學未明知止之法亦所未悟只以易語強自支撐謂安其身而後動其身未安寧可不動易其心而後語其心未易寧可不語彷彿十年來乃近止地止地稍固作用處乃漸見輕省也大率同一格物以知本之旨用之則一切皆己分事以應務之心用之則一切盡人分事○聖人之知要從止出故必定靜安而後貴其能慮後世之學先從慮上下手知上充拓此實本末始終之辨○予學三十年矣自省己躬絕無有悟願從予學者學予之不悟可也切不可虛誇作慕大希高之想也答友人○誰能不用靈明但用之以向外馳走則為衆人之任情滅天用之以反躬歸復則為君子之立極定命○由仁義而行者即是本天路徑由仁義而襲者即是本心路徑知有良不良總是一知決不可以駐脚本天而動

則知自良本知而求良一切皆慮後事而知不可云良矣○須思命脈只是一個善訣竅只是一個止如何反反覆覆必要說歸修身為本必要揭出修身為本必悟此而後止真有入竅善真有諦當乃不為墮於邊見也不然無寂感無內外無動靜豈不元妙少失分毫便落捕風鏤塵弄影舞像之中依舊是辨體的家風也答龔葛山○夫天載實體也無聲無臭贊語也後之專言無聲無臭者皆是道贊語而遺其實體者也故談至善而專指為無聲無臭者亦猶是也○允執之中不是專主流行而隨時處中之中自備其內至善之善亦不專主流行而隨感而應之善自存其中以致知為主腦者是知有流行而不知有歸宿者也恐至命一脈遂截然斷路不復有歸復之期矣答董蓉山○先儒謂不得以天地萬物撓己己立後自能了當得天地萬物者亦是喫緊為人之意要在善看不然天地萬物果撓己者乎等待己立乃了天地萬物乎忘本逐末者徇人者也誠不可為知本知有己不知有人了己者自了者也亦不得謂之知本己欲立而立人己欲達而達人是說仁者之體非說仁者之造認得是體即所謂認得為己何所不至認得為造己未立何暇立人己未達何時達人即所謂若不為己自與己不相干名曰求仁去仁遠矣知本兩

字卽是求仁但稍換却頭面故不但知本者不可徇人卽求仁者亦決無有徇人之理摩頂放踵病此兆矣不但求仁者不可守株卽知本者亦決無有守株之理拔一毛而利天下不爲弊有由矣答詹世輯○有疑止修兩挈爲多了頭面者不知全經總是發明止於至善婉婉轉轉直說到修身爲本乃爲大歸結實下手此吾所以專揭修身爲本其實正是實做止於至善故曰知修身爲本而止之是也答蔣崇父○一個念頭稍涉虛元便流意見一句話頭稍欠塡實便托空言己之自進工夫由此固䟽人之觀視察安亦卽便分誠僞矣答董啓山○雷陽一夕透體通融獨來獨往得無挂礙答滕少崧○自悟徹知本後學得湊手乃知從前說者作者大抵僞也說本體固恍恍惚惚認似作真說工夫亦恍恍惚惚將無作有或認靜邊有者透不到動處或認見地明者合不到身上大率皆是意可揣得口可說得而實在落手做不得也此其所以爲僞也答從弟孟育○有友主保守靈明之說者予曰兄既主靈明必令無時不明無事不靈未論爪生髮長筋轉脈搖爲兄不明兄純孝人也卽兄母死初哀一段果祇激於一慟而不容自已乎將主以靈明而必爲之加減劑量使之適協乎若不照則是靈有不保若必照則恐孝有未至人未有自致

者也必也親喪乎是兄用情反恆人之情之不若矣其友爲之蹙然請質予曰兄毋訝亦毋驚此蓋孔聖人之所不能與以知者也而兄必欲與之此其所以異於孔子之學其友曰然則將奈何予曰顏淵死子哭之慟矣孔子全然不知因人喚醒恰好回頭照出自中之則乃曰有慟乎非夫人之慟而誰爲惟不識知乃能順則若必識知去則遠矣其友爲之豁然乃盡棄從前之學 答蔣二皐

○孔子以知止入門而後之儒者却先格物不知止不知則身心尙無歸宿而所謂格物者安得不病於支離本不悟則意緒尙不免於二三而所謂致知者安得不流爲意見 與張洪陽

○止此則自虛然却不肯揭虛爲本修此則自寂然却不可執寂爲宗 答涂淸甫

○學之以修身爲本也尙矣復以爲必先知本者豈修身爲本之外又別有所謂知本乎曰非然也蓋必知本而後有以知家國天下之舉非身外物也知均平齊治之舉非修外事也知本者知修身爲本也非知修身爲本之外又別有所謂知本也 答李汝潛

○知本一脈當官尤爲日著之效只一點念頭上向監司處迎揣下向百姓上猜防自謂之用明卽所謂能疑爲明何啻千里矣與本風光毫髮不相蒙涉端拱垂裳豈無照智只其所注宿者不於人必於己耳 答劉艮弼

大學約言

大學首節何謂也以揭言學之大綱也蓋三者備而後學之道全也而卽倒歸於知止謂定靜安慮之必自於知止何謂也以申言止之爲要也繼之曰物有本末云云者何謂也以教人知止之法也經世之人無一刻離得物如何止經世之人無一刻離得事如何止蓋物雖有萬矣本末分焉事雖有萬矣始終判焉知本始在所當先卽當下可討歸宿直於擾擾紛紛之中示以歸宿至止之竅故曰是教人以知止之法也古之欲明明德至修身爲本何謂也蓋詳數事物各分先後而本歸於修身也本在此止在此矣豈有更別馳求之理故曰其本亂至未之有也蓋決言之也結歸知本若曰知修身爲本斯知本矣知修身爲本斯知至矣○至善其體而明德其用也止至善其歸宿而明親其流行也定而後能靜非靜生於定也靜而後能安非安生於靜也要以見必自知止始也舊有語定靜安總是止但漸入佳境耳最得立言之意非止則如人之未有家非止則如種之未得地而慮爲從出乎○止爲主意修爲工夫○身外無有家國天下修外無有格致誠正均平齊治但一事而不本諸身者卽是五霸功利之學格致誠正但一念而不本諸身者卽是佛老虛元之學故身

卽本也卽始也卽所當先者也知修身爲本卽知本也知止也知所當先者也精神凝聚意端融結一毫熒惑不及其他浩然一身通乎天地萬物直與上下同流而通體渾然一至善矣故止於至善者命脈也修身爲本者歸宿也家此齊焉國此治焉天下此平焉所謂篤恭而平垂衣而理無爲而治者用此道也知本義善一也有自主宰言者有自流行言者故止一也有自歸宿言者有自應感言者君臣父子朋友之交所謂止之應感者也故仁敬孝慈信所謂善之流行者也歸宿不明而直於應感之上討止猶主宰不悟而直於流行之際看善也止將得乎聽訟云云則正所謂止之歸宿者也止有歸宿隨其身之所接於爲君也而止仁於爲臣也而止敬於爲子也而止孝於爲父也而止慈於與國人交也而止信則無適而非止也舊答某人書謂隨事討止正與後人隨事求中意同未必非中只恐非允執厥中之消息也○至善兩字蓋孔子摹性本色就虞淵底揭出示人猶恐杳杳冥冥無可據以循入故又就經事宰物中分別本末始終先後指定修身爲本使人當地有可歸宿故止於至善者命脈也修身爲本者訣竅也知本乎身卽知止乎善○僭謂學急明宗不在辨體宗者何則旨意之所歸宿者是也從古論學必以格致爲先卽

陽明天啓聰明亦祇以致知爲奧大學之旨意歸宿果在知乎止於至善恐不可以知名之也不可以知名善則止之主意不以知爲歸宿也決矣故曰知止而後有定蓋是要將知歸於止不是直以止歸於知此宗之辨也此攝知歸止鄙人之所以敢力提撕也○至善兩字原是直挈性命之宗止於至善者如根之必歸土如水之必濬源極則者何嘗不是善是就流行言也極致者何嘗不是善是以造詣言也落根有地而後可以取勘於流行造詣有基而後可以要歸於極則今之學者大率知有流行而不知有歸復圖爲造端而不知有歸宿之根源者也學先知止蓋斬關第一義也○每謂修身爲本之學允執厥中之學也非知本固不可以執中而非厥中允執亦未可以言知本也左之非左右之非右前之非前後之非後停停當當直上直下乃成位其中天下之大本立矣格致誠正不過就其中缺漏處檢點提撕使之常止於中耳常止卽常修心常正意常誠知常致而物自格矣○止不得者只是不知本知修身爲本斯止矣其本亂而末治者否矣豈有更別馳求之理故止不得者病在本也友朋中有苦知本難者予曰本卽至善有何形聲故聖人只以修身爲本不肯懸空說本正恐世人遺落尋常揣之不可測知之地以致虛靡意

解躭誤光陰只揭出修身為本使人實止實修止得深一分則本之見處透一分止得深兩分則本之見處深兩分定則本有立而不搖靜則本體虛而能固安則本境融而常寂只是一個止的做手隨止淺深本地風光自漸見佳境也切不可懸空撈摸作空頭想也故本不知又是病在止也此予所謂交互法也其實知本者知修身為本而本之也知止者知修身為本而止之也總是一事有何交互之有但因病立方不得不如此提撕令人有做手耳換作法不換主腦且不因藥發病也○齊家不是挽攬家蓋在家身家卽是修之事矣治國不是挽攬國蓋在國身國卽是修之事矣平天下不是挽攬天下蓋在天下身天下卽是修之事矣故家國天下者分量也齊治均平者事緒也余嘗云家國天下者修身地頭也此所以天子與庶人一也說到性分上所以學無等差說到性分上如何分得物我真所謂天之生物也使之一本矣無二本也○或問致知格物學問之功莫要於此也獨無傳者何與曰知非他也卽意之分別者是也物非他也卽知之感觸者是也除卻家國天下身心意知無別有物矣除卻格致誠正修齊治平無別有知矣故格致無傳者一部之全書卽所以傳格致也如傳誠意則意物也而所以誠之者卽知也傳正心則

心物也而所以正之者卽知也傳修身則身物也而所以修之者卽知也傳齊家傳治國平天下則家國天下者物也而所以齊之治之平之者卽知也則格致奚庸傳哉曰然則所以格之致之者何如以用其力耶曰此不攷於經者之過也如戒自欺求自慊愼其獨必其意之所發如好好色如惡惡臭而無有不誠而所以格誠意之物而致其知者可知也身之有所忿懥四者所以使心之失其正者此也心不在焉所以使身之失其修者此也而所以格修正之物而致其知者可知也之其所而辟焉身之所以不修者此也家之所以不齊者此也而必由其好惡之正而所以格修齊之物而致其知者可知也正其身以刑家不出家而成教於國而所以格齊治之物而致其知者可知也絜矩以同好惡而所以格治平之物而致其知者可知也故曰不攷於經者之過也格致義

安其身而後動易其心而後語定其交而後求易言之矣故的然本末始終之序而學者不悟也只於此而不知所先後卽步步離根到處無可着脚直以其身爲萬物之役如馬牛然聽其駈策而馳走矣故就一事一物言固自有個本末終始總事物言又只有個本末終始下條備舉事物各分先後斷以修身爲本正爲此也悟得此眞如走盤之珠到處圓成無有定體

亦無定方而本常在我此其所以爲經世之竅即悟不徹只捉定修身爲本如立表建極相似亦自隨事隨物就此取衷而本常保其不亂○未嘗不是逐事逐件著功而運量精神只是常在一處未嘗不是要得檢束此身俾無敗缺而主腦皈依只是收拾一副當精神使其返本還元無有滲漏此其所以爲盡性之學○修身爲本只是一個本隨身所接無非末者延平曰事雖紛紜還須我處置畢竟宰天宰地宰人宰物運轉樞機皆是於我離身之外無別有本雖天地君親師亦末也○問致知兩字不但陽明挈之有宋諸儒無不以爲學之始事先生獨以爲必先知止者何也曰至小經綸也須定個主意豈有歸宿茫然可望集事之理運斤者操柄測景者取中若無知止這一步真所謂無主意的文章誠正格致將一切渙而無統矣更有一說心有不正故用正之之功意有不誠故用誠之之功知有不致物有不格故用致之格之之功今此一時耳試反觀覺心尚有不正否曰無有意有不誠否曰無有知有不致物有不格否曰此中抵對歷歷分明亦似無有不致不格曰如此則學問工夫一時間便爲空缺矣問者躍然有悟曰允若先生之言復命歸根全在一止格致誠正不過就其中缺漏處檢照提撕使之常歸於止耳○必有以信身

外之無有家國天下也而後本體一必有以信修外之無有格致誠正也而後工夫一本體一則精神不至外有滲漏工夫一則意念不復他有馳求而知止矣

道性善編

孟子說個入井又說個孺子入井又說個乍見入井蓋入井者事之最可矜憐者也孺子於人最無寃親者也而又得於乍見是又最不容於打點者也不知不覺發出怵惕惻隱苦口苦心只要形容一個順字蓋不順則外面的便有打點粧飾不與裏面的相爲印證矣此正所謂以故言性也以利爲本也以見非如此不容打點則情之所發便未必能順豈可便道情善故信得性而後學有歸宿若以爲道情善直於情上歸宗則有惻隱者亦容有不惻隱者矣有羞惡者亦容有不羞惡者矣善不善雜出教人如何駐脚○性有定體故言性者無不是體情意知能有定用故言情意知能者無不是用惟心爲不然以心統性情者也故程子曰心一也有指體而言者有指用而言者指體而言者孰爲之體性其體也指用而言者孰爲之用情意知能其用也虞廷所謂人心惟危道心惟微人豈有二心此亦所謂指用而言者也孔子操則存舍則亡出入無時莫知其鄉惟心之謂

與心豈有出入此亦所謂指用而言者也孟子曰仁人心也此則所謂指體而言者也而用在其中矣他章之言仁必以屬性惟此章之言仁直以屬心求放心人只漫說畢竟向何方求前念不管後念後念不續前念陽明先生爲轉一語甚好曰學問之道無他求仁而已矣亦是見得爲之不可爲方所也求之無可爲依據也惟仁可求惟仁可求者則性之有常善也所謂夫道一而已矣不就一上認取何處歸宗○性者生之理也知生之爲性而不知所以生者非知性者也易有太極是生兩儀謂兩儀外別有太極固不可指兩儀而卽謂之曰太極亦未可故中庸只說隱微只說未發只說不可覩聞大率顯見覩聞皆所謂發也正告子之所謂生者也凡有知覺運動者孰非生乎若未本其生之由而惟據其迹之所可見則知禮知義者固知覺也而知食知色亦知覺也以至於知有食色而不知有禮義亦知覺也同一知覺同一運動可云何者非生既是同可云何者非性噫孟子之不以生之謂性則知孟子之以利求故而必本其善之所自來矣○乃若其情則可以爲善矣乃所謂善也孟子認定了性善故情可以爲善若夫爲不善非才之罪也孟子認定了情善故才無不善只怕人不信得性善無地歸宗故又以知能之良者表之知

能之良者則正所謂情之可以爲善者也才之無有不善者也孩提之童無不知愛其親者孰爲之也及其長也無不知敬其兄也又孰爲之也故曰親親仁也卽所謂惻隱之心仁之端者是也性中若無仁孩提之童如何知愛親敬長義也卽所謂羞惡之心義之端者是也性中若無義孩提之童如何知敬長達之二字義尤明白只是一個順所謂火然泉達充之足以保四海者是也然充者非是尋取既往之怵惕惻隱來充達者不是尋取孩提之愛敬來達信其性之本善而知所歸宗達其性之本善而知能之用莫非良矣

知本同參

視聽言動四字雖若有形之實跡而勿之一字則實動而未形之眞心也故體認得眞視聽言動之非禮卽在不覩不聞中而勿之一念卽戒愼恐懼之心也此下皆與古疑問未發之前以理言之則爲有以象言之則爲無所云看者亦於其中而默探其理之何似耳豈眞以象求哉吾嘗於靜中以一眞惺惺者而默與之會久之若見其中之盎然而無所間隔者焉若見其中之肅然而無所偏倚者焉又若見其中之特然而無所依隨者焉又若見其中之瑩然而無所遮蔽者焉卽其盎然者看作寬裕溫柔之氣象可乎卽其肅然者看作齋

莊中正之氣象可乎卽其特然者看作發強剛毅之氣象可乎卽其瑩然者看作文理密察之氣象可乎此亦心靈與性真默會若見其似則然耳而豈實有氣象之可見耶○本一也爲君在君爲臣在臣爲父在父爲子在子與國人交在交國人若是其無定方也然爲君爲臣此身爲父爲子此身與國人交此身實非有二身也何嘗無定分乎故善一也君曰止仁臣曰止敬子曰止孝父曰止慈與國人交曰止信若是其無定名也然仁孝吾身之善敬慈吾身之善信亦吾身之善實非有他善也何嘗無定體乎所以歸本之學隨所處而地异地异而修同隨所遇而時异時异而止同雖曰錯綜於人倫事物之交亦曰歸宿於根元命脈之處歸宿處雖妙入無聲無臭之微錯綜處實曲盡至賾至動之變可見修法原非粗迹不待兼止言而後知止法原非空寂不待兼修言而後知此經世之實學而盡性至命之正宗也

問乍見孺子入井必有怵惕惻隱之心此良知也擴而充之足以保四海致良知也如何不以致良知爲是曰擴充之說原從性根上擴充若見入井而有惻隱之心孟子所謂仁之端倪張子所謂天理發見自然之苗裔必欲從端倪上苗裔上擴充充不去矣曰何爲充不

去曰事物之感於我者何常而善端之發見於感應者非一乍見孺子入井勃然惻隱良矣是心之發石火電光一過卽化豈復留滯記憶以爲後來張本耶繼此而有王公高軒之過蓋敬之心生矣當是時非可哀也豈容復擴充惻隱以待此大賓耶已而王公以嘑蹴之食加我羞惡之心生矣當是時亦非可哀也豈容復擴充惻隱以應此可羞之感耶藉令見矇瞽吾哀其不成人見孤獨吾哀其無告雖與入井之哀同一機括畢竟是隨感而見前念後念不相照應豈嘗思曰吾前日哀入井矣今當擴充入井之哀以哀此輩耶必擴充入井之哀而後能哀後來之可哀勞甚矣狹亦甚矣性體發用不如是矣此下皆崇聞錄

四端之發固自有性根在也吾養吾性隨在皆至善之流行矣曰然則性何如而養乎曰孟子道性善指天命之體言也天命之性無聲無臭從何處下手只用得一個養字卽止至善之止字卽成性存存之存字是也養而無害順性而動達之天下見可哀而惻隱見可恥而羞惡見長上而恭敬見賢否而是是非非毫髮不爽所謂從性上發慮無往非不慮之良知矣良知上豈容更加擴充加擴充便是慮而後知知非良矣○天地人物原是一個主腦生來原是一體而分故曰天地人物皆己也人己如何分析得是故立

不獨立與人俱立達不獨達與人皆達視人猶己視己猶人渾然一個仁體程子所謂認得爲己何所不至是也若曰己立己達後方能了得天地萬物吾未立何暇立人吾未達何暇達人卽此便是自私自利隔藩籬而分爾我與天地萬物間隔不相關接矣便不仁矣所謂若不爲己自與己不相干是也○默識正識認之識仲弓問仁夫子告之以己所不欲勿施於人義備矣又必曰出門如見大賓使民如承大祭本無賓本無祭如見如承者何事子張問行夫子告之以言忠信行篤敬雖蠻貊其可行矣又必曰立則見其參於前也在輿則見其倚於衡也無言無行忠信篤敬亦何有此正所謂默而識之的消息也止於至善之脈絡也學問有這一步纔入微纔知本纔上達天德陽明先生見山中一老叟自云做言忠信行篤敬工夫三十九年此其人亦可尚矣只此默識一步未之知耳○問致中和致字曰天命之性不可覩聞此喜怒哀樂之所以爲根者也本自未發渾然至善故謂之中君子於此乎戒慎恐懼工夫都從性根上用是曰致中喜怒哀樂發皆中節此順性而動其流行恰當主腦適相脗合而無所乖戾故謂之和君子亦順性之自然率之而已矣率之則道在矣是曰致和致字須如此看若從念上與事爲上去致恐去天命

之性尙遠○心者性之發靈是活物是用神帝王用之以保民桀紂用之以縱欲宿儒用之以博聞強記舉子用之以弄巧趨新儀秦用之縱橫捭闔仙家用之呼吸長生佛氏用之灰心槁性農工醫卜各有所用大學教人收攝此心歸止至善亦臨亦保如見如承直用他歸根復命庶源潔而流自淸根深而葉自茂德無不明民無不親天德王道一以貫之此復性之宗

泉翁云物至而後義生義生而後知有所措夫知有所措而後格之則未履其物不必豫格之也與吾師所格只當機之物頗合此下皆井天萃測

俗儒求知於外者也文成求知於內者也學不同而所主在知則同也見羅先生之學攝知歸止故其言曰用知以入止則所云知者原是止之用神主知以求致則所云致者恐非善之歸宿是以止自淺而入深則有定靜安慮之異修由內而及外則有格致誠正修齊治平之分○意爲心之運用則統之於心尙未發之於情緒山謂知爲意之體者亦謂意爲已發故不得不以知爲體所以未安○唐仁卿信石經大學謂置知止能得於格物之前似乎先深而後淺殆不知聖學之止爲入彀修爲工夫也謂儒者學問思辨之功無所容於八目之內殆不知止惟一法修有多方萬物皆備格其當機

之旨也謂物有本末一條次致知在格物之下以釋格物殆不知此條教人以知止之法是混止而爲修也○近代之流弊既專於知覺上用功而不知以知歸止仁卿之矯偏又專於法象上安命而不知以止求修○此學未嘗不貴虛未嘗不貴寂只以修身爲本一切皆爲實體未嘗不致知未嘗不格物只以修身爲本一切皆爲實功○知本不言內外自是內外合一之體知止不言動靜自有動靜合一之妙談止修之法爲異說之防莫過於此○善一而已有自主宰言者有自流行言者緝熙敬止所謂善之主宰止之歸宿而仁敬孝慈信則善之流行止之應感者也道有旨歸原不向逐事精察學有要領只在一處歸宗此孔門之止修博約正一貫之眞傳也此下皆曰

新蠡測 聖人常止賢人知止果在一點靈光着力乎抑在未發之中下手乎戒懼必於不睹不聞天載自然無聲無臭皆不可以知名也故曰聖人無知○大學專教知止而修之工夫不過一點檢提撕使之常歸於止耳○自古聖賢常見自己不是常知自己不足時時刻刻用省身克己工夫故聖如孔子且以不善不改爲憂無大過自歉此豈謙詞眞見得渾身皆性命之流行通體皆至善之充周也歸宗處豈不直透性根落手處斷然修身爲本修而止於至善踐形乃所

以盡性形神俱妙莫備於此止到穩時渾身皆善又何心術人品之足言修到極處通體皆仁又奚久暫窮通之足慮○一止一修卽一約一博互用而不偏

人性上雖不容添一物然一墮形骸便不若天之行所無事故堯曰執中孔曰擇善固執子思愼獨孟子直養無害周子主靜立極皆就太虛中默默保任謂其有曾不着相謂其無曾不落空眞宰天地人物之根源世儒云一着工夫便乖本體大抵認性命一物無有理窮無理性盡無性理性俱盡方至於命某則謂性命雖無聲臭而其顯於喜怒哀樂人倫日用實有自然之條理從條理處究極源委到得色色完滿無有缺欠則性命卽此貫串工夫實與本體合而豈一切掃除也乎此下皆敬學錄吳興陸典以典著

王塘南先生曰聖賢千言萬語無非欲人識其性之本體學問千頭萬緒亦自求復其性之本體斯言甚確但性非情識之謂喜怒哀樂隨感隨發而此體凝然不動曰中曰未發聖賢指點甚微其工夫亦從微處默默體認故塘翁云本性以之情云必從無思無爲而入云學者奈何役役於陰陽五行而不會太極之原旣會太極何患無陰陽五行之用深於理解矣乃問畢竟是理如何窮性如何悟先生曰

只須從末上去求本從用上去尋體豈恐人求之杳杳冥冥故爲此切實之詞抑人生而靜以上不容說卽不可求乎某謂不容說者其體之無聲無臭而無聲無臭正吾人所當理會故論明德親民必歸宗止善蓋至善其體明德其用止至善其歸宿明親其流行如濂溪既云定之以中正仁義又云主靜立人極夫中正仁義有何不了而必申之主靜豈非靜體未窺則所云仁義中正者終在情識上揀別而非真性命用事乎○既云靜久能自悟又云窮理斯悟不一靜不足盡理必假探索乎曰靜未嘗不盡理特恐認得不真耳果知天性本靜而時時收拾精神管束於此則本根既植條理自生不必屑屑焉攷之經傳而念頭動處概與經傳合卽時取經傳發吾知見而經傳所言總與吾心印此之謂一得萬畢此之謂齋戒神明而非別有一段窮索工夫與主靜作對也卽如程子所言涵養須用敬進學在致知亦須問所養所學者何物則養卽是學敬卽是知用工卽是進步不然則敬之爲言僅空空兀坐而知之爲說須物物討求末學支離從此起矣○論心者不根極於心所自來則欲與理雜不培養於心所自來則遏欲與存理勤苦而難成心所自來者性也性所自來者天也天性在人不離於喜怒哀樂而實不着於喜怒哀樂渾然不

覩不聞之體所謂人生而靜是也何道何人何微何危自靜者不能不感感者不能不動於是有欲之名焉則所性自然之用也心也非卽爲私欲也顧有從性而出者有不從性而出者從性而出曰道心卽蔽錮之極而終有不可泯滅者在故曰微不從性而出曰人心卽禁制之密而常有逐物而流者在故曰危此危微間不可爲歸宿地也舍此善而求正心心未有能正者也其正也不必從事於矯就性之無偏倚處卽正也舍養性而求盡心心未有能盡者也其盡也不必從事於擴就性之無虧欠處卽盡也當知感物動念之時兩者似乎相對而反之天性本然之體豈惟無人卽所謂道者亦渾淪而不可窺豈惟不危卽所謂微者亦渺茫而不可執是誠生天地人物之大原爲入聖之眞竅也

格致誠正豈無事實齊治均平豈無規爲唯一切以修身爲本則規畫注厝一有不當喜怒哀樂一不中節只當責本地上欠清楚非可隨事補苴抵塞罅漏已也此下皆明宗錄人處世中只有自己脚下這一片地光光淨淨可稱坦途離此一步不免荆棘便是險境故己分上謂之素謂之易人分上謂之外謂之險○身是善體無動無靜而無不修卽無動無靜而無非止倘若懸空說一止其墮於空虛與

馳於汗漫等耳○易之窮理是盡性工夫必其所窮者爲此性也書之惟精是惟一工夫必其所精者爲此一也博文是約禮工夫必其求禮於文者也道學問是尊德性工夫必其以德性爲學者也不然主意不先定一切工夫隨之而轉必執曰修處無非止也則義襲者亦謂之率性矣○大學從本立宗一切格致只從裏面究竟而愈入愈微後儒從知立宗一有知覺便向外邊探討而轉致轉離止善之學性學也反本則與性漸近離本則去性漸遠所以知本爲知之至也人心既喪曷爲有平旦之氣乎則仁義之本有爲之也君子察此可以知性矣氣之清明曷爲必於平旦乎則日夜之息爲之也君子察此可以知養矣○復之爲言往而返也譬之人各有家迷復者往而不返喪其家者也頻復者日月一至暫回家者也不遠之復則一向住在家中偶出門去便卽囘來未嘗移徙故曰不遷未有別處故曰不貳以此見顏子之學常止之學也○鳶之飛魚之躍便是率性不可復問何以飛躍曰率性飛者自飛不知其所以飛躍者自躍不知其所以躍可見者物不可見者性也不但鳶魚爾也此之謂不覩不聞及其至而聖人不知不能者也見此者謂之見性愼此者謂之愼獨先生云以我觀書在在得益以書博我釋卷茫然卽讀書一端

珍倣宋版印

觀之而謂學不歸本可乎謂本不於身可乎
後儒將止至善做明明德親民到極處屬末一段事審爾則顏曾並未出仕親民止至善終無分矣此下皆證學記至善兩字形容不得說虛字亦近之然聖人只說至善不說虛正爲至善是虛而實的又是實而虛的言善則虛在其中言虛則兼不得實也程子云人生而靜以上不容說才說性時便已不是性也如云可說卽是情不是性矣旣不可說故透性只是止○今日學人所以難入門者只爲宋儒將居敬窮理分作兩事分作兩時先要究窮物理講得處處明了方來言行與孔子之教眞是天淵若眞正入聖門頭便將平時習氣虛知虛見許多妄想各樣才智伎倆盡數掃蕩一絲不掛內不着念外不着相四方上下一切俱無倚靠當時自有滋味可見由此併精直入更不回頭再不用東愁西愁東想西想卽外邊事物雖或不能盡知然大本已立將來自有通貫時節○吾儒盡性卽是超生死生死氣也非性也性也者命也不因生而生不因死而死原與太虛同體儒學入門卽知止知止卽知性知性而盡性達天德矣超而上之矣○人自有身以來百骸九竅五臟六腑七情六欲皆生死之根富貴貧賤患難聲色貨利是非毀譽作止語嘿進退行藏辭受取與皆生

死之境若逐境留情迷真滯有便是在生死的緣業若順事無情攝末歸本一而不二凝而不流卽是出生死的法門蓋眞性本寂聲臭俱無更有何物受彼生死○聖學身心本無分別形色卽是天性不可謂身乾淨不是心乾淨心乾淨不是身乾淨孔子皜皜肫肫全在仕止久速上見○今人但在天下國家上理會自身却在一邊○打疊靜坐取靜爲行可以言靜境未可以言靜體人生而靜之靜直言靜體故止地可依不對動靜之靜而言

近來談止修之學者有重止者則略言修遂搆荒唐入禪之誚有重修者則輕言止至騰切實近裏之聲其實於透底一着不能無失夫止修非二體論歸宿工夫不得不判分兩挈究血脈消息却自渾合不離未有不止而能修亦未有不修而能止者第止之歸宿直本修身透體歸根畢竟不落流行之用而誠正格致則有若網之在綱者是則直下眞消息也吾儕止未得力畢竟修的工夫還用得較多且重然究竟徹底一著總屬止的隄防此下皆崇行錄只反身一步便是歸根復命便有寂感之妙只離本一步便跟著心意知物走便逐在家國天下去精神分散往而無歸無復有善著矣○只歸到己分上便是惠迪便吉一走向人分上便是從逆便凶幾微之差霄壤相

判○只落了心意知物便有後天流行之用便是可覩可聞有聲有臭的恁是刻苦下工存理遏欲畢竟是用上著脚去先天真體遠矣故聖人之學直從止竅入微後儒之工只向修法下手以此而欲上達聖人心傳不得其門而入者也○性情才三字孟子特地拈出三個眼目一屬情與才便有利有不利教人只從利上認取性體告子生之謂性分明是指才爲性到才上看性性安得有全善者乎

問初學纔要止又覺當修纔去修又便不止未知下手處曰非禮勿視聽言動是止不是止曰是止曰卽此是修不是修曰是修曰然則何時何地不是下手處雖然夫子先說個復禮以顏子之聰明不得不復問子一點出視聽言動四字始信是下手妙訣矣（此下皆天中習錄）

視聽言動形而下者孰主宰是孰隆施是便是形而上者豈是懸空另有個形上的道理唯形上卽在形下之中故曰修身爲本性學也○物雖紛紜豈不各有個天然的本末事雖雜冗莫不各有自然的始終人惟臨局當機莫知所先則精神無處湊泊譬之弈然畫東指西茫無下手只緣認不得那一著該先耳夫只認定一個本始當先而先之則當下便自歸止此固未嘗不用知然却不在知上落脚故曰攝知歸止○本體粹然何所可戒而亦何以可求故其功在

止止卽戒愼恐懼之謂○心是把捉不得的活物必須止得住方可言存養蓋形生神發後這靈明只向外走就是睡著時他也還在夢裏走滚故這靈明上無可做手但要識得這靈明從何處發竅便從那發處去止

故者以利爲本所謂故之利者卽惻隱四端之心也容有不惻隱之心矣而豈有不仁義禮智之性哉此心性之辨也以下皆時習錄修身爲本之宗須實以身體勘以身體勘必查來歷源頭何如做手訣竅何如將來受用何如以來歷源頭言之將人生而靜以上者爲始乎人生而靜以下者爲始乎心意知爲人生而靜以上者乎蓋人生而靜以下者乎則止至善之爲入門第一義也決矣以做手訣法言之至善杳冥欲止而無據而經世之人日以其心意知與天下國家相搆又頃刻不能止者非從事物上稱量本末始終討出修身爲本至善於何握著而止於何入竅乎則做手訣法之莫有妙於修身爲本也信矣以將來受用言之離本立宗離止發慮者之能爲天地萬物宗主乎從本立宗從止發慮者之能爲天地萬物宗主乎則其受用之莫有大也信矣然則此學信乎其可以定千世不易之宗也

西元二〇二一年六月一日重製一版

明儒學案 冊二（清黃宗羲撰）

平裝四冊基本定價貳仟伍百元正
（郵運匯費另加）

發行人：張敏君
發行處：中華書局
臺北市內湖區舊宗路二段一八一巷八號五樓（5FL., No. 8, Lane 181, JIOU-TZUNG Rd., Sec 2, NEI HU, TAIPEI, 11494, TAIWAN）
客服電話：886-8797-8396
公司傳真：886-8797-8909
匯款帳戶：華南商業銀行西湖分行
179100026931
印刷：維中科技有限公司
海瑞印刷品有限公司

No. N2047-2

國家圖書館出版品預行編目(CIP)資料

明儒學案/(清)黃宗羲撰. -- 重製一版. -- 臺北
市 : 中華書局, 2021.06
面 ; 公分
ISBN 978-986-5512-59-0(全套 : 平裝)

1.明代哲學 2.儒學

126 110008944